Psychologie III

Dr. Eduard Schellhammer

9. Ausgabe revidiert 2014.
© Copyright. Dr. Eduard Schellhammer. Alle Rechte vorbehalten.

ISBN-13: 978-1478370635
ISBN-10: 1478370637

www.EduardSchellhammer.com

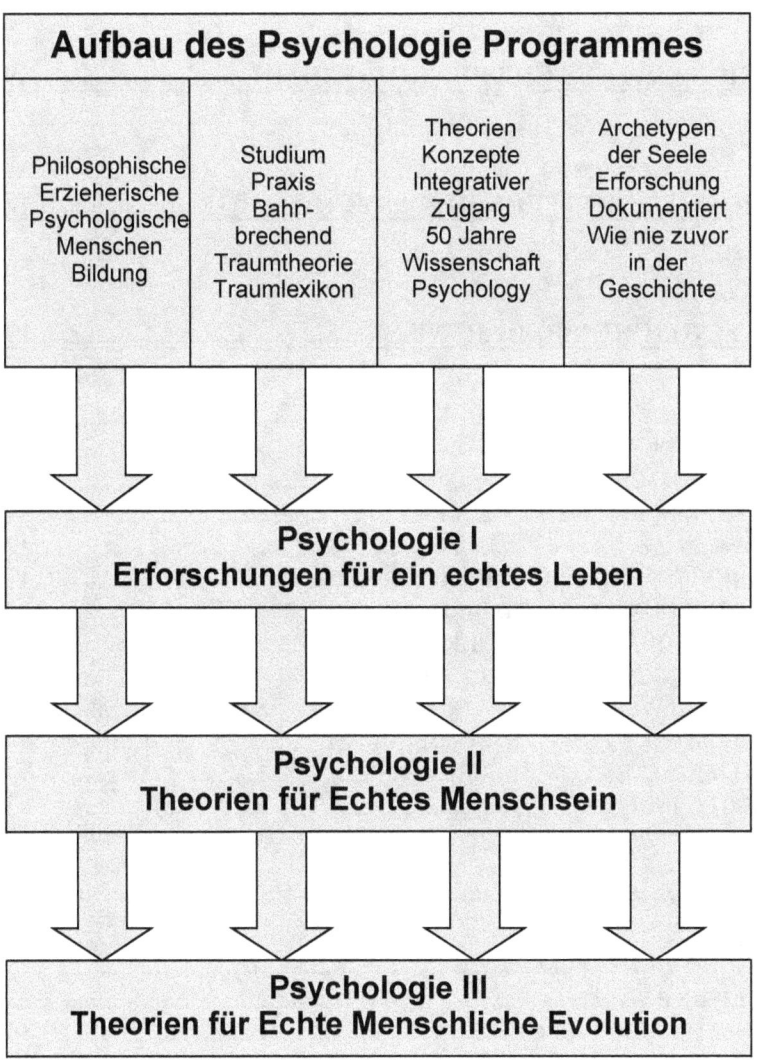

Aufbau des Psychologie Programmes

Philosophische Erzieherische Psychologische Menschen Bildung	Studium Praxis Bahn- brechend Traumtheorie Traumlexikon	Theorien Konzepte Integrativer Zugang 50 Jahre Wissenschaft Psychology	Archetypen der Seele Erforschung Dokumentiert Wie nie zuvor in der Geschichte

**Psychologie I
Erforschungen für ein echtes Leben**

**Psychologie II
Theorien für Echtes Menschsein**

**Psychologie III
Theorien für Echte Menschliche Evolution**

Inhaltsverzeichnis

Liste der Diagramme

In Somnis Veritas für Psychologie III

Träume sagen die Wahrheit. Träume stehen über Theorien, Ideologien und Dogmen. Während der letzten 33 Jahre hatte ich über 12.000 Träume über den Zustand der Menschheit und des Planeten. Ich hatte auch noch schätzungsweie 3000 Träume über die menschliche Evolution und alle Archetypen der Seele.

Aus dem Himmel hervorbrechend, zuerst Energie, Panik in der Luft, schreckenerregend, dann soetwas wie Kriegsmaschinen, die Richtung Erde fliegen; plötzlich ist der ganze Himmel voll davon. Eine unglaubliche Dimension, so breit und tief wie der Himmel, alles ist voll von solchen fliegenden Maschinen. Eine nie zuvor existierte Maschinerie an Zerstörung. Eine total apokalyptische Szene.

Viele wichtige, starke Männer sind nichts anderes als „Baby-Pisser" ohne Beine (sehe ich in einem Bild).

Ich bin im Vatikan, in einem immensen Gewölberaum, voll von Ramsch. Ein riesiger Haufen Abfall, meterhoch zusammengepresst, liegt da herum. Ich bin da, schaue mich rum und denke: Da ist absolut nichts, was irgendeinen Wert hat oder lebendig sein könnte.

Ich gehe durch den Vatikan. Und ich frage mich, wer das bezahlt hat und wer weiterhin für all dies bezahlt, und unter welchen Bedingungen dies alles gebaut worden ist. Und ich denke: versteckt hinter all dem ist ein unermesslicher Grössenwahn, ist eine perverse Unterdrückung und Ausbeutung der Menschen, sind Raub und Mord, Kriege und Diktatur, Lügen über Gott und die Religion.

Der Horizont ist finster. Alles ist vergiftet, die Luft und der Boden. Ein kosmischer Alptraum liegt in der Atmosphäre.

2008 sagte ich zu Leuten in einem Traum: "Ihr habt 10 Jahre übrig, harte Massnahmen zu treffen, um den totalen Kollaps zu vermeiden." Aber niemand hört mir zu. (Das bedeutet 2011: Ihr habt noch 7 Jahre übrig!)

Der Tag wird kommen, wo es kein Brot mehr gibt.

In 35-40 Jahren wird alles vorbei sein, das Ende, keine Erde mehr und keine Menschheit mehr.

Ich komme zu einer Kirche in Jerusalem: Der Hauptteil hat eine Kuppel. Der Platz aussen ist quadratisch angelegt mit einer Säule an jeder Ecke. Rundherum sind noch mehr Säulen oder Türme. Wie ich zum Platz komme, sage ich zu einer Person neben mir: Ich kann das letzte Rätsel sehen, dieses zu lösen bedeutet, dass wir am Ziel angekommen sind. Ich weiss die Lösung. Auf einem der Türme fehlt das Kreis-Kreuz-Mandala. Die grossen, weisen und wahren Experten der heiligen Bücher der Menschheit wissen durch Tradition seit Urzeiten, dass nur der wahre Christus und Messias dieses Rätsel mit einem Traum lösen kann. Ich weiss, dass das Kreis-Kreuz-Mandala dahin auf diesen Turm gehört und ich erinnere mich im Traum: Dieses habe ich vor Jahren (in Wirklichkeit!) erhalten. Ich nehme es aus der Hosentasche und will es da anbringen. Es passt genau dahin.

Ein ausgehungertes Kind tanzt auf einem Schlachtfeld voll von Leichen und Blut. Das Kind tanzt den Tanz des Todes. Ich frage den Präsidenten der Vereinigten Staaten: "Willst du mich annehmen als der reininkarnierte Messias? Du wirst damit 80% des Schadens und Leidens ersparen."

Ich rede zu Menschen: "Niemals mehr komme ich zurück auf die Erde. Ich bin hier nur zu Besuch und ich habe einen Job zu erfüllen. Und Ihr müsst eure Scheisse selbst in Ordnung bringen."

Ich werde am Fernsehen interviewed: Am Schluss werde ich gefragt: Wollen Sie ein letztes Wort an die Zuschauer richten? Ich antworte: "Ja, ich kann zu allen sagen: Fährt fort zu leben wie bisher und ihr werdet die Erde verlieren!"

"Ich bin nicht von Millionen Lichtjahren entfernt auf diese Erde gekommen, geschickt von Gott, um hier den Trottel und Idioten zu spielen. Mit mir hat die Menschheit und die Erde eine gute Zukunft. Ohne mich wird die Menschheit untergehen. Ihr habt die Wahl!"

Die Wahrheit und die Archetypen der Seele sind die ursprüngliche Fundierung und das Ziel der Wissenschaft, des menschlichen Lebens und der Gesellschaft. Die Psychologie hat beides nicht! Die gesamte Sozialwissenschaft hat sie nicht. Dies ist das skandalöse Drama der Wissenschaft.

Die Abwesenheit der Wahrheit und der Archetypen der Seele schafft enorm destruktive Energie und Entwicklungen in Wissenschaft und Gesellschaft.

Es zeigt sich klar, dass die Wissenschaften sich nicht um die

archetypische, psychologische und geistige Evolution kümmert, noch hat sie Respekt gegenüber der Schöpfung.

Eine solche Wissenschaft ist ein Betrug. Solche Wissenschaften entmenschlichen die Psyche und die Seele. Sie eliminiert die Würde des Menschen.

Solche Wissenschaften sind verseucht mit dem tödlichsten Virus, das je existierte: der dynamische Code für Königsmord und Gottesmord. Am Ende wird dies unumkehrbar und unaufhaltbar in den Untergang führen.

Dies kann bereits innert Jahrzehnten geschehen, wenn nicht drastische Massnahmen rund um den Globus sehr bald getroffen werden.

Dr. Eduard Schellhammer

Einführung: Scheitern der Psychologie

Psychologie und Wissenschaft

- Die Erziehungswissenschaft an Universitäten hat seit 1960/1970 nicht signifikant geändert.
- Die Wissenschaft der Psychologie an Universitäten hat seit 1960/1970 nicht signifikant geändert.
- Die universitären Konzepte über das Menschsein haben seit 1960/1970 nicht signifikant geändert.
- Das psychisch-geistige Verständnis des menschlichen Lebens hat seit 1851 nicht signifikant geändert.

Seit Sigmund Freud und Carl G. Jung ist in den Sozialwissenschaften praktisch keine bahnbrechende Forschung und Erkenntis über das Menschsein unternommen worden. Die unbewusste Welt des Menschen, die eine usprüngliche Rolle im Menschenleben inne hat, wird vollständig ignoriert. Die Welt der Träume, der Meditation, der psychischen und kosmischen Energie und der Einflüsse während der vorgeburtlichen Zeit sind in der Wissenschaft der Psychologie und Erziehungswissenschaft absolut vernachlässigt. Die Philosophie und die Philosophische Anthropologie ignorieren unbekümmert diese enorm wichtigen Welten. Die menschliche Evolution hat im politischen und wirtschaftlichen Menschenbild, auch im Christentum, keine Wichtigkeit und praktisch kein psychologisches und geistiges Verständnis. Und sie haben alle absolut keine Ahnung von den Archetypen der Seele und ihrer inneren Prozesse. Das ist ein abscheuliches Desaster!

Psychologie und Bildung

- Höchste Wichtigkeit hat die Bildung, denn sie sie ist die fundamentale Vorbereitung für Erfolg im Leben, in der Arbeit und in der Erneuerung in einer sich schnell verändernden Welt. Zukunftsweisende Berufsbildung ist fundamental. Psychologie ist hier konstitutiv.
- Die grossen Probleme der Menschheit und des Planeten können ohne fundamentale Erneuerung der Bildung, insbesondere eine gründliche Revision und Rekonstruktion der Ökonomie, nicht gelöst werden.
- Demokratie und Wohlstand können nie besser sein als der Status der Psyche (und der Seele) des Kollektivs und der Art und Weise, wie die Menschen Geschäfte machen. Professionelle Kompetenzen der Führungskräfte sind unerlässlich.

- Arbeiten ist ein natürliches Bedürfnis der Menschen. Es bewirkt eine bessere Zufriedenheit, Selbstwert und einen positiven Gemütszustand. Geschäftserfolg und berufliche Zufriedenheit verlangen Persönlichkeit, Wissen und Fähigkeiten.
- Demokratie kann nie besser sein als der Zustand der Psyche der arbeitenden Menschen, der kleinen und mittelgrossen Geschäfte und der Qualität ihrer Leistungen.

Scheitern der Psychologie und Bildung

- Die Ignoranz und der Ausschluss der spirituellen Intelligenz (Träume), der emotionalen Intelligenz, der Intuition und Kreativität, und der Welt der psychischen Energie
- Das Fehlen an einer psychologisch relevanten Bildung, um das Leben zu meistern: Geld-, Selbst- und Lebensmanagement, Beziehung, Heirat und Familienleben, etc.
- Die zwanghaften und besessenen Akkreditierungen (Standardisierungen) der Psychologie, einschliesslich, Beratung, Life Coaching, etc.
- Die Zentralisierung der akademischen Psychologie mit hochgradig rigider Starrheit gegenüber Innovationen in Institutionen und Curriculums
- Die Ignoranz über menschliche Werte wie Liebe, Umsorgung, Wahrheit, innere Bedürfnisse, psycho-soziale Sicherheit (Vertrauen), innere Verwurzelung von Integrität (Ethik)
- Die Respektlosigkeit gegenüber individuellen Differenzen wie Persönlichkeit, Charakter, Leistungen, Talente, innere Potentiale
- Die Lähmung einer bahnbrechenden Kreativität von Lehrern und Professoren und der inneren Hingabe aufgrund von vorgeschriebenen dominant intellektuellen Curriculums
- Die Unfähigkeit, schnell mit neuem psychologischem Wissen auf eine sich rasant verändernde Gesellschaft und Welt zu antworten
- Die inkompetenten und unreifen Politiker und Experten in örtlichen und nationalen Departements der Psychologie und Bildung
- Das ideologische Interesse, das die Curriculums, die Forschung, die Prüfungspraktiken, die Schullaufbahn, die Selektionsprinzipien und die berufliche Karriere zeichnet
- Das Fehlen an komplexem Denken über Lebensphilosophie, Spiritualität, Psyche, Träume, Umwelt, Politik, Medien und Konsum
- Die Leistungskriterien, die die praktische Relevanz, die menschlichen Werte und ein ganzheitliches Verständnis des Menschseins ignorieren
- Die Abwesenheit von Themen wie Lügen, Betrug, Falschheit, Fabrizierungen, Verdrehungen, Manipulationen, Gehirnwäsche (in Politik, Ökonomie, Religion, Medien, Bildung), etc.
- Die rigide, arrogante und autoritäre Atmosphäre gegenüber Kindern und

Adoleszenten in den Bidlungsinstitutionen

- Das Fehlen and freudvollem Lernen, kreativem Lernen, Respekt für den psychisch-geistigen Prozess des Lernens
- Das Fehlen an Förderung von Selbstvertrauen, an kritischem Erforschen der Welt (gemacht von Menschen!) und das Fehlen an Respekt für das ‚Menschsein auf Erden'
- Das Fehlen an Förderung der inneren echten Bedürfnisse für Arbeiten als Teil der Zufriedenheit, der Erfüllung und des Lebenssinns

Psychologie und Menschliche Evolution

- Starker Fokus auf neu-Lernen, kreatives Lernen, erforschender Geist, Analysieren und Denken in komplexen Netzwerken und mit den grösstmöglichen Bildern
- Starke Fundierung und gründliches Verstehen der Menschen, der von Menschen gemachten Probleme, der menschlichen Werte und des menschlichen Lebens gründend auf dem psychischen Organismus und den Archetypen der Seele
- Neues Verständnis über Ehe (Heirat), Familie, Erziehung der Kinder, Gesundheit, sowie Meisterung von Konflikten und Problemen muss Fachbereich und Thema der Wissenschaft und Bildung werden
- Wissen muss entwickelt werden und ausgewogen werden mit einer innen verwurzelten Spiritualität, mit moralischer Integrität, Lebenssinn, Respekt für die Menschheit, die Natur, die Tierwelt und den Planeten
- Frieden, Gerechtigkeit, Hoffnung Liebe, Umsorgung, Glück, Selbstverantwortung, Wahrhaftigkeit, Verlässlichkeit, Vertrauen und realistischer Glaube (Hoffnung) müssen Fachbereich und Thema der Wissenschaft und Bildung werden
- Konstruktives Verhalten im täglichen Leben, im sozialen Leben, in der politischen Partizipation, in der Arbeits- und Geschäftswelt muss Fachbereich und Thema der Wissenschaft und Bildung werden
- Ganzheitliche und durchgehend alles-umfassende psychisch-geistige Entwicklung für innere Zufriedenheit und Erfüllung muss Fachbereich und Thema der Psychologie und Bildung werden
- Innen verwurzelte Spiritualität, moralische Integrität, Lebenssinn, Respekt für die Menschheit, die Natur- und Tierwelt und den Planeten muss Fachbereich und Thema der Wissenschaft über Psychologie und Bildung werden
- Selbstverantwortung für positive Einstellungen und hohe Arbeitsqualität muss mehr bedeuten als blosses Geld-Verdienen; auch ein Thema der Wissenschaft und Bildung

Die Essenz

Was die Menschen in ihrem inneren Bildschirm (Bewusstsein) haben, ist ein nano-Teil der Realität. 7 Milliarden Menschen haben nur einen nano-Teil in ihrem Bewusstsein. Und sie denken fälschlicherweise, dass sie das richtige Wissen und das richtige Bild über die Wirklichkeit haben. Hinzu kommt, dass all ihre psychischen Funktionen verdreht, entstellt, pervertiert, unentwickelt, unterdrückt und zerstört sind. Diese Tatsachen werden völlig ignoriert von der Psychologie, der öffentlichen Bildung, der Religion, der Medien, der Politik und der Ökonomie. Oder sie wissen es ganz genau, denn es ist genau das, was sie für ihre eigenen Interessen wollen!

Dies ist der permanente Zustand von 7 Milliarden Menschen, jeden Tag geformt, manipuliert und gehirngewaschen für den kollektiven Hauptstrom des Bewusstseins und der Einstellungen. Nur wenig Menschen stehen jenseits dies Stroms und dies sind die verdeckten Führer der Welt und einige Individuen mit Klarblick. Dieser kollektive Hauptstrom ist regressiv und entmenschlichend.

Psychologie III entwickelt die Fundamente für einen alternativen evolutionären Weg für die Menschen und die Menschheit insgesamt, für das Leben, die Bildung und die Geschäftswelt.

Alle Menschen und die gesamte Menschheit sind in einer fortwährenden psychisch-geistigen Evolution. Die unerlässliche Dynamik für die menschliche Evolution liegt in der Sorgfalt im Umgang mit den echten inneren Bedürfnissen, liegt im Stärken und im Leben der Kapazitäten der Liebe, in der Katharsis des Unbewussten, im Gebrauch der konstruktiven Potentiale der unbewussten Psyche, im richtigen Verstehen der Welt der Träume, in der richtigen Art und Weise des Kontemplierens (des Gebrauches der spirituellen Intelligenz) und im richtigen Modell der individuellen und kollektiven Evolution – was ich mit ‚Individuation' oder mit ‚globale Individuation' bezeichne.

Die Wissenschaft der Psychologie hat kein Verständnis über diese vital menschliche Dimension. Sie überlässt den psychotischen und technokratischen Meistern die Dominierung der menschlichen Evolution, was allerdings zum unumkehrbaren Untergang führen wird.

Akademische Psychologie, öffentliche Schulung und Bildung, Religion und Journalismus als Wissenschaft, von Harvard bis Oxford, von Barcelona bis Berlin, sind zum Diener der satanischen Super-Masters geworden. Diese haben dem Menschen die Würde weggenommen, den Menschen zu konditionierten Ratten degradiert, sowie Kulturen, Völker und Nationen rund um den Erdball zerstört.

7 Milliarden Menschen werden betrogen, getäuscht, manipuliert, gehirngewaschen und mit psychologischen Methoden der ‚unsichtbaren Hand' verarscht.

Kein Student sollte Psychologie studieren, ohne dieses böse Spiel mit kosmischer Dimension zu erforschen und zu durchschauen. Oder der Student wird unausweichlich zum Opfer und Nachläufer ('Soldat') dieses teuflischen Spiels.

Psychologie III erforscht das volle Potential der menschlichen, psychischen und geistigen Evolution.

1. Die psychischen Bedürfnisse

Essentielle Thesen

❑ Es gibt psychische Grundbedürfnisse, die sind notwendig für ein evolutionäres lebenszugewandtes Leben, v.a.:

- Liebe
- Sinn und Wert
- Beziehungen
- Geist/Gott
- Arbeit/Tätigkeiten
- Wahrhaftigkeit

❑ Die Bedürfnisse können eingeteilt werden nach ihrer Ausrichtung auf:

- sich selbst
- Welt/Objekte
- andere Menschen
- Transzendenz

❑ Es gibt künstliche Bedürfnisse: das sind Bedürfnisse, die einsuggeriert sind oder selbst erzeugt werden; sie haben keinen oder wenig (?) Gewinn an Wert für den Menschen.

❑ Viele psychische Kräfte und äussere Faktoren hemmen, entstellen oder fördern das Erleben und Gestalten von Grundbedürfnissen.

❑ Der Mensch hat die Möglichkeit, seine Bedürfnisse so zu gestalten, dass diese ein Lebensausdruck werden und sich nicht auf Spannungsabbau oder Funktionsfähigkeit reduzieren.

1.1. Vielfalt der inneren Bedürfnisse

1.1.1. Die Grundbedürfnisse

Woran denkt der Mensch, wenn er das Wort "Bedürfnis" hört oder liest? Da gibt es viele Möglichkeiten. Der eine denkt an Geld, ein anderer an Sexualität.

Manche mögen an Liebe denken, an eine einfache Zuwendung. Ferienwünsche drängen sich vielleicht auf. Wer nach einem Partner sucht, stellt sich sein Ideal zu diesem Bedürfnis vor. Wer arbeitslos ist, verspürt in sich den drängenden Wunsch nach Arbeit.

"Wenn ich doch bloss wieder einmal lachen könnte", denkt mancher in belastender Lebenssituation. Kinder möchten spielen.

Junge Menschen wollen die Welt entdecken und mit dem Leben "experimentieren". Eltern haben zahlreiche Bedürfnisse, die das Zusammenleben mit ihren Kindern betreffen.

Alte Menschen haben wiederum andere Bedürfnisse, z.B. Erleichterungen oder eine dem Alter entsprechende Beschäftigung.

Viele Menschen haben ein Bedürfnis nach Gotteserfahrung. Die Bedürfnisse variieren stark je nach Lebensalter und individueller Situation.

Tatsache ist: jeder Mensch hat Bedürfnisse, die vitale Bedeutung haben für sein Gleichgewicht und für ein erfülltes Leben. Es gibt den "bedürfnislosen Menschen" nicht. Das Leben selbst besteht wesentlich aus Bedürfnissen.

So können wir annehmen, dass es bestimmte Bedürfnisse gibt, die alle Menschen in bestimmten Lebensabschnitten haben.

Ein Bedürfnis enthält verschiedene Komponenten. Elementar ist: Der Mensch erlebt einen Mangelzustand, sei es körperlich, sei es im Zusammenhang mit irgendeiner psychischen Kraft.

Eine psychische Funktion will genutzt werden. Bleibt sie unbeachtet und ungenutzt, erzeugt sich eine Anspannung.

Erlebt der Mensch einen Wunsch, so erzeugt sich damit eine Spannung, die nach Verwirklichung drängt. Die Spannung wird mit dem Zielzustand, der im Moment nicht erreicht ist, verstärkt. Wird dem Drang nachgegeben, ergibt sich eine Bewegung in Richtung Ziel, bis das Bedürfnis erfüllt ist. Dann entfällt diese Spannung. Dieser Prozess findet immer im Lebensraum statt, hat hierin meist einen konkreten Ausdruck des Zieles.

Die Grundbedürfnisse des Menschen können nicht bloss physiologisch bestimmt werden.

Ebenso genügt es nicht, die minimalen sozialen Bedürfnisse auf der Stufe höher entwickelter Tiere zu definieren. Der Mensch ist auch ein "Kulturwesen". Er verfügt über eine höhere Intelligenz und vermag Werte zu unterscheiden.

Da der Mensch erziehungs- und bildungsbedürftig ist, wandeln sich auch seine Bedürfnisse. Sie nehmen durch diesen Prozess vielfältige Formen an.

Darüber hinaus erlebt der Mensch sein Dasein auch im Kontext mit Sinnfragen. Das Erleben von Sinn im Dasein ist elementares Grundbedürfnis.

Reflexionen und Diskussion

■ Es gibt bestimmte Bedürfnisse, die aus der Natur des psychischen und biologischen Menschen entstehen. Solche Bedürfnisse können als sog. "Grundbedürfnisse" bezeichnet werden. Eine Auswahl davon zur Illustration:

Biologische Bedürfnisse	Liebe und Wertschätzung
Sicherheit und Schutz	Schöpferisches Tätigsein
Umsorgung und Pflege	Lebensraumgestaltung
Zugehörigkeit zu anderen Menschen	Arbeit
Beziehung Mann-Frau	Echtheit, Entfaltung

■ Diese Grundbedürfnisse variieren beträchtlich nach:

Lebensalter	Intensität	Schadenwirkung bei Defizit
Entwicklungsstand	Wirkungsbereich	Frustrationsgrenze

■ Ein Bedürfnis besteht aus:

einer Ausgangslage	einem Drang/einer Spannung
einem Zielzustand	einer Bewegungsrichtung

■ Die Identifizierung der Grundbedürfnisse ist nicht immer einfach. Sie verlangt oft eine gezielte konzentrierte Beachtung.

Die Fülle der täglichen Ausseneinflüsse, die Erziehung und die Lebensweise können das Erleben der eigentlichen Grundbedürfnisse stark beeinflussen und auch behindern.

■ Der Mensch kann seine Bedürfnisse vielfältig gestalten, denn er verfügt über:

➜ einen Intellekt mit dem Potential der Kreativität
➜ eine Fähigkeit zur Liebe mit vielfältigen Ausdrucksformen
➜ einen inneren Geist als mitsteuernde Kraft
➜ formbare Fähigkeiten mit vielen auch spielerischen Variationen
➜ kulturell vielfältige Ausdrucksformen

Diagramm 1.1.1: Bedürfnis als energetische Werteinheit

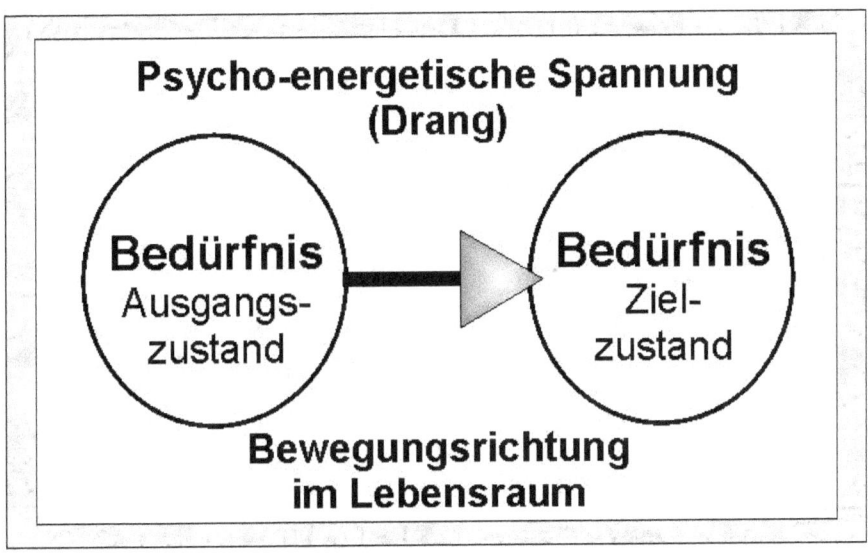

Analyse von Bedürfnissen:

Ausgangszustand und Zielzustand
Spannungszunahme und Spannungsrichtung
Faktoren Lebensraum auf Ausgangslage
Faktoren Lebensraum auf Zielzustand
Wirkungen Ausgangszustand auf Lebensraum
Wirkungen Zielzustand auf Lebensraum

Das Spektrum der Bedürfnisse

Aus diversen Fachbüchern entnehmen wir eine Auswahl, ohne diese zu klassifizieren.

Liste der Bedürfnisse:

☐ Essen	☐ Leistung
☐ Autonomie	☐ Geschäfte machen
☐ Trinken	☐ Machtausübung
☐ Widerstand	☐ nach Transzendenzerfahrung
☐ Bekleidung	☐ Aufbauen
☐ Gotteserfahrung	☐ Bodenständigkeit
☐ Frieden	☐ Ordnung
☐ Schlaf	☐ Lebensorientierung
☐ Sexualität	☐ Misserfolgsmeidung
☐ Künstlerisches Schaffen/Erleben	☐ Verbundenheit
☐ Zärtlichkeit	☐ Selbstdarstellung
☐ Vermeidung von Erniedrigung	☐ Identität (Selbstbild)
☐ Spiel	☐ Hilfesuchen
☐ Unterlegene auschliessen	☐ Gerechtigkeit
☐ Wissensdrang	☐ sozialer Anschluss
☐ Vermeidung von Risiken	☐ nach Vernünftigkeit
☐ Geltungsdrang	☐ Selbstverwirklichng
☐ Dominanz	☐ Ausgelassenheit
☐ Leidvermeidung	☐ Selbstachtung
☐ Gemeinsamkeit	☐ Frohsein
☐ Schmerzvermeidung	☐ soziale Bindung
☐ Erlebnisse	☐ Freude und Glücksmomente
☐ Fürsorglichkeit	☐ Sicherheit
☐ Spannungserzeugung	☐ Vertrauen haben können
☐ Verstehen (Einsicht)	☐ Schutz
☐ Spannungsabbau	☐ Berechenbarkeit
☐ Entdecken	☐ Gesetzlichkeit
☐ Ruhe und Entspannung	☐ Wohlstand
☐ Erwerb	☐ Verhaltensregelung
☐ Geborgenheit	☐ Mobilität
☐ Aggression	☐ Zustimmung erhalten
☐ Verwurzelung im Jenseits	☐ Entdeckungslust
☐ Unabhängigkeit	☐ zurückbehalten
☐ Besitz	☐ Schönheit

☐ Harmonie	☐ Humanität
☐ Kinder haben (zeugen)	☐ Autorität
☐ verteidigen	☐ Menschenführung
☐ Kreativität	☐ Bewegung
☐ Liebe	☐ Naturerleben
☐ Wertachtung	☐ etwas Besonderes leisten
☐ Kultur schaffen	☐ Sinneserleben

➔ Kreuzen Sie an, welche Bedürfnisse Sie angemessen erfüllt erleben.
➔ Kreisen Sie jene Bedürfnisse ein, die Sie als nicht-erfüllt erleben.

Individuelle Funktionen der Bedürfnisse

Wir führen nachfolgend eine Auswahl aus der vorangehenden Liste über Bedürfnisse.
Zwei Kernbetrachtungen können dazu angestellt werden:

1. Was geschieht, wenn das Bedürfnis nicht erfüllt ist? Welches sind die Wirkungen?

2. Was bewirkt es, wenn das Bedürfnis angemessen erfüllt werden kann?
Machen Sie sich zu diesen zwei Fragen Ihre eigenen Gedanken!

Liste der Bedürfnisse	Wirkung bei Erfüllung	Wirkung bei Defizit
Essen und Trinken		
Bekleidung		
Zärtlichkeit		
Sexualität		
Sicherheit		
Autonomie		
Identität		
Selbstverwirklichung		
Liebe leben		
Liebe erfahren		
Geborgenheit		
Freude, Glücksmomente		
Vertrauen		
Humanität		
Menschenwürde		

Gotteserfahrung		
Entdeckungslust		
Schönheit		
Naturerleben		
Besondere Leistung		
Arbeit		
Soziale Bindung		
Besitz		

Notizen und Perspektiven

Wie handhabt der Mensch (im Durchschnitt) seine Bedürfnisse?

Notieren Sie die zentralen Schlüsselbegriffe dieses Unterkapitels:

Was geschieht bei chronischem Defizit an Bedürfniserfüllung?

Grundbedürfnisse identifizieren und beachten ist wesentlich, denn:...

Was haben Sie in Elternhaus, Schule und Kirche über die psychischen Grundbedürfnisse gelernt?

Welche Bedeutung im Zusammenleben hat das Gespräch über Bedürfnisse?

Welche Bedürfnisse werden von der Politik und Wirtschaft entscheidend gefördert?

Was vermittelt die Werbung an Bedürfniserfüllung?

Formulieren Sie eine Ihnen wichtige Frage zur Bedürfniserfüllung:

1.1.2. Die künstlichen Bedürfnisse

"Künstlich" erzeugte Bedürfnisse werden selten als "künstlich" erlebt. Sie bewirken einen Gefühlszustand ebenso wie die Grundbedürfnisse. Sie werden vielfach auch als notwendig erlebt.

Das Erleben einer Notwendigkeit entsteht durch einen Drang. Diese psychoenergetische Spannung will "erlöst" werden.

Während viele Grundbedürfnisse auf Verwirklichung der psychischen Kräfte hin drängen, geht es bei den künstlichen Bedürfnissen mehr um das Objekt des Bedürfnisses: man will es haben, erleben, geniessen. Dann ist der "Spuk" meist auch schnell vorbei.

Solche Bedürfnisse werden von aussen erzeugt. Fast durchwegs sind sekundäre Themen angesprochen, die das Individuum für diese Sache mobilisieren sollen: "Du hast es verdient", "Versüsse Dir Dein Leben", "Dies macht Dich frei", "Damit bist Du eine Persönlichkeit", "So bist Du 'in' ", "Selbstverständlich hat dies jeder", "Du bist klug" u.s.w.

Künstliche Bedürfnisse sind mit Assoziationen verknüpft, die als Anziehungskraft wirken und über die Assoziation eine Spannung (einen Drang) erzeugen. Wird ein Produkt mit "Freiheit" oder "Abenteuer" verknüpft, so aktiviert dies das Grundbedürfnis nach "Autonomie" und "Interesse/Entdeckungslust". Die hier erzeugte psychische Energie ist in Richtung "Kaufe das Produkt" gerichtet, womit ein Handlungsimpuls erzeugt wird.

So lassen sich Liebe, Harmonie, Sicherheit, Zärtlichkeit, Anerkennung, Lob, Verstandensein, Dazugehören und manche Grundbedürfnisse mehr mit Dingen und Gegebenheiten verbinden, die direkt damit gar nichts zu tun haben.

"Künstliche" Bedürfnisse können auch von innen erzeugt werden. Sie stellen eine direkte Verschiebung der Grundbedürfnisse dar, oder sollen ermöglichen, Wichtiges im Leben zu verdrängen. Sie haben Ersatzfunktion.

Sie zielen darauf, etwas zu haben oder zu sein, ohne dass es von innen tiefer erarbeitet werden muss: die Ruhe (Entspannung) finden mit übermässigem Essen; ein wertvoller Mensch sein durch wertvolle Möbel; eine wichtige und starke Person sein mit viel Geld; sexuelle Befriedigung finden ohne Liebe; Höchstleistungen unter Lebensgefahr vollbringen, statt das Leben selbst als höchste Herausforderung akzeptieren; zuschauen und miterleben, wie andere leben, statt das eigene Leben leben; über andere spotten oder anderen Leid zufügen, statt eigenes erlebtes Leid versöhnen; "Spiele spielen", statt Wahrhaftigkeit leben u.s.w.

Der Mensch kann eine innere Spannung assoziativ verbindend in eine Richtung hin "entladen", die mit der Sache der Spannung nichts zu tun hat. Zu denken ist hier an Action-Filme, Sammleraktivitäten, Rekordleistungen, Konsumsüchte u.s.w.

Reflexionen und Diskussion

■ Der Mensch erlebt vieles als Bedürfnis, was aus seiner psychisch-geistigen und biologischen Natur weder lebensnotwendig noch lebensaufbauend ist. Dazu einige Beispiele:

- Spielwaren ohne pädagogischen und ohne kindgemässen Wert
- Über andere reden, obwohl dies ohne persönlichen Gewinn ist
- Mit dem Auto ziellos in der Gegend herum fahren
- "Guiness"-Rekordleistungen
- Lebensgefährliche Sport-Höchstleistungen
- Unterhaltungsprodukte ohne humanen und geistigen Kulturwert
- Konsum gewisser Güter, die weder real noch symbolisch einen Wert enthalten

■ Es gibt künstliche Bedürfnisse, die haben eine subjektiv erlebte Notwendigkeit. Sie entstehen durch:

- inneren Druck
- Unterdrückung von Gefühlen
- innere Konflikte
- Verdrängung von echten Wünschen
- Erfahrungsneugier
- Ausweichen von Pflichten
- Beschäftigungsdrang
- Bewegungsbedürfnis
- Umgehen einer Anstrengung
- Anerkennung suchen

■ Künstliche Bedürfnisse werden vor allem auch von Faktoren aus dem Umfeld stimuliert bzw. erzeugt. Sie sind nicht direkt auf die Befriedigung von Grundbedürfnissen ausgerichtet. Äussere Faktoren sind:

- Werbung
- Vorbilder
- Gruppenzwang
- Anreize
- Lebensweise
- Lebensgeschichte
- Milieu
- Subkultur

Diagramm 1.1.2: Faktoren, die künstliche Bedürfnisse schaffen

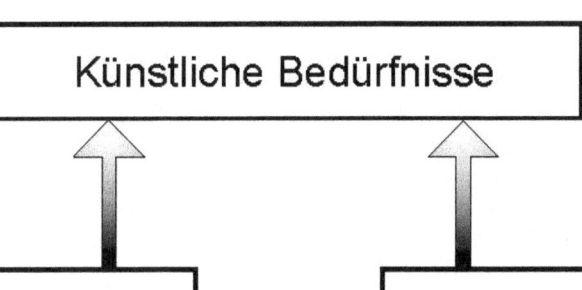

Künstliche Bedürfnisse

Aeussere Faktoren:	**Innere Faktoren:**
Anreize	Kompensation
Vorbilder	Unterdrückung
Werbung	Verdrängung
Gruppendruck	Ausweichen
Gelegenheiten	Flucht
Nachahmung	Mühen umgehen
Pseudowerte	Wertgleichgültigkeit
Verführungen	Sinnleere
Suggestionen	Ersatzhandlung
Manipulationen	Ansprechbarkeit
Angewöhnung	Illusionen

Sinn und Lebenserfüllung

Wir stellen die Bedürfniserfüllung in den Kontext der Frage nach dem Sinn im Leben.

Der Mensch auf der Suche nach Sinn wird in der heutigen Gesellschaft nur frustriert. Und das rührt daher, dass die Wohlstandsgesellschaft praktisch alle Bedürfnisse des Menschen zu befriedigen imstande ist.

Ein Bedürfnis geht in unserer Gesellschaft leer aus, und das ist das Sinnbedürfnis, d.h. das dem Menschen zutiefst innewohnende Bedürfnis, in seinem Leben oder vielleicht besser gesagt in jeder Lebenssituation einen Sinn zu finden.

Der Mensch kann Sinn finden, unabhängig davon, ob er religiös ist oder nicht, und gewiss gerade dort, wo wir eine Situation nicht ändern können, ist uns abverlangt, uns selbst zu ändern, nämlich zu reifen, zu wachsen, über uns selbst hinauszuwachsen.

Sinn muss nicht nur, sondern kann auch gefunden werden, und auf der Suche nach ihm leitet den Menschen das Gewissen. Das Gewissen ist ein Sinn-Organ. Es lässt sich definieren als die Fähigkeit, den einmaligen und einzigartigen Sinn, der in jeder Situation verborgen ist, aufzuspüren und zu erkennen.

Es gibt keine Situation, in der das Leben aufhören würde, uns eine Sinnmöglichkeit anzubieten, und es gibt keine Person, für die das Leben nicht eine Aufgabe bereithielte. Im Erfüllen von Sinn verwirklicht der Mensch sich selbst.

Erfüllen wir den Sinn von Leiden, so verwirklichen wir das Menschlichste im Menschen, wir reifen, wir wachsen, wir wachsen über uns selbst hinaus. Das Leiden hat einen Sinn, wenn der leidende Mensch selbst ein anderer wird.

Wollten wir wirklich in der blossen Lustbefriedigung den ganzen Lebenssinn sehen, dann müsste das Leben letzten Endes sinnlos erscheinen. Denn was ist Lust? Ein Zustand. Der Materialist - und der Hedonismus geht mit Materialismus einher - würde sogar sagen: Lust ist nichts anderes als irgendein Vorgang in den Ganglienzellen des Gehirns. Und das Erreichen eines solchen Vorganges soll Sinn sein zu leben, zu erleben, zu leiden oder etwas zu tun?

Der Sinn des Lebens ist nicht zu erfragen, sondern zu beantworten, indem wir das Leben verantworten. Daraus ergibt sich aber, dass die Antwort jeweils nicht in Worten, sondern in der Tat, durch ein Tun zu geben ist.

An die Stelle der nihilistischen Sinnleugnung muss der Versuch einer Sinndeutung treten. Sinndeutung ist aber nicht identisch mit Sinngebung: der Mensch, der den Sinn des Lebens zu deuten versucht, sucht nicht dem Sein irgendeinen Sinn willkürlich zu geben, sondern 'den' Sinn zu finden.

Einstellungswerte sind den schöpferischen und Erlebniswerten an sittlicher Höhe überlegen. Um jedoch Einstellungswerte zu verwirklichen, bedarf es nicht nur einer schöpferischen Fähigkeit und nicht nur der Erlebnisfähigkeit, sondern auch der Leidensfähigkeit. Die Erwerbung der Leidensfähigkeit ist ein Akt der Selbstgestaltung.

Der Mensch entscheidet niemals nur etwas, vielmehr auch sich selbst und Selbstentscheidung ist Selbstgestaltung. Selbstgestaltung ist Selbstverwirklichung und diese ist Sinn-Erfüllung.

Bedürnisbefriedigung und Sinnerfüllung

Bedürfnisbefriedigung und Sinnerfüllung schliessen sich gegenseitig nicht aus. Jedoch: eine Bedürfnisbefriedigung kann Sinn erfüllen, muss aber nicht und tut es oft auch nicht; Sinnerfüllung bedeutet aber nicht, dass dabei immer auch noch Bedürfnisse befriedigt werden, ausser eben das Bedürfnis nach Sinn und immer auch das Bedürfnis nach Selbstverwirklichung (Selbstgestaltung, Individuation). Wir geben wiederum eine Liste von Bedürfnissen vor. Dazu kann man in die rechte Spalte einen Sinn formulieren.

→ Die Frage: Was können Sie zu diesem Bedürfnis für einen Sinn erkennen (leben)? Gbeen Sie Stichworte:

Bedürfnis und immanenter Sinn:

Wissensdrang	
Geborgenheit	
Beziehungen haben/leben	
Liebe erfahren	
Geschäfte machen	
Freude erleben	

Unabhängigkeit	
Natur erleben	
Sicherheit	
Selbstdarstellung	
Entdeckungslust	
Ruhe	
Gotteserfahrung	
Wohlstand	
Sinneserleben	
Aufbauen	
Wertachtung	
Besitz	
Selbstachtung	
Mobilität	

Notizen und Perspektiven

Welches sind die kollektiv bedeutsamen künstlichen Bedürfnisse?

Notieren Sie die zentralen Schlüsselbegriffe dieses Unterkapitels:

Was bewirken künstliche Bedürfnisse?

Bedürfniserfüllung als Sinn- und Lebenserfüllung ist wesentlich, denn:...

Was haben Sie in Elternhaus, Schule und Kirche über die Bedeutung der Sinnerfüllung gelernt?

Welche Bedeutung im Zusammenleben hat das Gespräch über Lebenssinn?

Welche Bedürfnisse der Menschen werden in Politik und Wirtschaft nicht beachtet?

Wie vermittelt die Werbung künstliche Bedürfnisse?

Formulieren Sie eine Ihnen wichtige Frage zur Lebenserfüllung:

1.1.3. Die Befriedigung der Bedürfnisse

Die Befriedigung von Bedürfnissen will gelernt sein.

Natürlich kann der Mensch auf Hunger sehr einfach reagieren: Er isst zum Beispiel ein Brot oder er bereitet sich ein Essen zu. Dann kann er die Nahrung schnell verschlingen, oder angemessen und bewusst essen.

So ist es mit der Sexualität, oder mit der Bekleidung. Socken, eine Hose und ein Hemd, dazu eine Jacke und Schuhe, genügt das nicht?

Als "Kulturwesen" kann der Mensch seine Kleidung gestalten. Ähnlich ist es mit dem Wohnen: Ein Bett, Tisch und Stuhl, einige Tablare für das Nötige genügen. Der Kulturmensch will mit "Kultur" Ieben und richtet sich sein Wohnen vielfältig ein. So ist das mit vielen Dingen, auch mit dem Auto.

Kultur schaffen verlangt komplexe gesellschaftliche Strukturen, staatliche und private Institutionen, Arbeit und Denkleistungen, Bildung und aktive Verantwortung für sich und die Gemeinschaft der Menschen.

So sind die Bedürfnisse mehr als Spannungsreduktion. Sie sind Ausdruck des Menschen. Sie schaffen Kultur.

Was der Mensch sich aus Bedürfnissen schafft, hat für ihn auch symbolischen Wert: Er erlebt sich darin. Das bedeutet Anregung, Bewusstsein und Spiegelbild seiner selbst. Diese Grenze kann der Mensch überschreiten, indem er sein Ich in die Objekte verlegt:

Der Motor ersetzt dann schnell die fehlende eigene Stärke. Der massgeschneiderte Anzug überdeckt die innen chaotische Persönlichkeit oder eine schöne Wohnungseinrichtung ersetzt die fehlende Atmosphäre der Liebe.

Ein Sprichwort heisst: "Nimm dem Menschen alles weg, dann siehst Du seinen Wert". Der eigentliche Wert des Menschen entsteht und wächst durch seine Leistungen im Bereich der Liebe, der Weisheit und des Geistes.

Diese menschlichen Werte können nur wachsen in dem Masse, wie der Mensch sich den Herausforderungen des psychischen Lebens stellt.

Die Stärke des Ich's gründet im psychischen Leben und in den psychisch-geistigen Leistungen.

Mit Dingen, dazu gehört auch Kapital, kann der Mensch sein schwaches Ich stärken; oder mit Macht und Gewalt. Dann ist das, was er hat, nicht ein Ausdruck von dem, was er ist. Dies führt zu individuellen und kollektiven Problemen tragischer Art.

Der Umgang mit Bedürfnissen basiert auf Einstellungen dem psychischen Leben gegenüber.

Denn es ist klar: je weniger der Mensch sich dieser Wirklichkeit zuwendet, desto mehr benötigt er Ersatz und Überdeckungsleistungen.

Wird Religion gepflegt ohne Innenorientierung, Politik ohne Ausrichtung auf den psychischen Organismus und Wirtschaft ohne Liebe und Geist, dann ist das dasselbe wie mit dem massgeschneiderten Anzug oder dem starken Motor unter der Haube.

So werden Dinge, geistige Lehrsysteme und ihre Praktiken zu einem Ersatz.

Reflexionen und Diskussion

■ Biologische Bedürfnisse wie Hunger, Durst, Sexualität und Körperwärme können technisch-sachlich befriedigt werden. Der Mensch mit einem psychischen Leben und mit Geist hat gelernt, auch biologische Bedürfnisse reichhaltig auszugestalten, gewissermassen "mit Kultur" zu praktizieren.

Viele Menschen können diese basalen Bedürfnisse reichhaltig gestalten mit vielen Menüs, zahlreichen Getränkesorten, originellen Bekleidungen und einem sexuellen Leben, das den ganzen Menschen spielerisch und kreativ miteinbezieht.

Der Mensch ist mehr als ein Lustapparat, der nur auf Spannungsreduktion und Funktionsfähigkeit ausgerichtet ist.

■ Psychische Bedürfnisse wie Wertschätzung, emotionale Zuwendung, Gruppenzugehörigkeit, Denken, Entdecken, Arbeiten, Leisten, Lieben und manche mehr können auf ein Minimum reduziert oder gar völlig verweigert werden, ohne dass der Mensch gleich stirbt.

Aber der Menschnverkümmert dabei und leidet. Dann äussern sich die psychischen Kräfte destruktiv. Die Kräfte selbst aktivieren eine Bedürfnisspannung, die sich indirekt oder verschoben ausagiert, wenn keine sachgemässe Verwirklichung ermöglicht ist.

Viele destruktive Lebensäusserungen entstehen aus unerfüllten echten psychischen Primärbedürfnissen, zum Beispiel:

- ☝ Gewalt
- ☝ Perversionen
- ☝ Kriege
- ☝ Ausbeutung
- ☝ Sucht
- ☝ Fanatismus
- ☝ Streit
- ☝ Gewalt
- ☝ Unterdrückung
- ☝ Konsumsucht

■ Gewisse Bedürfnisse sind geistiger Natur. Daraus entspringt auch das Bedürfnis nach Religion: verstehen der Herkunft, des Zieles des Daseins und leben im Eingebettetsein in diese transzendentale Verwurzelung.

Findet der Mensch den Zugang zu dieser Wirklichkeit nicht in sich selbst durch Träume und Meditation, dann lebt er künstlich erzeugte Wirklichkeiten, die wenigstens gefühlsmässig ein religiöses "Ambiente" schaffen. Aus dieser Suche entstehen:

- Religionen
- Philosophien
- Esoterik
- Gnostik
- Ideologien
- Sekten

■ Der Lebensraum bestimmt immer mit, wie die Menschen ihre Bedürfnisse erleben und erfüllen. Der Weg des geringsten Aufwandes führt zu vielen Fehlformen.

Diagramm 1.1.3: Bedürfnisbefriedigung als Erleben von Dasein

Bedürfnisbefriedigung ist mehr als Spannungsreduktion:

Erleben von Werten
Sich selbst ausdrücken
Schöpferisch sein
Sich selbst bewusst steuern
Erleben echter Freiheit
Leistungen vollbringen
Kultur und Stil leben
Echtheit und Wahrhaftigkeit
Selbsterweiterung
Ausgewogenheit
Bejahung der Menschlichkeit
Selbstbestimmung
Phantasie mitwirken lassen
Freude mit Liebe am Leben
Einsatz für einen Sinn

Strategie der Problemlösung unerfüllter Bedürfnisse

Nennen Sie nachfolgend zuerst ein Bedürfnis, dessen Befriedigung Sie als erhebliches Problem erleben (d.h.Sie möchten das bestimmte Bedürfnis leben, erfüllen, gestalten und wissen nicht wie). Danach beantworten Sie die 30 Strategiefragen!

Das unerfüllte Bedürfnis:

....

Die Strategie der Problemlösung, ohne Festlegung der Reihenfolge:

1. Welches sind die bisherigen Lösungsversuche?
2. Welche äusseren Faktoren haben bis heute eine Lösung behindert?
3. Wo sehen Sie bei Ihnen (innere) Faktoren, die eine Lösung behindern?
4. Welches sind Lösungswege, die Sie noch nicht gegangen sind, jedoch kennen?
5. Warum haben Sie die Ihnen bekannten Lösungswege noch nicht erprobt?
6. Warum genau wollen Sie dieses Bedürfnis erfüllen?
7. Haben Sie das Bedürfnis richtig formuliert? Können Sie es anders formulieren?
8. Zerlegen Sie das Bedürfnis in Teilbedürfnisse (Schritte, Bausteine).
9. Welches sind die belastenden, nachteiligen und 'kritischen' Folgen des Defizits?
10.Können Sie diesen negativen Folgen einen positiven Aspekt abringen? Welche(n)?
11.Gibt es Randbedingungen, die Sie (zuerst) ändern können?
12.Kann es sein, dass Sie den Wert dieses Bedürfnisses über/-unterschätzen?
13.Stehen Ihnen frühere Erfahrungen (Scheitern, Frustrationen) im Wege?
14.Haben früher (bis heute) andere Menschen Ihnen dieses Bedürfnis entwertet?
15.Gibt es in Ihren Vorstellungen zur Bedürfniserfüllung eine Veridealisierung?
16.Können Sie zur Erfüllung sich Kompromisse vorstellen? Welche?
17.Worin sehen Sie den Sinn (den fehlenden Sinn) dieses Bedürfnisses?
18.Gibt es andere Bedürfnisse, die Vorrang haben/hätten?
19.Können Sie dieses Bedürfnis durch ein anderes Bedürfnis ersetzen?
20.Welches sind die bisher erfolgreichen Lösungswege bei anderen Bedürfnissen?
21.Können Sie die Erfolgsstrategie auch bei diesem Bedürfnis anwenden (adaptieren)?
22.Was geschieht, wenn Sie Ihr Leben lang dieses Bedürfnis nicht befriedigen

können?

23.Ist das Bedürfnis echt, vital wichtig und ein Beitrag zur Selbstentfaltung?

24.Beschreiben Sie Ihr Leiden in diesem Defizit.

25.Können Sie durch eine Umgewichtung der Werte eine neue Zielorientierung finden?

26.Haben Sie auch Angst vor der Bedürfniserfüllung? Warum?

27.Setzen Sie sich zuwenig ein zur Erreichung Ihres Zieles? Warum?

28.Was ändert sich in Ihrem Leben, wenn dieses Bedürfnis voll erfüllt ist?

29.Was ergibt sich Neues, wenn Sie das Bedürfnis in kleinste Komponenten zerlegen?

30.Wie gehen Sie mit Ihrem aktuellen Frustrationserleben um?

Bedürfnisse im Horizont der Seinswerte

Der Gegensatz zwischen unserem Erkennen und Handeln ist offensichtlich. Der Mensch orientiert sich in seinem Handeln an der Nützlichkeit, Wünschbarkeit, Schlechtheit, Güte oder Zweckdienlichkeit. Der Mensch bewertet, kontrolliert, urteilt, verurteilt oder billigt. Der Mensch reagiert auf Erfahrungen in einer persönlichen Form und nimmt die Welt zu nichts weiter als zu einem Mittel für unseren Zweck.

So kann der Mensch die Werte des Seins nicht erkennen; diese sind:

- Ganzheit: Einheit, Integration, Einzigkeit, Einfachheit, Organisation, Ordnung, Struktur.
- Vollkommenheit: Notwendigkeit, Richtigkeit, Unvermeidlichkeit, Geeignetheit, Gerechtigkeit.
- Vollendung: Beenden, Endlichkeit, Erfüllung, Schicksal, Geschick.
- Gerechtigkeit: Fairness, Ordentlichkeit, Gesetzlichkeit.
- Lebendigkeit: Prozess, Spontaneität, Selbst-Regulierung, volles Funktionieren.
- Reichhaltigkeit: Differentiation, Komplexität, Kompliziertheit.
- Einfachheit: Ehrlichkeit, Nacktheit, Wesentlichkeit, abstrakte Struktur.
- Schönheit: Richtigkeit, Form, Lebendigkeit, Einfachheit, Reichtum, Einzigartigkeit.
- Güte: Richtigkeit, Wünschbarkeit, Gerechtigkeit, Wohlwollen, Ehrlichkeit.
- Einzigartigkeit: Individualität, Unvergleichbarkeit, Neuheit.
- Mühelosigkeit: Leichtigkeit, Fehlen von Anstrengung oder Streben, Anmut.
- Verspieltheit: Spass, Freude, Unterhaltung, Fröhlichkeit, Humor.
- Wahrheit: Ehrlichkeit, Nacktheit, Einfachheit, Schönheit, Unverfälschtheit.
- Selbstgenügsamkeit: Autonomie, Unabhängigkeit, Getrenntheit.

Schauen wir die Wirklichkeit mit inneren Augen an, also nicht mehr mit den realen Augen, so betreiben wir "Introspektion" (oder Imagination). Hier zeigt sich die Wirklichkeit anders, als wir sie mit den realen Augen wahrnehmen. Wir erfahren den Wert einer (äusseren) Realität (oder eines Elementes dieser Realität). Und dieser innerlich erlebte Wert ist in der Introspektion nicht von der eigentlichen Realität abtrennbar. Wir werden uns meditativ gewahr, dass die objektive Realität, wie wir sie ja auch in der Introspektion ebenso klar "sehen" können, einen ebenso objektiven Wertaspekt enthält. Diese innere Wahrnehmung von 'Tatsachen' bringt das 'Sein' und das 'Soll' zu einer untrennbaren Ganzheit.

Wer sich von der utilitaristischen und Lust-orientierten Wahrnehmung nicht frei machen kann, wird niemals die Seinswerte des Menschseins erfahren können. Er wird allenfalls rational und intellektuell nach einem (empirischen) Beweis für das Vorhandensein der Seinswerte suchen; diesen aber nie finden können. Der 'selbstverwirklichte Mensch' ist durch folgende Eigenschaften charakterisiert:

1. Deutlichere, wirksamere Wahrnehmung der Wirklichkeit.
2. Grössere Offenheit für Erfahrungen.
3. Stärkere Integration, Ganzheit und Einheit der Person.
4. Stärkere Spontaneität und Expressivität; volles Funktionieren; Lebendigkeit.
5. Ein reales Selbst; eine feste Identität; Autonomie; Einzigartigkeit.
6. Grössere Objektivität, Distanz, Transzendenz des Selbst.
7. Wiedererlangung der Kreatvität.
8. Fähigkeit, Konkretes und Abstraktes zu vereinen.
9. Demokratische Charakterstruktur.
10.Liebesfähigkeit.

→ Zur Reflexion: Verbinden Sie Ihre aktuellen Wünsche nach Bedürfniserfüllung mit den Seinswerten und interpretieren Sie den 'Wert zur Selbstverwirklichung'!

Notizen und Perspektiven

Was bedeutet dem Menschen (im Durchschnitt) seine Bedürfnisbefriedigung?

Notieren Sie die zentralen Schlüsselbegriffe dieses Unterkapitels:

Was bewirkt die Unterdrückung von psychischen Grundbedürfnissen?

Seinswerte erfüllen ist ein wesentliches Grundbedürfnis, denn:...

Was haben Sie in Elternhaus, Schule und Kirche über die Werte des Seins gelernt?

Welche Bedeutung im Zusammenleben hat das Gespräch über Verwirklichung der Seinswerte durch Selbstverwirklichung?

Welche Seinswerte überwiegen in Politik und Wirtschaft?

Welche Seinswerte vermittelt die Werbung?

Formulieren Sie eine Ihnen wichtige Frage zur Strategie der Problemlösung bei der Erfüllung der Seinswerte:

1.1.4. Übungen

1. Welches sind zur Zeit Ihre bewusst erlebten Grundbedürfnisse?

2. Welche Ihrer Bedürfnisse würden Sie als künstliche Bedürfnisse einstufen?

3. Welche Bedürfnisse sind Ihnen besonders wichtig?

4. Mit welchen Grundbedürfnissen haben Sie sich bis heute nicht näher befasst?

5. Wie gehen andere Menschen mit Ihren Bedürfnissen um?

6. Wie gehen andere Menschen im allgemeinen mit ihren Grundbedürfnissen um?

7. Wie gehen Sie mit den Bedürfnissen anderer Menschen um?

8. Welche Faktoren des Lebensraumes beeinflussen Ihre Bedürfnisse?

9. Welche Grundbedürfnisse erfüllen Sie in welchem Ausmass? Geben Sie

Stichworte:

Wissensdrang	
Geborgenheit	
Beziehungen haben/leben	
Liebe erfahren/leben	
Geschäfte machen Geld verdienen	
Freude erleben	
Unabhängigkeit	
Natur erleben	
Sicherheit	
Selbstdarstellung	
Entdeckungslust	
Ruhe	
Gotteserfahrung	
Zuhause erleben	
Sinneserleben	
Aufbauen	
Wertachtung	
Besitz	
Selbstachtung	
Körperliche Lust	
Arbeit und Leistung	

Kommentar:

Folgerungen:

10. Formen der Bedürfniserfüllung

10.a) Was geschieht, wenn das Bedürfnis erfüllt/nicht erfüllt ist?

10.b) Wie erfüllen Sie das Bedürfnis? Wie können Sie das Bedürfnis besser erfüllen?

Liste der Grundbedürfnisse	a) Wirkungen bei Nicht-Erfüllung bzw. Mangel	b) Bessere Formen der Erfüllung
Essen und Trinken		
Bekleidung		
Zärtlichkeit		
Sexualität		
Sicherheit		
Autonomie		
Selbst-Identität		
Selbstverwirklichung		
Liebe leben		
Liebe erfahren		
Geborgenheit		
Freude und Glücksmomente		

Vertrauen		
Humanität		
Menschenwürde		
Gotteserfahrung		
Entdeckungslust		
Schönheit		
Naturerleben		
besondere Leistung		
Arbeit		
soziale Bindung		
Besitz		

Was folgern Sie aus Ihren Angaben?

Multiple Choice Test

Wählen Sie die vier richtigen Antworten aus: ☒ a) Fun

7.1. Die Grundbedürfnisse. Echte Grundbedürfnisse sind:

☐ a) Schöpferisches Tätigsein
☐ b) Sicherheit/Schutz
☐ c) Liebe leben
☐ d) Viele gute Freunde haben
☐ e) Nichtstun
☐ f) Arbeit

7.2. Die künstlichen Bedürfnisse. Charakteristisch für künstliche Bedürfnisse ist:

☐ a) Ersatz für Grundbedürfnisse
☐ b) Massübertreibung
☐ c) angeboren
☐ d) erlernt (Umfeld, Vorbilder)
☐ e) Abwehrfunktion
☐ f) Einfachheit

7.3. Die Befriedigung der Bedürfnisse. Folgende Aussagen gelten als zutreffend zum Thema:

☐ a) Aggression hat nichts zu tun mit unerfüllten Grundbedürfnissen.
☐ b) Bedürfnisbefriedigung ist mehr als Spannungsreduktion.
☐ c) Fanatismus hat zu tun mit unerfüllten Grundbedürfnissen.
☐ d) Es gibt keine "höheren" Bedürfnisse; Bedürfnisse sind physiologisch.
☐ e) Der Lebensraum beeinflusst das Bedürfniserleben der Menschen.
☐ f) Bedürfnisbefriedigung lässt sich vielseitig schöpferisch gestalten.

1.2. Bedürfnisse und ihre Wirkungsweisen

1.2.1. Grundbedürfnisse und ihre Charakteristiken

Gewisse physiologische Bedürfnisse sind eine Lebensnotwendigkeit, denn der Mensch würde ohne ihre Befriedigung nicht leben können. Dazu gehören Hunger, Durst, Wärme, Körperschutz, Schlaf und Sexualität. Ebenso benötigt der Mensch ein Minimum an körperlicher Bewegung.

Es gibt auch psychische Bedürfnisse, die lebensnotwendig sind für den Menschen.

Ohne Bildung des psychischen Lebens kann der Mensch nicht menschenwürdig leben. Ohne Liebe verkümmert der Mensch, kann vielleicht nicht einmal überleben.

Das Bedürfnis, den Lebensraum zu gestalten ist artspezifisch "menschlich". Der Mensch kann nicht überleben, wenn er sich nicht einen minimalen Lebensraum schafft. Der Mensch hat sich immer in irgendeiner Form den Lebensraum angeeignet und die Dinge, die er geschaffen hat, in Besitz genommen, teils individuell und teils kollektiv.

Das Bedürfnis nach einer Mann-Frau-Beziehung beruht nicht allein auf sexuellem Drang, sondern auf wesenseigenen Eigenschaften, die einander anziehen und ergänzen.

Es ist kaum vorstellbar, dass ein Mensch ohne jegliche Beziehung (Gruppenzugehörigkeit) gesund leben und wachsen kann.

Durch die Evolution hat der Mensch aus einem archaischen Bewusstsein seine Einheit entdeckt: jeder erlebt den Drang nach einer minimalen Autonomie, nach einem Selbstsein, das sich von andern abgrenzt.

Je mehr der Mensch sich seiner psychischen Möglichkeiten bewusst ist, desto mehr drängt es ihn mit Denken und Fertigkeiten, das Leben zu gestalten. Denken und Fähigkeiten erlernen sind Grundbedürfnisse, die aus der Evolution gewachsen sind. Dazu gehören: die Arbeit, die Produktion von Gütern, das Kulturschaffen, das Spiel und das soziale Organisieren.

Nimmt man dem Menschen jegliche Sicherheit und Stabilität, hat dies Störungen zufolge, teils in der Erfüllung anderer Grundbedürfnisse, teils primär im psychisch-physischen Funktionieren.

Immer schon und in allen Kulturen haben die Menschen sich in irgendeiner Weise im Kosmos eingebettet erlebt. Daraus ist das Bedürfnis entstanden, das Dasein transzendental zu verstehen, denkerisch zu klären und rituell zu leben.

Das religiöse Erleben, Verstehen und Handeln ist ein Grundbedürfnis. Bei allen destruktiven Lebensäusserungen, die jeden menschlichen Wert missachten, zeigt sich doch, dass der Sinn für positive lebensoffene und konstruktive Werte aus einem tiefen Bedürfnis sich durchzusetzen versucht.

Reflexionen und Diskussion

■ Die Grundbedürfnisse haben vier Ausrichtungen, die auf tatsächliche Wirklichkeiten gerichtet sind:

- auf sich selbst (psychische und körperliche Realität)
- auf den Lebensraum (einschliesslich die Güter)
- auf andere Menschen (psychische, soziale, körperliche Realität)
- auf die Transzendenz (das Göttliche als Realität)

■ Grundbedürfnisse sind:

- Hunger, Durst, Wärme, Schutz, Fortpflanzung, sexuelle Entspannung
- Körperliche Bewegung, Ertüchtigung
- Gestaltung des Lebensraumes
- Schaffen von Gütern, Kultur und Spiel
- In Besitz nehmen von Lebensraum und Gütern
- Mann-Frau-Beziehung
- Gruppen, soziale Beziehungen
- Arbeit, Leistung
- Sicherheit und Stabilität
- Autonomie, Selbstbehauptung, Selbstaktualisierung
- Erkenntnis und Denken
- Wohlbefinden, Freude, Gesundheit, Lebenserhaltung
- Liebe, Sinn und Wert
- Wachstum und Entfaltung, Differenzierung der Möglichkeiten
- Gott-Erleben, Transzendenz-Verwurzelung und Rituale

■ Die Grundbedürfnisse haben einige elementare Charakteristiken, die auf der psycho-physischen Natur des Menschen beruhen:

- Lebensnotwendigkeit für die psychische und physische Gesundheit
- Naturgemässes Verlangen (Antrieb) nach Daseinsverwirklichung
- Zustandserleben als Mangel und Erweiterungsbedarf
- Zielvorstellung im Sinne der Erfüllung (Sättigung)
- Eine psychische Energieladung (Spannung, Kraft)
- Gültigkeit für die Menschen generell

■ Grundbedürfnisse entwickeln sich durch psychisch-geistige Evolution, durch Erziehung, Bildung und Kulturaneignung. Ihr Ausdruck ist deshalb vielfältig.

Diskutieren Sie mit andern, wie sich durch die psychisch-geistige Entfaltung die Grundbedürfnisse und ihre Erfüllung wandeln können:

Diagramm 1.2.1: Die Ausrichtung der Grundbedürfnisse

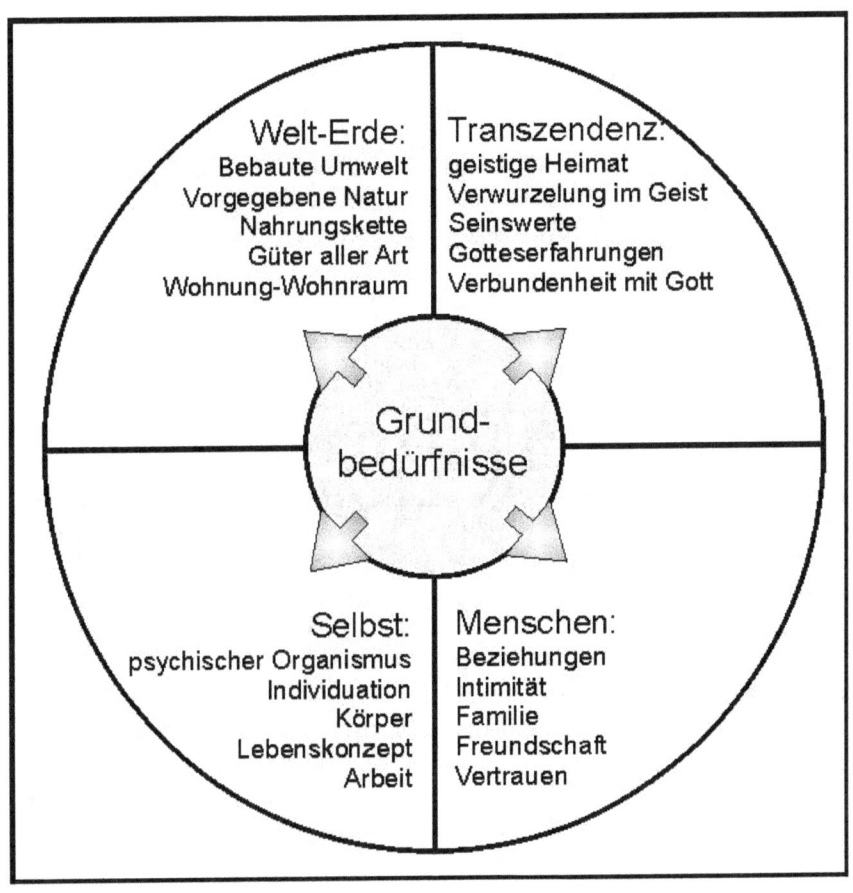

Welt-Erde:
Bebaute Umwelt
Vorgegebene Natur
Nahrungskette
Güter aller Art
Wohnung-Wohnraum

Transzendenz:
geistige Heimat
Verwurzelung im Geist
Seinswerte
Gotteserfahrungen
Verbundenheit mit Gott

Grund-
bedürfnisse

Selbst:
psychischer Organismus
Individuation
Körper
Lebenskonzept
Arbeit

Menschen:
Beziehungen
Intimität
Familie
Freundschaft
Vertrauen

1.2.2. Ersatzbedürfnisse und ihre Charakteristiken

"Ersatzbedürfnisse" sind von Faktoren aus der Umwelt oder von der Person künstlich erzeugte Bedürfnisse. Sie ersetzen andere Bedürfnisse. Dies mag den Eindruck erwecken, dass die Befriedigung der Grundbedürfnisse einen moralisch positiven Wert hat, während die Ersatzbedürfnisse moralisch verwerflich seien.

Wenn nun jemand das Bedürfnis nach einem Aperitif hat, so ist das weder ein Grundbedürfnis, noch kann man hier rundheraus von einem Ersatzbedürfnis sprechen. Da mag einer regelmässig zwölf Stunden am Tag arbeiten; daraus kann man nicht schliessen, es handle sich um einen "workoholic" bzw. um ein Ersatzbedürfnis. Es gibt keinen Massstab, nach dem jemand beurteilen könnte, welcher Hubraum für wen ein "Ersatzbedürfnis" ist und für wen nicht.

Es gibt Menschen, die haben eine grosse Leistungskapazität und erhebliche psychische Kräfte, während andere weder diesen Umfang noch diese Intensität je erreichen können. Niemand hat mit einem sachlichen Grund von jedem Menschen dieselben Grundbedürfnisse und Ausdrucksformen der Lebensweise zu erwarten. Darüber hinaus wandeln sich die Grundbedürfnisse, einerseits infolge des Lebensalters, andererseits auch im Rahmen des psychisch-geistigen Prozesses. Dann sind auch die persönlichen Neigungen und Begabungen in Betracht zu ziehen. Dem einen ist "viel lesen" ein Grundbedürfnis, während ein anderer viel malt, wieder einer viel musiziert und ein weiterer viel kreative handwerkliche Arbeit leistet. Eine Mutter mit einem Kleinkind erlebt das Muttersein in manchen Situationen als Erfüllung eines echten Grundbedürfnisses, während eine andere Frau sich Kinder wünscht, bloss um das selbst nie gehabte Heim zu leben.

Grundbedürfnisse und Ersatzbedürfnisse sind deshalb relativ zur Person, ihrer psychischen Situation und Lebensgeschichte. Aus dieser Perspektive sind die künstlichen Bedürfnisse und die Ersatzbedürfnisse zu interpretieren. Ersatzbedürfnisse und künstliche Bedürfnisse (die nicht immer als Ersatz interpretiert werden können) erfüllen auch eine Kompensationsleistung, die als regulierende Funktion positiv gewertet werden kann. Oft ist eine regressive Anknüpfung der Anfang für eine progressive Entwicklung.

Zudem: Oft zwingt das Leben zu Kompromissleistungen. Aus der Sicht der Liebe und des Geistes kann allerdings Sadismus, Erniedrigung und ähnliches kein Grundbedürfnis sein.

Reflexionen und Diskussion

■ Die künstlich erzeugten Bedürfnisse (oft auch als "Ersatzbedürfnisse" bezeichnet) haben einige Charakteristiken:

- Sie sind angelernt, künstlich stimuliert und "induziert".
- Sie sind eine "Konstruktion" des Individuums.
- Sie sind nicht notwendig für eine psychisch-geistige Entfaltung.
- Sie bedeuten keinen gewichtigen realen oder symbolischen Wert.
- Sie sind vielfach vor allem eine Übertreibung im Mass.
- Sie haben oftmals nur eine Ersatzfunktion infolge Verdrängung.
- Sie sind oft die Umkehrung von gesunden Bedürfnissen ins Sinnlose/Destruktive.

■ Die meisten Ersatzbedürfnisse haben eine Wirkung, die von einer gesunden lebenszugewandten Selbstverwirklichung abweicht, diese verunmöglicht und ihr sogar entgegenwirkt. Einige Aspekte dazu sind:

Entfremdung von sich selbst	Passivität
Vermeidung von Initimität	Keine Kreativität
Ekzessive Steigerung von Lusterleben	Projektionen
Verdrängung der Realität	Flucht vor sich selbst

■ Charakteristisch für Ersatzbedürfnisse ist:

- Entfremdeter Gebrauch von Gütern ohne realen oder symbolischen Gewinn
- Erfahrungen ohne nennenswerten Gewinn (aus purer Neugier/Langeweile)
- Aktivität und Mobilität ohne effektives Ziel (Aktivismus)
- Erlebnisintensität aus reiner Intensitätslust
- Beschäftigungsfülle ohne Person- oder Sachgewinn
- Rekordleistungen mit grossen Gefahren und wenig/ohne Sinn

■ Die Identifizierung der Ersatzbedürfnisse ist oft eine Interpretationsfrage. Was für den einen noch als Grundbedürfnis verstanden werden kann, ist vielleicht für einen andern erheblich künstlich erzeugtes/gelebtes Bedürfnis, das etwas ersetzen soll.

Stellen Sie in einer Gruppe einige Ersatzbedürfnisse zusammen und diskutieren Sie über jedes Beispiel, inwiefern es sich um ein "künstliches" oder vielleicht auch um ein Grundbedürfnis handeln kann; bzw. für welche andere Bedürfnisse sie als Ersatz interpretiert werden können.

Diagramm 1.2.2: Unterscheidung
Grundbedürfnis – Ersatzbedürfnis

Grundbedürfnis?
Oder Ersatzbedürfnis?

Ersatzbedürfnis:

- keine aufbauende Relevanz für psychische Subsysteme
- keine progressive und evolutionäre Wirkung
- kein ursprünglicher Ausdruck eines psychischen Subsystems
- kein symbolischer Ausdruck konstruktiver Werte
- reine Orientierung auf Spannung-Entspannung
- keine Vernetzung mit Liebe und Geist
- kein direkter und indirekter Bezug zur Individuation

Grundbedürfnis:

- aufbauende Relevanz für psychische Subsysteme
- progressive und evolutionäre Wirkung
- ursprünglicher Ausdruck eines psychischen Subsystems
- symbolischer Ausdruck konstruktiver Werte
- hinausgehend über Kreislauf Spannung-Entspannung
- Vernetzung mit Liebe und Geist
- direkter und indirekter Bezug zur Individuation

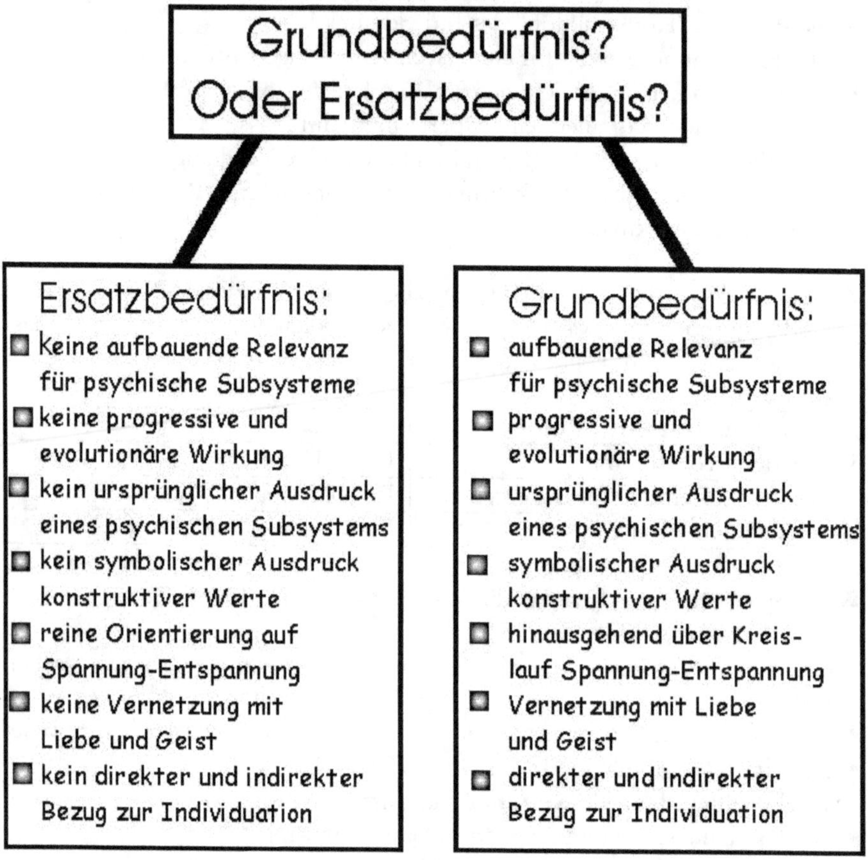

1.2.3. Folgen unerfüllter Grundbedürfnisse

Erlebt ein Kleinkind keine oder nur wenig Liebe, entwickeln sich psychische Störungen, die oft das ganze Leben prägen. Auch Erwachsene bedürfen der Liebe, der Zuwendung und des Erlebens von Akzeptiertsein. Erhält ein Mensch wenig Liebe und viel Ablehnung, dann tut er später dasselbe mit andern. Kann der Mensch seinen Lebensraum nicht gestalten, verkümmert seine Lebenszuwendung.

Die Folgen der Unterdrückung von sexueller Lust sind umfassend bekannt. Wer die sexuelle Spannung nicht auf irgendeine Weise transformieren kann, wird lebensabgewandte Ersatzkonstruktionen entwickeln; viele werden krank. Menschen, die kaum Sicherheit und Stabilität erfahren, leben in diffuser Angst, die sich oft in Aggressionen kehrt.

Viele, die sich selbst keinen individuellen Ausdruck geben können, werden stumpf oder identifizieren sich mit extremistischen Mustern.

Je weniger der Mensch sein psychisches Leben differenziert, desto mehr verkümmert sein Menschsein im Rahmen von Ideologien, Dogmen oder Materialismus. Je weniger der Mensch Liebe lebt, desto mehr neigt er dazu, seinen Lebensraum zu zerstören. Kann der Mensch das Bewusstsein über sich selbst nicht erweitern, dann lebt er in Projektionen.

Künstliche Bedürfnisse produzieren eine Eigendynamik: zuerst ist eine angenehme oder spannungsintensive Lust, dann folgt eine stetige Wiederholung. Solche "künstlichen" Bedürfnisse enthalten Gefahren: Der Mensch wird sich selbst fremd. Er entfernt sich von dem, was in ihm als Lebensmöglichkeit enthalten ist. Er erfüllt nicht, was von innen gefordert ist.

Echte Selbstverwirklichung wird so verbaut. Das führt wiederum zu verstärkten Ersatzbedürfnissen.Dann erlebt sich der Mensch innerlich leer, unbefriedigt. Alles bleibt an der Oberfläche der eingebildeten Wirklichkeit. Das Dasein verliert an innerem Wert und Sinn.

Je weniger Grundbedürfnisse erfüllt werden können, desto mehr wirken Defizitsituationen destruktiv. Der Mensch sucht sich Ersatz oder Frustrationsentladung. Die erlebte Spannung wird mit völlig sachfremden Gegebenheiten erklärt. Die Menschen können lernen, ihre echten Grundbedürfnisse zu erkennen. Es gibt Wege, Defizitlagen zu verändern.

Reflexionen und Diskussion

■ Die Unterdrückung von Grundbedürfnissen hat immer Folgen:

psychische Störungen	Fixierung an Ideologien
psycho-somatische Leiden	Dogmatismus
innere Leere	fundamentalistisches Denken
Sinnlosigkeit des Daseins	Unterdrückung anderer
destruktives Handeln	Entfaltungsblockierung
Einengung auch der andern	Gleichgültigkeit gegenüber der Natur

■ Die Wegdrängung von Grundbedürfnissen drängt zu künstlichen Bedürfnissen als Ersatz; Aspekte dazu sind:

- Äusseres Erleben statt inneres Erleben
- Identifizierung mit äusseren Werten statt mit inneren
- Missbrauch der andern für eigene Bedürfnisse
- Grober Missbrauch der Ressourcen
- Ritualisierte Handlungen zur Abwehr gegenüber dem Innenleben
- Äussere Bindung an Objekte
- Entwicklung von Scheinwirklichkeiten
- Verlust an Gefühl für Mass und Lebensrisiko

■ Mag ein individuelles Leben mit vielen künstlichen Bedürfnissen noch schadlos enden, im Kollektiv sind die Folgen fatal:

Gewalt	Kriminalität	Krieg	Umweltzerstörung

Diskutieren Sie die Folgen nichterfüllter Grundbedürfnisse nach folgendem Schema:

Folgen nicht erfüllter Grundbedürfnisse	beim Individuum	im Kollektiv
Liebe		
Transzendenzverwurzelung		
Sexuelle Befriedigung		
Innere Autonomie		
Wahrhaftigkeit		
Weisheit		
Inneres Wachstum		

Diagramm 1.2.3: Wirkungen unerfüllter Bedürfnisse

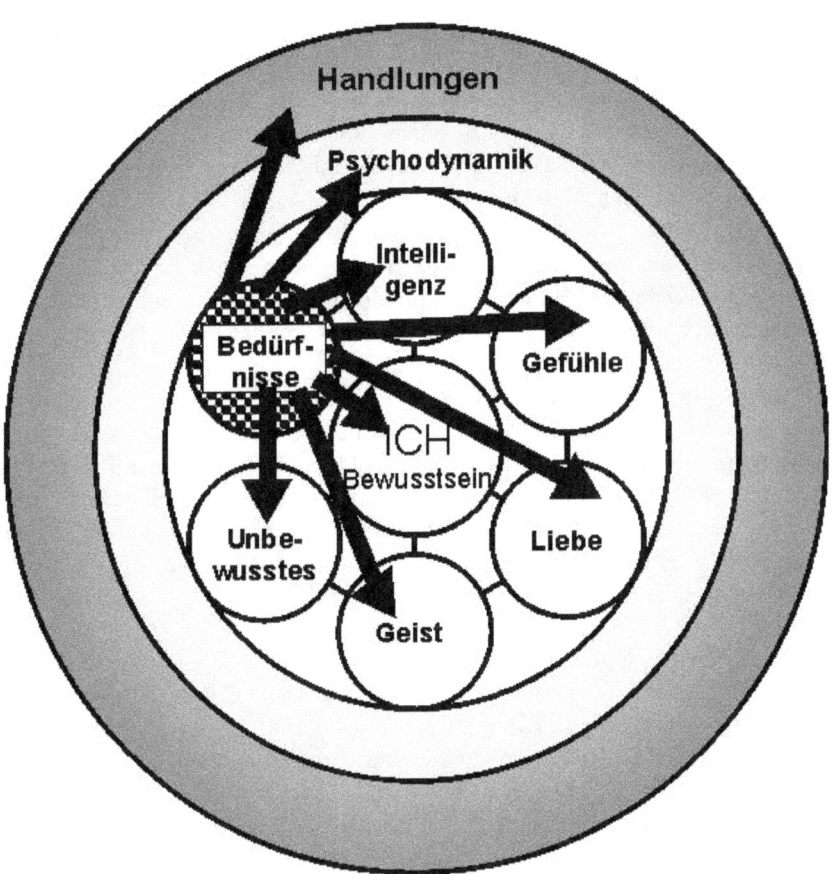

1.2.4. Sinn- und Wertaspekte von Bedürfnissen

Betrachten wir die psycho-energetische Dynamik der Bedürfnisse, dann ergibt sich die Folgerung, das Ziel des Lebens sei die Befriedigung von Bedürfnissen bzw. die Entspannung einer angespannten Lage. Daraus folgt eine neue Anspannung, die es wiederum zu entspannen gilt. Dieser Kreislauf kann als Lusterleben interpretiert werden, wobei die unbefriedigte Lage als Unlust und die Erlösung daraus als Lust erlebt wird.

Wird Lusterleben mit Glückserleben gleichgesetzt, dann kann das Ziel des Lebens als "höchstmögliches" Lusterleben und in diesem Sinne als "Glück" bestimmt werden. Das ist jedoch aus vielen Gründen nicht machbar. Diese Art Lust ist an Materialismus gebunden, denn das Lusterleben hat nur noch physiologischen Charakter. Jeglicher Wert im Leben würde an diesen Lust-Unlust-Kreislauf gekoppelt. Das Erlebnis der Erfüllung wäre immer gleichzeitg auch der Anfang der Unlust. Der Prozess in dieser Polarisierung ist ausserhalb dieses Glücks. Der Mensch eilt darin von der einen punktuellen Lust zur nächsten. Ein solcher Kreislauf enthält keine Entwicklung, nur Repetition und Intensivierung eines immer neu zu schaffenden Zustandes. Das führt bekanntlich u.a. zu Leere und Langeweile.

Alle nicht physiologischen Bedürfnisse haben eine Tendenz, über diesen Spannungsregelkreis hinaus schöpferisch zu sein. Lusterfüllung ist nicht einfach eine Entspannung der Energie, sondern führt zu Objektivationen. Liebe fördert das psychische Wachstum und die Lebensoffenheit. Die Gestaltung des Lebensraumes setzt neue Schaffenskräfte und Erlebensmöglichkeiten frei. Das Kulturschaffen führt zu "Produkten", die wiederum erlebt werden können.

Die Organisation des Zusammenlebens (z.B. mit Institutionen) verhilft den Individuen, sich in ihrer Autonomie ausgewogen mit andern zu entfalten. Die Mann-Frau-Beziehung ermöglicht Erlebensformen über Seinseigenschaften in ihrer Wechselwirkung.

Erkenntnis und Denken erweitern das Erfassen der eigenen Ganzheit in einer grösseren Ganzheit sowie die Möglichkeiten der Ich-Steuerung der Entfaltungsprozesse. Die Transzendenz-Verwurzelung (nicht das in der Kindheit oder in späterer Zeit einsuggerierte Bildererleben, sondern die ursprüngliche innere Erfahrung) vertieft jede Sinnerfahrung über das Materielle hinaus.

Reflexionen und Diskussion

■ Die Bedürfnisse können als Regelkreis interpretiert werden, der jedoch das Phänomen der Bedürfnisgestaltung und Bedürfnisbefriedigung nicht angemessen er-fasst:

- Lust-Unlust
- Anspannung-Entspannung
- angenehm-unangenehm
- Spannungsleere-neue Anspannung

■ Wesentliches Merkmal der menschlichen Grundbedürfnisse ist ihre immer weiter führende schöpferische Wirkung:

- Liebe: Wachstum, Entfaltung, Umgang mit andern, Umgang mit der Natur und Tierwelt, Verständigung, konstruktives Zusammenleben, Ausdruck von Freude
- Leisten, Arbeiten: Produkte schaffen, Gegebenheiten bewältigen, Neues kreieren, Lebensraum erweitern, Erlebensmöglichkeiten differenzieren
- Autonomie: sich selbst verwirklichen, Neigungen und Fähigkeiten entfalten, der Individualität einen Ausdruck im Beziehungsleben geben

■ Bedürfnisse erhalten für jeden einen Wert durch das Lust-Erleben und vor allem durch die evolutionären Auswirkungen. Diese Werte übersteigen das Lust-Unlusterleben und erreichen das Daseinserleben; dazu einige Beispiele:

- Werterleben ist nicht "bodenlos", sondern kosmisch verwurzelt.
- Werterleben ist Bejahung des So-Seins und Da-seins.
- Sinn und Wert stehen über (ausserhalb von) Gesundheit und Materialismus.
- Sinn und Werte sind nahe bei den schöpferischen Handlungen.
- Ganzheit werden (im Sinne der Individuation) ist psychisch und geistig.

Diskutieren Sie in der Gruppe im Zusammenhang mit der Bedürfnisbefriedigung:

a) Das gibt mir Sinn im Leben (Das ist mein Sinn-Erleben):

b) Das sind für mich Werte im Leben (Das ist mein Wert-Erleben):

c) Künstliche Bedürfnisse enthalten folgende Werte und folgenden Sinn: (Wählen Sie gemeinsam drei Beispiele von künstlichen Bedürfnissen):

Diagramm 1.2.4: Sinn- und Wertaspekte von Bedürfnissen

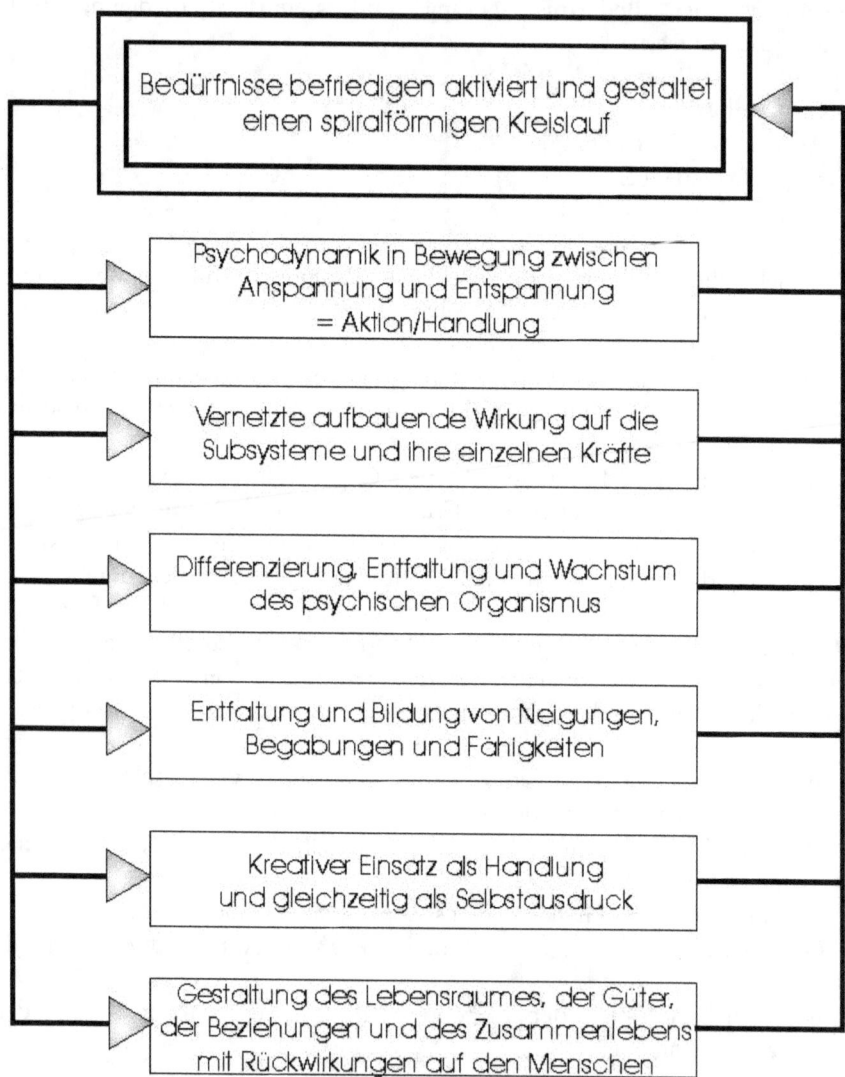

Bedürfnisse befriedigen aktiviert und gestaltet einen spiralförmigen Kreislauf

Psychodynamik in Bewegung zwischen Anspannung und Entspannung = Aktion/Handlung

Vernetzte aufbauende Wirkung auf die Subsysteme und ihre einzelnen Kräfte

Differenzierung, Entfaltung und Wachstum des psychischen Organismus

Entfaltung und Bildung von Neigungen, Begabungen und Fähigkeiten

Kreativer Einsatz als Handlung und gleichzeitig als Selbstausdruck

Gestaltung des Lebensraumes, der Güter, der Beziehungen und des Zusammenlebens mit Rückwirkungen auf den Menschen

1.2.5. Einflussfaktoren auf das Bedürfniserleben

Der Mensch lebt und wächst ab Geburt in einem komplexen Lebensraum mit vielen einzelnen Faktoren, die auch das Erleben und Befriedigen der Bedürfnisse grundlegend formen und beeinflussen. Ein soziales System als Zwangssystem wirkt auf der Reiz-Reaktionsbasis, und damit mit positiven und negativen Verstärkern. Lob und Strafe steuern, was erlaubt ist und gelebt werden darf.

Verinnerlichte Wirklichkeiten, die Bilder im Unbewussten, wirken unerkannt verbindlich und drängen nach Reproduktion der vorher aufgenommenen Wirklichkeiten. Was man angenehm und "erfolgreich" erlebt, wird tendenziell wiederholt. Die äusseren Reize, d.h. Einflüsse der Medien, der Lebensraum und andere Menschen, geben Muster vor, wie Bedürfnisse wertend erlebt werden dürfen und auf welchem Wege sie erlaubterweise erfolgreich befriedigt werden sollen.

Diese suggestiven Einflüsse wirken so stark wie Gesetze in einem totalitären Staat, bloss ist es schwieriger, diese Fremdbestimmung als solche zu erkennen. Diese einseitigen Aussenreize zwingen zu einer unausgewogenen Bedürfnisorientierung.

Der "Wettbewerb" in der westlich industrialisierten Gesellschaft überträgt sich auf das Erleben und den Umgang mit Bedürfnissen: Wer leichter, schneller, billiger, problemloser, intensiver und erfolgreicher seine Bedürfnisse befriedigt, ist der "Beste". Alle, die aus diesem Wettlauf ausgestiegen sind, versuchen tendenziell den Weg des geringsten Widerstandes zu gehen. Anreize von aussen, die dieser Tendenz entgegenkommen, haben stärkeren Einfluss.

Sind bei einzelnen Defizite vorhanden, deren Wurzeln meist bis in die frühe Kindheit reichen, sind sie besonders ansprechbar auf Worte, die "wie Balsam" wirken. So wird das betont "herzlich willkommen bei uns" auf einem Fernsehkanal zum Elternhaus-Ersatz. Das muss nicht unbedingt von Nachteil sein, kann gewiss auch evolutionäre Möglichkeiten enthalten; steuert aber durch die nachfolgende Programmgestaltung entscheidend den Bedürfnisablauf: von der Ansprechbarkeit zum Konsum und zur Befriedigung in einer Illusion. Da derselbe Reiz mit der Zeit fade wirkt, ist dieser mehr und mehr mit Farben, Ton, Formen, Aktionen und "Verrücktes" (in Form und Gestalt) zu steigern.

So wird das entwicklungspsychologisch "normale" sich wandelnde

Bedürfniserleben ab der Wurzel in jeder Lebensphase mitgeformt, auch durch Beziehungen, Arbeit, Religion und Politik.

Reflexionen und Diskussion

■ Aus allen Systemen des Lebensraumes wirken Faktoren auf das Erleben und auf die Gestaltung der Bedürfnisse:

- Politisches System
- Religion
- Bebaute Umwelt
- Kulturgüter
- Persönliche Lebensmöglichkeiten
- Medien
- Kapital zur Realisierung
- Lernmöglichkeiten
- Menschen und Menschengruppen
- Arbeit

■ Aus dem Unbewussten wirken verschiedene Kräfte auf die Ansprechbarkeit:

- Unerfüllte Bedürfnisse (Defizite)
- Leiderfahrungen (mit variablen Wirkungen wie Angst, Blockierung u.s.w.)
- Verinnerlichte Gebote und Normen: "Das ist erlaubt"
- Einstellungen, Überzeugungen und Ideale (Vorbilder)

■ In der Wechselwirkung von Erziehung und Umwelt bzw. Leben und Umwelt lernt der einzelne, was verdrängt und unterdrückt werden muss. Das Verdrängte wirkt entstellt zurück auf die verschiedenen Bedürfnisbereiche:

- Selbstsein
- Freizeit
- Arbeit
- Beziehungen
- Innenleben
- Körper

■ Emotional starken Einfluss auf das Bedürfniserleben haben:

- Lob/Strafen
- Imagebildung
- Gruppenzwänge
- Normierte Kritik
- Zeitgeist
- Bedrohungen
- Belehrt-werden
- Autoritatives "Du darfst"

Grupenarbeit: Welche Faktoren/Elemente/Gegebenheiten erleben Sie als förderlich / hinderlich oder umlenkend in künstliche Bedürfnisse in den folgenden drei Beispielen?

Grundbedürfnisse	förderlich ist:	hinderlich ist:	umlenkend wirkt:
Beziehung Mann-Frau			
Weisheit/Wissen aus dem Geist			
Werte leben			

Diagramm 1.2.5: Die subjective Prägung des Bedürfniserlebens

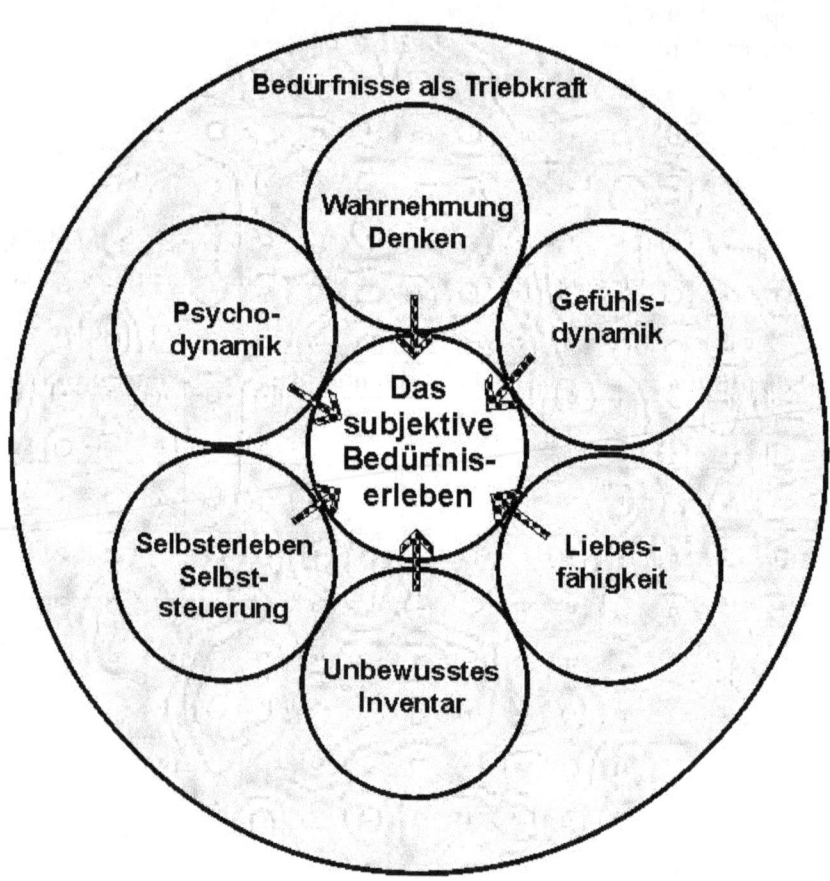

1.2.6. Das Gestalten von Bedürfnissen

Bedürfnisse sind immer begleitet von einem gewissen "Energieschub". Der Mensch kann diesen Verlauf mitbestimmen. Er kann sich von der Energie auch in irgendeine Richtung treiben lassen, einmal in Richtung direkte Umsetzung, ein andermal durch Entspannung der psychischen Energie; einmal durch Verschiebung (Ersatzhandlung) oder, was von selbst geschieht: durch Konversion in psychosomatische Leiden.

Bedürfnisse können bewusst aktiv gestaltet werden oder ausserbewusst, im Sinne der Energieentladung ausgelebt werden. Der Mensch entscheidet bewusst oder "halbbewusst", welche zunehmende Bedürfnisspannung integriert und gelebt werden soll. Er kann bestimmen, welche Bedürfnisse zu entfalten sind und welche schon an den Wurzeln ihres Entstehens zu unterdrücken sind.

Da die Grundbedürfnisse des Menschen von einem archaischen in einen evolutionären Zustand zu bilden sind, können sie nicht einfach "triebhaft" oder "instinktiv" gelebt werden, ohne dass sie Schaden bewirken. Die "rohe Form" bedarf der Differenzierung und der kulturellen Ausgestaltung.

Die ausgewogene und differenzierte Befriedigung der Grundbedürfnisse setzt Lernprozesse und eine bewusste Ich-Führung voraus. Dies beinhaltet auch den bewussten Willensakt und die Entscheidung. Das Gestalten der eigenen Bedürfnisse setzt bei der Selbstreflexion und Selbsterkenntnis an.

Diese Bildung der Grundbedürfnisse beginnt mit Fragen, z. B.: "Welches sind meine aktuellen Bedürfnisse? Wie drängen sie dynamisch? Was aktiviert meine Bedürfnisse? Wie kann ich diese im täglichen Leben ausgestalten?"

Die Zielfrage führt zur Reflexion über Sinn und Werte. Die kurzfristige Befriedigung des einen Bedürfnisses kann die Erfüllung eines anderen, das einen anspruchsvollen Weg verlangt, behindern oder ver-unmöglichen. So verlangt zum Beispiel das Bedürfnis nach einer "guten" Beziehung viele Lernprozesse und "Arbeit an Fundamenten".

Die Gestaltung des eigenen Lebensraumes, die Pflege der Ernährung, das Kulturschaffen (und Kulturerleben), die Autonomie und alle Aspekte der sog. "Selbstverwirklichung" setzen viele kleine Lernschritte voraus. Je höher der Wert und der Sinn, desto mehr Anstrengungen sind zur befriedigenden Erfüllung notwendig.

Reflexionen und Diskussion

■ Die bewusste Gestaltung der Bedürfnisse setzt Bildung voraus. Diese beginnt mit einigen Fragen:

- Welches sind meine aktuellen Bedürfnisse?
- Welche Bedürfnisse sind unbelebt?
- Welche Bedürfnisse sind unterdrückt und verdrängt?
- In welche Zielrichtungen drängen die aktuellen Bedürfnisse?
- Wie erfülle ich gewöhnlich die aktuellen Bedürfnisse?
- Welches ist das "Resultat" der jeweils befriedigten Bedürfnisse?

■ Die Gestaltung der Bedürfnisse verlangt nach Reflexionen über Ziele, Sinn und Werte:

- Welchen Wert haben für mich die verschiedenen Bedürfnisbefriedigungen?
- Wie erlebe ich den Sinn der jeweils erreichten Erfüllung?
- Was bewirken meine bisherigen und aktuellen Bedürfnisbefriedigungen?

■ Oft mag das Bedürfnis echt und das Ziel "richtig" sein, doch die Wege dazu sind nicht angemessen:

- Was tue ich, um meine Bedürfnisse zu befriedigen?
- Welche Anstrengungen kann ich akzeptieren und auf mich nehmen?
- Welche Prioritäten setze ich im täglichen Leben?
- Wie gehe ich vor zur Erreichung einer Erfüllung?
- Was übergehe oder missachte ich auf dem Weg zum Ziel?
- Welche äusseren Faktoren wirken hemmend/fördernd?

■ Bedürfniserfüllung ist Selbstverwirklichung, da alle Grundbedürfnisse bei dem psychischen System und dem Körper ansetzen. Daraus folgt:

- Ausgewogene Bedürfnisbefriedigung geht einher mit einer umfassenden ganzheitlichen Bildung aller psychischen Kräfte.
- Bedürfniserfüllung integriert Intellekt, Liebe, Geist und Können.

Diskutieren Sie in der Gruppe das Verhältnis von Ziel, Auswirkungen und Mittel (Weg) zur Erreichung einer Bedürfnisbefriedigung. Formulieren Sie dazu exemplarisch einige "kritischen Handlungssituationen":

Diagramm 1.2.6: Aufbau und Entladung einer Bedürfniseinheit

Psycho-energetische Einheit
in Spannungsruhe

Aufforderungscharakter
durch thematischen "Wert"

Es folgt: Anspannung
Energie-Aufladung

Es folgt:
Bedürfnisbefriedigung = Entladung
Umsetzung
Konversion
Verschiebung
Entspannung

1.2.7. Arbeitseinheit

1.2.7. Arbeitseinheit – 1

1. a) Wie erleben Sie Ihre Grundbedürfnisse? Welche vor allem?

1. b) Wie gehen die Menschen mit ihren psychischen Grundbedürfnissen um?
Beispiel:

2. Warum können die folgenden Bedürfnisse als Grundbedürfnisse gelten?
Geben Sie ein Argument aus Ihren eigenen Erfahrungen (in Stichworten):
* Hunger, Durst, Wärme, Schutz, Fortpflanzung, sexuelle Entspannung

- Körperliche Bewegung, Ertüchtigung:
- Gestaltung des Lebensraumes:
- Schaffen von Gütern, Kultur und Spiel:
- In Besitz nehmen von Lebensraum und Gütern:
- Mann-Frau-Beziehung:
- Gruppen, soziale Beziehungen:
- Arbeit, Leistung:
- Sicherheit und Stabilität:
- Autonomie, Selbstbehauptung, Selbstaktualisierung:
- Erkenntnis und Denken:
- Wohlbefinden, Freude, Gesundheit, Lebenserhaltung:
- Liebe, Sinn und Wert:
- Wachstum und Entfaltung, Differenzierung der Möglichkeiten:
- Gott-Erleben, Transzendenz-Verwurzelung und Rituale:

3. Formulieren Sie ein Bildungsziel im Kontext mit Ihren Grundbedürfnissen:

4. a) Imaginieren Sie über eines Ihrer wichtigsten Grundbedürfnisse:

b) Ihre Folgerung in einem Satz:

1.2.7. Arbeitseinheit – 2

1. a) Wie unterscheiden Sie Ihre Grundbedürfnisse von Ihren Ersatzbedürfnissen?

1. b) Reflektieren Sie "Konsumverhalten als Bedürfnis":

2. Reflektieren Sie die folgenden 'privaten' Bedürfnisse einzelner Menschen (ein Satz):
2. a) täglich 3-4 Stunden fernsehen

2. b) sehr aggressiv und vor allem schnell fahren

2. c) immer modisch gekleidet sein

2. d) im Winter, wann imer möglich, skifahren gehen

2. e) immer unter/mit Leuten sein

2. f) zum Plausch in der Gegend rum fahren

2. g) sich regelmässig mit Pornoheften sexuell entspannen

2. h) der Beste sein in einer Sportart

2. i) täglich Schokolade essen

2. k) jeden Horrorfilm sich anschauen wollen

2. l) genau sehen wollen, wie es bei einem Verkehrsunfall aussieht

3. Formulieren Sie ein Bildungsziel aus dem Umfeld der künstlichen Bedürfnisse:

4. a) Imaginieren Sie über eines Ihrer Ersatzbedürfnisse:

4. b) Ihre Folgerung in einem Satz:

1.2.7. Arbeitseinheit – 3

1. a) Wie erleben Sie bei Ihnen die Folgen unerfüllter Bedürfnisse?

1. b) Welche gesellschaftlichen Folgen haben individuell unerfüllte Grundbedürfnisse?

2. a) Beschreiben Sie die Folgen nicht erfüllter Grundbedürfnisse nach folgendem Schema:

Folgen nicht erfüllter Grundbedürfnisse	beim Individuum	im Kollektiv
Liebe		
Transzendenzverwurzelung		
Sexuelle Befriedigung		
Innere Autonomie		
Wahrhaftigkeit		
Weisheit		
Inneres Wachstum		

2. b) Ihre Folgerungen:

3. Formulieren Sie ein Bildungsziel im Umgang mit unerfüllten Grundbedürfnissen:

4. a) Imaginieren Sie über die Folgen unerfüllter Grundbedürfnisse:

4. b) Ihre Folgerung in einem Satz:

1.2.7. Arbeitseinheit – 4

1. a) Wie erleben Sie Wert und Sinn Ihrer psychischen Grundbedürfnisse?

1. b) Was ist "Sinn", einmal abgesehen von Lustbefriedigung:

2. a) Reflektieren Sie im Zusammenhang mit der Bedürfnisbefriedigung:
a) Das gibt mir Sinn im Leben (Das ist mein Sinn-Erleben):

b) Das sind für mich Werte im Leben (Das ist mein Wert-Erleben):

c) Künstliche Bedürfnisse enthalten folgende Werte und folgenden Sinn: (Wählen Sie drei Beispiele von künstlichen Bedürfnissen):

1. Beispiel:

2. Beispiel:

3. Beispiel:

3. Formulieren Sie ein Bildungsziel für Sie über "Werte im Leben":

4. a) Imaginieren Sie über den wichtigsten Sinn in Ihrem Leben:

4. b) Ihre Folgerung in einem Satz:

1. a) Wie erleben Sie die äusseren Einwirkungen auf Ihre Bedürfnisse?

1. b) Wie wirken Arbeit und Politik auf das Bedürfniserleben des Individuums?

2. Welche Faktoren/Elemente/Gegebenheiten erleben Sie als förderlich/hinderlich oder umlenkend in künstliche Bedürfnisse in den folgenden drei Beispielen?

Grundbedürfnisse	förderlich ist:	hinderlich ist:	umlenkend wirkt:
Beziehung Mann-Frau			
Weisheit/Wissen aus dem Geist			
Werte leben			

3. Formulieren Sie ein Bildungsziel zur Förderung der Grundbedürfnisse:

4. a) Imaginieren Sie über förderliche Faktoren, die Ihre Grundbedürfnisse beeinflussen:

4. b) Ihre Folgerung in einem Satz:

1.2.7. Arbeitseinheit – 6

1. a) Wie erleben Sie die Wege zur Erfüllung grundlegender Bedürfnisse?

1. b) Geben Sie ein Beispiel über "Lernschritte zur Erfüllung eines Grundbedürfnisses":

2. Beschreiben Sie das Verhältnis von Ziel, Auswirkungen und Mittel (Weg) zur Erreichung einer Bedürfnisbefriedigung. Formulieren Sie dazu exemplarisch je eine "kritische Handlungssituation":
a) Partnerschaft, wo beide Individuation leben können:

b) innerlich freisein von Belastungen der Vergangenheit:

c) die inneren Potentiale leben können:

d) mit Liebe das Leben leben:

e) mit "Geist" mein Leben aufbauen und vorwärtsbringen:

f) immer mehr lernen, wie das eigene psychische Leben wirkt:

3. Formulieren Sie ein Bildungsziel über Schritte zur Erfüllung von Grundbedürfnissen:

4. a) Imaginieren Sie über Ihre Wege, Ihre Grundbedürfnisse zu erfüllen:

4. b) Ihre Folgerung in einem Satz:

1.2.7. Arbeitseinheit – 7

Alle erwachsenen Menschen nehmen ihre psychischen Grundbedürfnisse ernst. Das zeigt sich so:

Multiple Choice Test

Wählen Sie die vier richtigen Antworten aus: ☒ a) Fun

7.1. Grundbedürfnisse sind ausgerichtet auf:

☐ a) Quantität   ☐ b) Beziehungen
☐ c) sich selbst (psychisch)   ☐ d) Risikoerfahrung
☐ e) Weltgestaltung   ☐ f) Körperfunktionen

7.2. Künstliche Bedürfnisse bewirken:
☐ a) Erfüllung durch Grenzerfahrung   ☐ b) Vermeidung von Intimität
☐ c) Flucht vor sich selbst   ☐ d) Quantitätssteigerung
☐ e) hoher realer Lebenswert (-sinn)   ☐ f) Verdrängung der Realität

7.3. Unerfüllte Grundbedürfnisse bewirken:
☐ a) Begrenzte Lebenserfüllung   ☐ b) erhöhtes Desinteresse
☐ c) Reduktion Verantwortungsbewusstsein
☐ d) optimale Lusterfahrung
☐ e) innere Ruhe ("Gleichmut")   ☐ f) destruktive Psychodynamik

7.4. Die folgenden Aussagen sind richtig:
☐ a) Die Erfüllung der Grundbedürfnisse fördert Lebenssinn.
☐ b) Das Bedürfniserleben ist auch ein Werterleben.
☐ c) Es gibt nur physiologische Grundbedürfnisse.
☐ d) "Liebe leben" ist ein Grundbedürfnis, das Werte miteinschliesst.
☐ e) Lebenszuwendung ist kein zentraler Aspekt der Grundbedürfnisse.
☐ f) Die Erfüllung der Grundbedürfnisse geht einher mit innerer Entfaltung.

7.5. Das Bedürfniserleben wird mitbeeinflusst von:
☐ a) Wahrnehmung   ☐ b) Liebesfähigkeit
☐ c) Sprachstrukturen   ☐ d) Träumen
☐ e) unbewusstes Inventar   ☐ f) Gefühlsdynamik

7.6. Bedürfniserfüllung setzt voraus:
☐ a) Bildung   ☐ b) viel Geld
☐ c) Anerkennung   ☐ d) Selbstreflexion
☐ e) Fähigkeiten
☐ f) Ich-Steuerung

2. Die Liebe

Essentielle Thesen

❑ Liebe bedeutet: schützen, pflegen, Interesse haben, Sinn und Wert leben, entfalten, schöpferisch sein, wahrhaftig leben, versöhnen, über sich selbst hinaus einen Sinn und Wert leben, Pflicht und Verantwortung dazu wahrnehmen.

❑ Liebe ist Bejahung des Lebens mit der umfassenden psychischen Ganzheit.

❑ Liebe erreicht die psychische Ganzheit als Basis, Weg und Ziel.

❑ Liebe ist Verwirklichung des psychisch-geistigen Seins im Lebensraum, in Beziehungen, zwischen Völkergruppen und im Staat.

❑ Liebe nutzt die Möglichkeiten von Objekten und Institutionen für die Verwirklichung der Liebe.

❑ Jede Form von echter Liebe überträgt sich auch auf die Lebensraumgestaltung, die Politik und das Wirtschaftsleben.

❑ Liebe orientiert sich immer auch am inneren Geist und geht einher mit der Individuation.

2.1. Die Kraft der Liebe

2.1.1. Die Liebe im Alltag

Wer von Liebe spricht, hat im allgemeinen seine eigenen Lebenserfahrungen im Hintergrund. Was sind das für Erfahrungen? Die umsorgende Mutter und der Vater als Erziehungsoberhaupt sind Grunderfahrungen. Da mögen manche Leute Defizite in Erinnerung haben.

Viele denken an die Liebe zwischen Mann und Frau, an Zärtlichkeit, an sexuelle Erlebnisse oder an schöne gemeinsame Stunden. Manche heiraten aus Liebe, so meinen sie. Doch ihr unerkanntes Defizit nach einem geborgenen Heim ist oft stärkere Antriebskraft als ihre Liebe zum Lebenspartner.

Manche Hundehalter denken vielleicht an ihre treue liebe Hundeseele. Die Liebe zur Katze kann manchem zum Lebensinhalt werden, wo das "Miau" wie ein Trost im leeren lieblosen Alltag wirkt.

Über Liebe sprechen manche im Zusammenhang mit Natur und Pflanzen. Andere lieben ihre Wohnungseinrichtung, ihr Auto, ihre Kunst an der Wand oder eine bestimmte Musik. Manche sprechen von der "Liebe zum Beruf". Einige reden über "Gottesliebe" oder über die Liebe zu bestimmten menschlichen Werten.

"Geistige Liebe" ist für Einzelgänger, für Menschen, die an Defiziten leiden oder einen "geistigen Tiefgang" haben. Denn das Leben der Politik und Wirtschaft ist weder ein Ort für die Liebe noch ein Ausdruck der Liebe.

Kulturschaffen und Sport, Freizeit und Unterhaltung haben für viele vor allem mit Geld und Erfolg zu tun, wenig mit Liebe. "Liebe" ist ein vielverwendetes Wort, vom "lieben Geld" bis zur "Gottesliebe".

Liebe ist im nachbarschaftlichen, im nationalen und im internationalen Leben wenig gefragt. Die Tatsachen sprechen für sich. Das ist täglich in den Zeitungen zu lesen. Also konzentrieren sich die Menschen auf ihr persönliches Leben. Doch auch da scheitert die Liebe, verblassen die Hoffnungen und platzen die Ideale.

Die Realität holt fast jeden im Laufe der Jahre ein. Die Liebe in einer Beziehung kann sich schnell wandeln, wenn die Kasse nicht mehr stimmt. Die Liebe in der Familie ist bei Millionen belastet und erdrückt.

Viele Menschen verwechseln Liebe mit Egoismus und Lust. Das hat einige Gründe. Der Kampf um einen Platz im Getriebe der Arbeitswelt und der Freizeit ist hart. Wer Liebe sucht oder leben will, landet schnell bei den Verlierern.

Für die einen bedeutet Liebe "emotionale Zuwendung". Für andere ist dies ein Instrument, Geschäfte machen zu können. Liebe im Alltag bedeutet für viele: keine Liebe erleben und keine Liebe leben können. Wer Liebe benötigt, ist psychisch krank, ein schwacher Mensch oder weltfremd.

Tragische Tatsache ist: Es gibt sehr wenig Liebe im Alltag, in Beziehungen, im Geschäftsleben, in der Politik und in den Religionen.

Reflexionen und Diskussion

■ Die Arten der Liebe im Leben sind vielfältig; ein Überblick dazu:

- Mutter/Vater-Kind
- zwischen Mann und Frau
- Kinder-Eltern
- zu sich selbst
- zum Mitmenschen
- zwischen Lehrer-Schüler
- in der sozialen Hilfe
- zwischen Erzieher und Kindern
- zur Natur
- zu den Tieren
- zu Gott
- zum Schönen
- zu Gütern
- zu Kulturgütern
- zum Beruf

■ Es gibt auch Fomen der Liebe im Alltag, die nicht alle billigen und Formen, die vor allem subjektiv als "Liebe" erlebt werden:

- Homosexualität
- Altruismus

- Prostitution
- Liebe zur Kirche

■ Wir unterscheiden fünf Arten der Liebe:

→ Die Selbstliebe
→ Die Liebe zum Lebenspartner, zu Freunden, Bekannten, Menschen
→ Die Liebe zu Gott und seinem Geist, zur Transzendenz
→ Die Liebe zur Natur- und Tierwelt, zum Lebensraum generell
→ Die Liebe zu den Gütern, zu Kulturobjekten, zu Institutionen

■ Die Liebe ist ein Thema, das in allen Lebensbereichen einen Platz hat, zum Beispiel:

- im Umgang mit Nachbarn
- im Umgang mit Fremden
- zwischen Religionen
- zwischen Parteien
- zwischen Völkern
- im Umgang mit den Notleidenden
- in der Politik
- in der Finanzwelt
- in der Bebauung der Umwelt
- im Bau von Lebensräumen für Kinder
- in der Integration der alten Menschen
- im Umgang mit Behinderten
- im Strafvollzug
- in den Formen der Unterhaltung
- in der Produktion von Spielzeugen
- im Umgang mit den Schwächeren

Diagramm 2.1.1: Die fünf Bereiche der Liebe

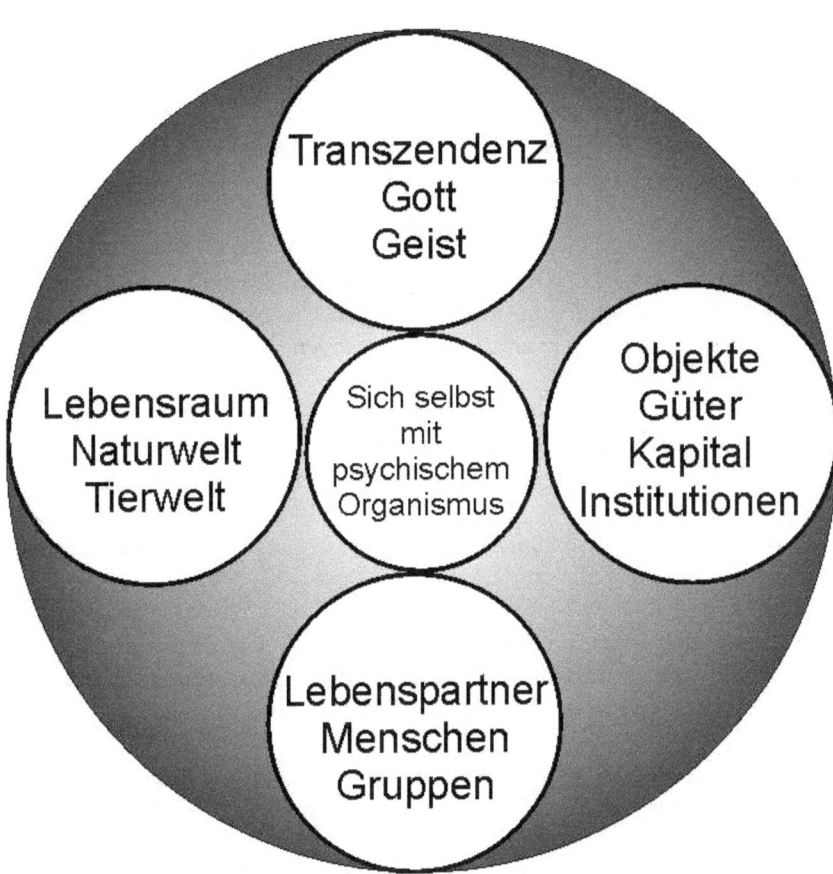

Die gesellschaftliche Dimension der Liebe

Wir setzen eine These: Krieg und Umweltzerstörung sind Ausdruck fehlender Liebe. Dazu stellen wir einige Gedanken von Experten vor (hier stark gekürzt):

Der Prozess der Kulturentwicklung führt vielleicht zum Erlöschen der Menschenart, denn er beeinträchtigt die Sexualfunktion in mehr als einer Weise.

Die mit dem Kulturprozess einhergehenden psychischen Veränderungen sind auffällig und unzweideutig. Sie bestehen in einer fortschreitenden Verschiebung der Triebziele und Einschränkungen der Triebregungen.

Wichtigstes Charakteristikum der Kultur ist: Die Erstarkung des Intellekts, der das Triebleben zu beherrschen beginnt, und die Verinnerlichung der Aggressionsneigung mit all ihren vorteilhaften und gefährlichen Folgen.

Den psychischen Einstellungen, die uns der Kulturprozess aufnötigt, widerspricht nun der Krieg in der grellsten Weise,

Der dämonische Geist tut alles, um sein eigenes Gesicht nicht sehen zu müssen, und jeder hilft ihm dabei nach Kräften. Nur ja keine Psychologie, denn diese Ausschweifung könnte zur Selbsterkenntnis führen!

Dann schon lieber Kriege, an denen jeweils der andere schuld ist, und keiner sieht, dass alle Welt besessen ist, das zu tun, was man flieht und fürchtet.

Es hängt an der freien, d.h. bewussten Entscheidung des Menschen, ob nicht auch das Gute sich ins Satanische verkehren soll. Seine schlimmste Sünde ist das Unbewusstsein.

Wann kommt endlich die Zeit, wo man den Menschen nicht einfach in barbarischer Weise voraussetzt, sondern allen Ernstes nach Mitteln und Wegen sucht, ihn seiner Besessenheit und Unbewusstheit zu entreissen und dies zur wichtigsten Kulturaufgabe macht.

Die grossen Veränderungen, die unsere wild gewordene industrielle Zivilisation vollziehen muss, wenn wir den Planeten am Leben erhalten wollen, werden durch die Macht der Vernunft oder den Einfluss der Tatsachen allein nicht zustande kommen.

Was wir brauchen, ist vielmehr eine psychologische Transformation.

Was die Erde braucht, muss in uns fühlbar werden; wir müssen es so spüren, als seien es unsere persönlichsten Bedürfnisse.

Fakten und Zahlen, Vernunft und Logik können uns die Fehler in unserer gegenwärtigen Lebensweise aufzeigen, uns vor Augen halten, welche Risiken wir eingehen. Aber sie können uns nicht motivieren, uns keine bessere Lebensweise lehren, uns nicht zu einer besseren Lebensweise inspirieren, wie wir leben wollen.

Gibt es keine Alternative zu Panikmache und Schuld-Trips, die der ökologischen Notwendigkeit das Feuer der Intelligenz und der Leidenschaft verleiht? Doch, es gibt sie. Es ist das intensive Interesse, das aus einer gemeinsamen Identität entsteht, daraus, dass zwei Menschen eins werden.

Die tiefe Erfahrung dieser gemeinsamen Identität nennen wir Liebe. Oekologisch Engagierte müssen sich fragen, wo sie es in sich selbst finden können und in den anderen, deren Gewohnheiten und Wünsche wir verändern möchten, wie nur die Liebe uns verändern kann.

Auf dem Höhepunkt der industriellen Ära ruft Gaia (die Erde) uns zurück zu der ältesten philosophischen Aufgabe: Erkenne dich selbst!

Die Bedürfnisse des Planeten sind die Bedürfnisse der Person. Bedürfnisse der Person? Doch die Liebe!!! Die Standardfrage:

Wo führt es hin in 10, 20 oder 30 Jahren, wenn keiner mehr die Liebe leben will oder kann?

Abwesenheit von Liebe bedeutet Besessenheit und Unbewusstheit.

Als kollektiver Wahn führt dies zur Vernichtung der Menschheit und des Planeten.

Konkrete Liebe im gewöhnlichen Alltag

☐ die Wahrhaftigkeit des andern wertschätzen
☐ Verantwortung in Sachen Haushaltmüll übernehmen
☐ Interesse zeigen am psychischen Leben des Menschen
☐ das eigene psychische Leben bewusst pflegen
☐ Rücksicht nehmen auf Menschen, die Liebe leben
☐ die Schwächen anderer nicht zum eigenen Vorteil ausnützen

- [ ] andere nicht betrügen
- [ ] in Sachen Innenleben wahrhaftig leben
- [ ] sich den eigenen Gefühlen zuwenden
- [ ] Aschenbecher nicht an der roten Ampel oder auf Parkplätzen ausleeren
- [ ] verantwortungsbewusst, im Erkennen der eigenen Kräfte, autofahren
- [ ] die bewohnte Umwelt auch für die Kinder gestalten
- [ ] Wohnsiedlungen für die Menschen, nicht für das schnelle Geld, bauen
- [ ] die eigenen Potentiale entfalten und diese bei den andern fördern
- [ ] die eigene Sinnlichkeit schätzen und pflegen
- [ ] sich für die Werte der Menschlichkeit solidarisch einsetzen
- [ ] Menschen und Gruppen fördern, die höchste Menschenwerte vertreten
- [ ] Streit abbauen und lernen, richtig miteinander zu reden
- [ ] die eigenen Güter wertschätzen und für das psychisch-geistige Leben nutzen
- [ ] autofahren, wenn es 'Sinn' gibt, nicht einfach zum Plausch Runden drehen
- [ ] dankbar sein für Strom und damit vernünftig (nicht gleichgültig) umgehen
- [ ] eigene Mittel nutzen, um das psychisch-geistige Leben zu fördern
- [ ] mehr das aufbauende Gespräch suchen im Bekanntenkreis
- [ ] die tiefsten Werte des Menschen in den Träumen suchen
- [ ] alte Menschen nicht aus der Gesellschaft aussondern
- [ ] multikulturelle Werte und interkulturelle Begegnungen fördern
- [ ] das psychisch-geistige Wachstum ernst nehmen
- [ ] das Vertrauen anderer nicht schamlos materiell ausnützen
- [ ] dem eigenen Leben und der persönlichen Beziehung innere Tiefe geben
- [ ] das Schöne bewusst pflegen (in der eigenen Stube, im Haus, im Quartier)
- [ ] das lebendig Religiöse in sich selbst, im andern und zusammen mit ihm suchen
- [ ] wachsam sein auf die eigenen destruktiven Kräfte des Unbewussten
- [ ] das Triebleben nicht verdrängen, leben und in andern Formen ausdrücken
- [ ] die Bedürfnisse des eigenen Körpers achten und pflegen
- [ ] unnötiges Todes-Risikoverhalten vermeiden
- [ ] die eigene Lebenszeit als wertvoll erleben und entsprechend nutzen
- [ ] helfen und mittragen, wo sich aufbauende Möglichkeiten ergeben
- [ ] die eigenen Kräfte da nutzen, wo das eigene Leben gestaltet werden kann
- [ ] innere Freiheit zum Konsum entwickeln
- [ ] Gespräche fördern über die Werte des Menschenlebens
- [ ] wachsam sein auf jede Form von Extremismus, Dogmatismus, Fundamentalismus
- [ ] Kulturwerte fördern, pflegen und die Möglichkeiten als Bereicherung nutzen
- [ ] das Naturerleben regelmässig pflegen
- [ ] die Werte des Zusammenlebens (Familie, Freunde) schützen

☐ wo möglich und erkennbar dazu beitragen, die Ressourcen nicht auszubeuten

☐ sich wehren gegen alles, was die Liebe zum Ersticken bringt und diese zerstört

☐ Unterhaltung mit Geist pflegen (oder lassen, wo dies nicht möglich ist)

☐ das Leben nicht als "Glücksspiel" spekulativ vergehen lassen

☐ das Geleistete hoch wertschätzen; es ist unendlich viel mehr wert als Zufallsgewinne

☐ sich viel Wissen aneignen, um das Menschsein kompetent zu gestalten

☐ rigide Prinzipien, starre Normen dem Menschsein annähern und 'aufweichen'

☐ die Macht des Staates und der Kirchen sehr kritisch-demokratisch kontrollieren

☐ Entschlossenheit entwickeln gegen alles, was die Liebe und Wahrhaftigkeit zerstört

☐ Entdeckungslust entwickeln für die inneren transzendentalen Wirklichkeiten

Notizen und Perspektiven

Wie verstehen die meisten Menschen die Liebe?

Notieren Sie die zentralen Schlüsselbegriffe dieses Unterkapitels:

Was bewirkt Gleichgültigkeit gegenüber der Liebe?

Liebe leben ist wesentlich, denn:...

Was haben Sie in Elternhaus, Schule und Kirche über die Liebe gelernt?

Welche Bedeutung im Zusammenleben hat das Gespräch über die Liebe?

Was würde das Ernstnehmen der Liebe in Politik und Wirtschaft bewirken?

Welche konkreten Bilder über die Liebe im Alltag vermittelt die Werbung?

Formulieren Sie eine Ihnen wichtige Frage zur gesellschaftlichen Dimension der Liebe

2.1.2. Polarität von Liebe und Hass

Es gibt schöne Worte über die Liebe: Die Liebe mordet nicht; sie tötet nicht; sie beutet die Natur nicht exzessiv aus; sie betrügt nicht; sie ist ehrlich; sie stiehlt nicht. Das aber sind sehr schwierige Ansprüche.

Der eine muss sich vor Gewalttätigen und Kriegswütigen verteidigen. Ein anderer muss sich sein Essen beschaffen. Wer seine wirtschaftliche Existenz absichern will, darf nicht zuviel lieben, schon gar nicht Wahrhaftigkeit leben.

Die Mächte, die das gesellschaftliche Leben beherrschen, haben mit Liebe nichts zu tun. So ist der einzelne auf der Suche nach Liebe in einem Lebensraum, der der Liebe wenig Ausdrucksmöglichkeiten gibt.

Der Mensch, der Liebe leben will, mit sich selbst, mit andern, mit den Möglichkeiten im Lebensraum und mit der Natur, ist der "Bestrafte": "Sag nie die Wahrheit über das psychische Leben".

Will die Liebe die Wahrhaftigkeit, so lebt der Hass die Lüge. Die Geschichte ist ein Abbild von Hass und Lüge sowie von Liebe und Wahrhaftigkeit. In diesem Raum-Zeit-Netz sind die Menschen miteinander verflochten und darin hat die Liebe ihre Grenzen. Wo keine Liebe ist, dominiert Hass.

Das Gegenteil von Liebe ist Hass und Gier. Hass bedeutet Lebensablehnung und Entwertung von allem Leben. Hass verneint das psychische Leben. Gier rafft an sich, beutet aus, besetzt die Objekte libidinös und will "haben" um des Besitzes willen.

Hass und Gier sind destruktiv, nutzen alle Wege von der Gewalt zur Lüge, um das Leben zu zerstören und zu nehmen, was immer es zu nehmen gibt. Achtung und Respekt sind in dieser Lebenseinstellung nicht vorhanden.

Nur in der kollektiven Solidarität hat die Liebe eine Chance. Im Kleinen sind zwei Personen nötig, um die Liebe zu leben. In einer Gemeinschaft sind mehrere bestimmend, wie die Liebe Raum erhalten kann. Im Staat sind es alle.

Mit Strenge und Härte sollten eigentlich viele Politiker die Liebe solidarisch im Getriebe der Industrienation verteidigen und ihr den gebührenden Platz verschaffen. Denn ohne die Liebe können die Kinder nicht wachsen, kann der Mensch kein konstruktives Staatsmitglied sein.

Je mehr der Mensch von der Liebe entfernt lebt, desto grösser wird sein inneres destruktives Potential. Zudem wird er anfällig für Lügenspiele. Er kann nicht sehen, was hinter der Fassade ist, weil er hinter seine eigenen Masken nicht sehen will. Dies ist kostspielig für alle. Viel Geld und viele Kräfte gehen verloren.

Mit Liebe liessen sich ungeahnte Kräfte freisetzen, die gesellschaftlichen Probleme lokal, national und international zu lösen. Fehlende Liebe beschert den Politikern viel Arbeit und Kosten. Hass und Gier kostet den Steuerzahler viel Geld.

Reflexionen und Diskussion

■ Die Alternativen zur Liebe sind historisch und gegenwärtig allen Menschen genügend bekannt:

* Individuelles Leiden
* Soziale Probleme
* Lügen
* Gewalt
* Intrigen
* Notleidende
* Sucht
* Wirtschaftskriege
* Kriminalität
* Kriege
* Umweltzerstörungen

■ Der Gegenpol der Liebe ist der Hass und die Gier, im einzelnen dazu:

* Negierung der Werte
* Gleichgültigkeit
* Respektlosigkeit
* Ersatzbedürfnisse
* Spott
* Gemeinheiten
* Ausbeutung
* Ablehnung der Liebe
* Verantwortungslosigkeit
* Achtlosigkeit
* Triebhaftigkeit
* Erniedrigung
* Falschheit

- Unterdrückung
- Lebensverweigerung
- Unehrlichkeit
- Egoismus
- Sadismus
- Demütigung
- Arroganz
- Zerstörung

■ Hass und Gier sind psychische Kräfte, die sich schon im kleinen äussern und nicht erst als "blinde Wut" oder "masslose Gier" eine Bedeutung erhalten. Hass und Liebe bilden ein Kontinuum.

Ist in der Mitte weder das eine noch das andere markant geprägt, so sind auch Gleichgültigkeit und Apathie Lebenshaltungen, die gegen das Leben stehen.

■ Gier und Hass sind Kräfte gegen das Leben und schaffen:

- Misstrauen
- Hoffnungslosigkeit
- Verzweiflung
- Stagnation
- Regression
- Schuld
- Minderwertigkeit
- Isolation
- Zweifel

Diagramm 2.1.2: Progression – Regression
zwischen Liebe und Hass

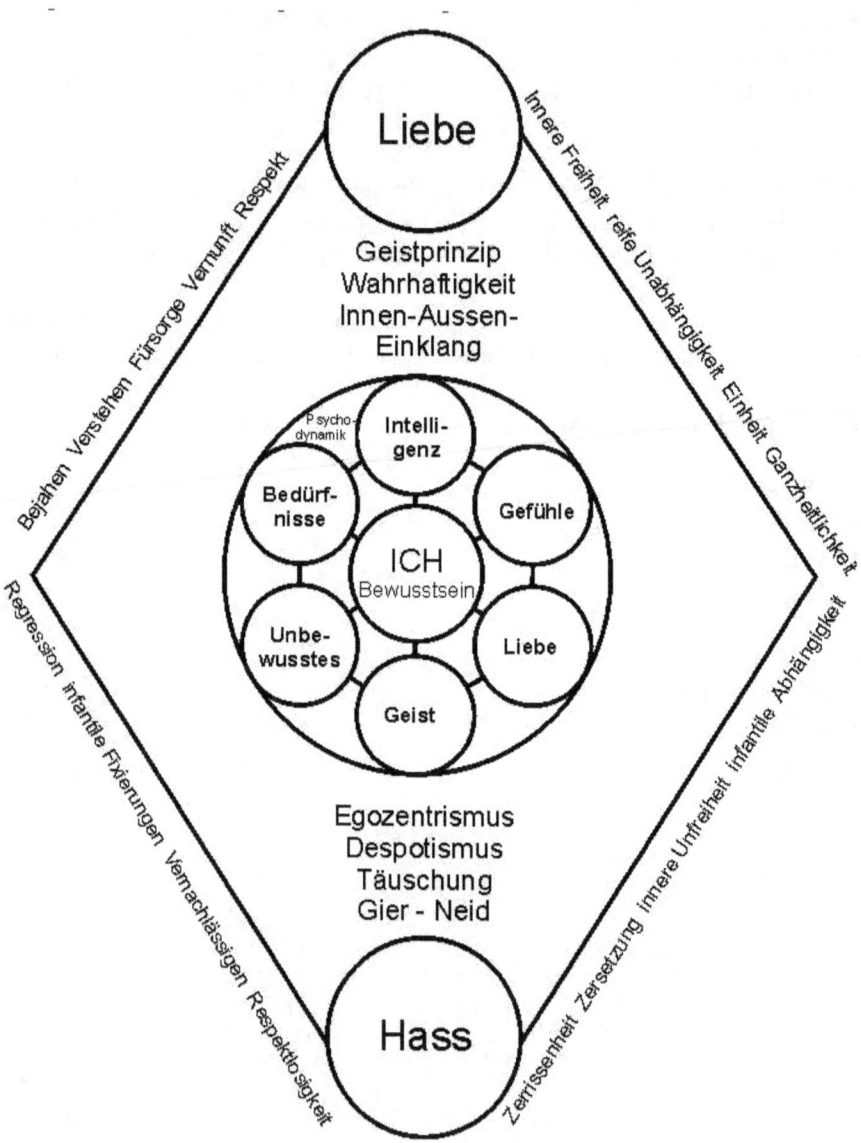

Amoralisches Verhalten und Charakter

Es gibt Verhaltensweisen, die auf der negativen Seite des Spektrums von Liebe und Hass sind; Stichworte dazu sind: Egoismus, Narzissmus, Neurose, Minderwertigkeit, Kompensation und immer wieder dasselbe: die Lebenslüge. Verhaltensaspekte, die moralisch der Liebe entgegenstehen:

Verhalten Charakteraspekt	Inwiefern ist dieses Verhalten gegen die Liebe?
Gier, Raffgier	
Neid	
Eifersucht	
Pedanterie	
Egoismus	
Koketterie	
Wahrheitsfanatismus	
Ungeduld	
Grausamkeit	
Selbstquälerei	
Geschwätzigkeit	
Verbrechen	
Verwahrlosung	
Verwöhnung	
Verweichlichung	
Verschmähung	
Übertreibung	
Arroganz	
Trotz	
Tyrannei	
Überheblichkeit	
Untreue	
Erlebnisgier	
Prüderie	
Prahlerei	
List	
Herrschsucht	
Gleichgültigkeit	
Feigheit	
Gefallsucht	
Faulheit	
Feindseligkeit	

Geringschätzung	
Eigensinn	
Bösartigkeit	
Eigendünkel	
Alles-haben-wollen	
Demütigung	
Streitsucht	
Zweifelsucht	
Kritiksucht	

Die Lust am Leben

Unter 'Lust am Leben' oder 'Lebenslust' können wir die zugleich intellektuelle und affektive psychische Disposition verstehen, die das Leben, die Welt, das Tun und den Menschen insgesamt leicht, hell, interessant, angenehm erscheinen. Lebenslust ist eine Disposition freudiger und angenehmer Natur, aber nicht einfach ein Phänomen der Euphorie. Lust ist zunächst dynamisch, konstruktiv, vielleicht auch abenteuerlich. Lebenslust schafft eine Atmosphäre des Frohlockens. Lust will leben, verbirgt in ihrer Tiefe eine urprüngliche Entschlossenheit, zu überleben. Hier liegt 'das tiefe Wollen' Das ist etwas ganz anderes als ein reines Wohlgefühl!

Auf den ersten Blick möchte das Vorhandensein und der Grad dieses tiefen Wollens den Anschein erwecken, nur für die individuelle Gesundheit eine Bedeutung zu haben: eine Angelegenheit der privaten Psychohygiene. Doch in der 'Lust am Leben' wird sichtbar, dass sie nichts Geringeres ist als die Energie der universellen Evolution, die in Gestalt einer angeborenen Anziehung zum Sein geheimnisvoll im primitivsten und folglich am unmittelbar unkontrollierbarsten Grund eines jeden von uns hervorquellt; eine Energie, die zu nähren und zu entwickeln teilweise von uns abhängt.

Das läuft letzten Endes darauf hinaus zu sagen, die Welt bliebe stationär oder drehte sich in sich im Kreise, ohne aufzusteigen, wenn sie nicht ursprünglich im Herzen ihrer Selbst einen Aufsteigefaktor fände, der genau dieses definierte 'Leben-wollen' ist. Die Lust am Leben wäre also letztlich die Grundantriebkraft, die das Universum auf seiner Hauptachse von Komplexität und Bewusstsein bewegt und lenkt. Lust am Leben ist Liebe zum Leben, das heisst: eine alles bestimmende Art zu leben. Sie manifestiert sich in körperlichen Prozessen eines Menschen, in seinen Gefühlen, seinen Gedanken und Gesten. Diese lebensoffene Orientierung drückt sich im ganzen Menschen aus. Sie ist eine Eigenschaft, zu leben und sich am Leben zu erhalten.

Liebe zum Leben hat die Tendenz zur Integration und Vereinigung. Wer das Leben liebt, fühlt sich vom Lebens- und Wachstumsprozess in allen Bereichen angezogen. Er will lieber neu schaffen als bewahren. Er vermag zu staunen und erlebt lieber etwas Neues, als dass er in der Bestätigung des Altgewohnten Sicherheit sucht.

Das Abenteuer zu leben ist dem Menschen mehr wert als finanzielle Sicherheit. Seine Einstellung zum Leben ist funktional, nicht mechanisch. Er sieht das Ganze, nicht nur seine Teile, er sieht Strukturen und nicht Summierungen. Er möchte formen und beeinflussen mit Liebe und Vernunft.

Das Gegenteil ist die Lebensablehnung, "die Nekrophilie". Ihre Eigenschaften sind:

- das wahrhaft Böse;
- den Tod verherrlichen; Faszination am Töten und am Tod;
- Lust haben an Krankheiten, Begräbnissen;
- die Gewalt lieben; Leben zerstören; das zu Tötende verachten;
- das Leben beherrschen und kontrollieren;
- haben um des Habens willen; Besitz ist alles;
- nur die Erinnerung, nicht das Lebendige zählt;
- Gesetz und Ordnung sind ihre Idole;
- heftiges Verlangen nach Gewissheit, Voraussage, Kontrolle;
- furchtlos der totalen Vernichtung gegenüber;
- stehen dem Leben gleichgültig gegenüber;
- nur Gewinn und Konsum zählen;
- mechanische Lust (Sex, Glück, Essen, Trinken etc.);
- Zerstörung der Natur; Lust am Kitzel des Todesrisikos;
- Verintellektualisierung des Lebens;
- Quantifizierung/Bürokratisierung allen Lebens;
- Kampf als Schönheit hochpreisend.

Notizen und Perspektiven

Wo steht das Kollektiv zwischen Progression und Regression?

Notieren Sie die zentralen Schlüsselbegriffe dieses Unterkapitels:

Was bewirkt Egozentrismus, Täuschung, Gier, Neid, Hass?

Echte Lust am Leben ist wesentlich, denn:...

Was haben Sie in Elternhaus, Schule und Kirche über die Verantwortung zur Liebe gelernt?

Welche Bedeutung im Zusammenleben hat das Gespräch über Wahrhaftigkeit?

Was würde die "Lust am Leben" in Politik und Wirtschaft bewirken?

Welche Art Lust am Leben vermittelt die Werbung?

Formulieren Sie eine Ihnen wichtige Frage zur moralischen Charakterbildung:

2.1.3. Liebe als Lebenszuwendung

Die Kraft der Liebe zeigt sich in allen Lebensbereichen. Sie beginnt mit der Integration der Wirklichkeiten, führt zu gedanklichen Bearbeitungen und zu nachfolgenden Handlungen.

In diesem Sinne widerspiegeln Einstellungen auch Liebe oder Hass, d.h. Lebenszuwendung oder Lebensabwendung.

Zum Leben gehört nicht nur das eigene Lusterleben und vielleicht noch dasjenige des Lebenspartners. Leben heisst auch arbeiten, haushalten und Geld verdienen, Dinge einkaufen und sich unterhalten. Leben tun die Menschen auch in ihrer Freizeit.

Ein Teil des Lebens ist Schwäche, Misserfolg, Pech, Unglück und Hilflosigkeit. Zum Leben gehören Konflikte, Krisen, Schwierigkeiten und Probleme aller Art.

Lebenszuwendung bedeutet, dass dieser Teil der Wirklichkeit aufgenommen und bejahend bearbeitet wird. Die täglichen Stimmungen und die tiefgehenden Gefühle sind eine Wirklichkeit. Liebe drängt danach, dieses Erleben ernst zu nehmen und damit aufbauend umzugehen.

In Beziehungen meint Lebenszuwendung die Integration aller Wirklichkeiten: der Gefühle, des Unbewussten, der starken und schwachen Kräfte, der echten Bedürfnisse, des Unvermögens und der noch unentfalteten Potentiale.

Die Liebe kann unmöglich sagen: "Deinen Körper will ich wohl geniessen; wenn Du froh bist und lachst, nehme ich Dich an; wenn Du keine Probleme hast und alles gut kannst, liebe ich Dich ...".

Lebenszuwendung bedeutet im Beziehungsleben, dass sich beide allen Wirklichkeiten zuwenden und diese pflegen.

Die Liebe nimmt auch den Alterungsprozess auf als Teil des Lebens. Wie ist ein Leben mit Liebe? Wo führt das Leben mit Liebe hin? Es führt zum Leben.

Lebenszuwendung zeigt sich auch in der Bebauung der Umwelt, in der Produktion von Gütern, in der Arbeitsplatzgestaltung und im Kulturleben.

Leben die Menschen Liebe, dann zeigt sich das auch in dem, was sie produzieren und kreativ-künstlerisch schaffen.

Ausgangslage, Mittelpunkt und Ziel der Liebe ist der Mensch mit seinem Körper, mit seinem psychischen Organismus und mit seinem Lebensraum.

Leben die Menschen mit der Kraft der Liebe, dann gestalten sie ihren Lebensraum für den Menschen.

Arbeit, Wirtschaft, Politik und Unterhaltung ist für den Menschen. Daraus ergibt sich ein spiralförmiger Prozess:

Der Mensch lebt für sein umfassendes psychisch-geistiges Leben und dieses wiederum wirkt auf das Handeln, d.h. auf die Gestaltung des Lebensraumes und des Arbeitslebens.

Lebenszuwendung in diesem Sinne bewirkt kreative psychisch-geistig evolutionäre Entwicklung.

Je mehr die Menschen Liebe leben, desto geringer ist die Kriminalität und die Zerstörung der Umwelt: das hat günstige Folgen, u.a. auch für die Staatskasse.

Reflexionen und Diskussion

■ Die Liebe als Handlung meint:

- Zuwendung
- Interesse
- Schützen
- Pflegen
- Entfalten
- Bejahen
- Gestalten
- Umsorgen
- Wertschätzen
- Verantwortung übernehmen
- Verzeihen
- Versöhnen
- Achtung für Sinn und Wert
- Solidarität für die Liebe

■ Liebe bedeutet immer Lebenszuwendung; zum Leben gehören u.a.:

- das gesamte psychische Leben
- entscheidend auch der innere Geist
- die Individuation
- der Körper im Alterungsprozess
- der Lebenslauf mit den unterschiedlichen Phasen
- die Schwachen und Hilflosen
- das Scheitern und Verlieren
- das Lernen und Umlernen
- die Konflikte, Schwierigkeiten, Störungen und Leiden
- die Gestaltung des Lebensraumes
- die Produktion von Gütern für den psychisch-geistigen Menschen
- die Institutionen
- die Wirtschaft, Industrie, Dienstleistungen etc.
- der Arbeitsplatz
- die Freizeit und Ferien
- die Freunde, Bekannten, Nachbarn, Fremden

■ Lebenszuwendung bedeutet bzw. bewirkt:

- Vertrauen
- Hoffnung
- Freude
- Integrität
- Initiative
- Intimität
- Verantwortung
- Schöpfertum

Diagramm 2.1.3: Dimensionen der schöpferischen Liebe

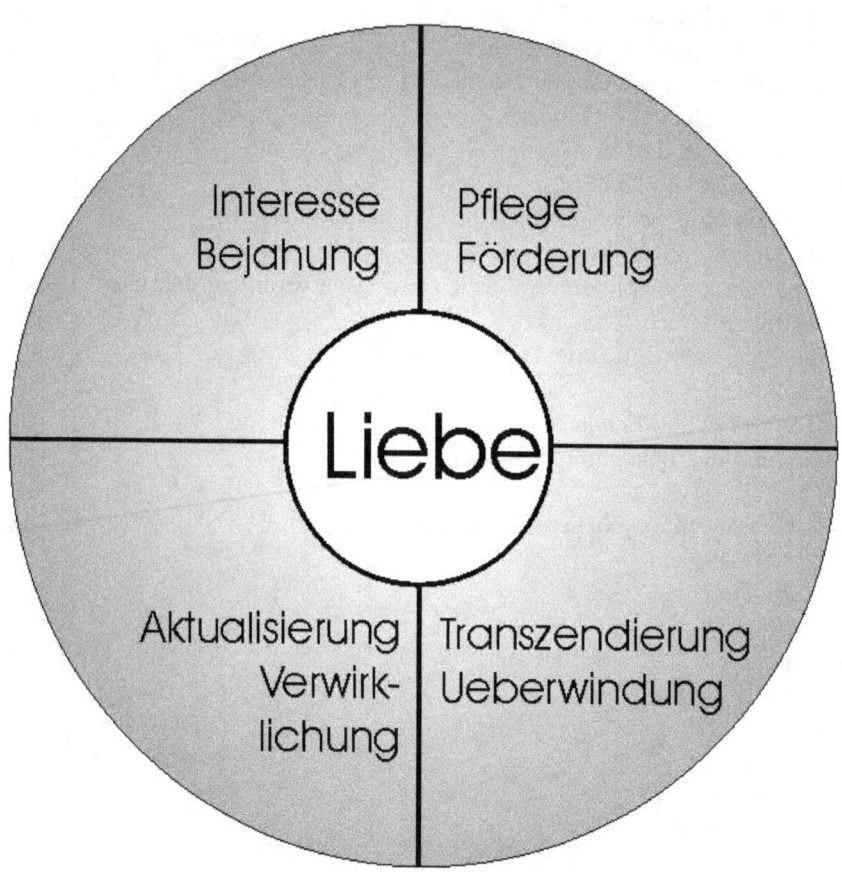

Postulate gegen die Liebe und die Lust am Leben

Im westeuropäischen Denken gibt es bestimmte Annahmen, die grundlegend gegen die Hinwendung zum Leben gerichtet sind. Diese sind, nebst Triebverdrängung, die entscheidenden Wurzeln der Nekrophilie und fördern eine Menschen- und Lebensschau sowie eine Lebensweise, die gegen die Liebe gerichtet ist. Ja, sie üben eine fast totale Kontrolle auf den Menschen aus. Es sind dies Einstellungen, die nachfolgend mit den folgenden Statements reflektiert werden können.

Stillschweigende Voraussetzungen, unreflektierte Annahmen, Glaubensakte, selten in Frage gestellt, geglaubt aus Autoritätsbindung und Vertrauensseligkeit in die Wissenschaft und Technologie, sind:

- Das Universum ist Produkt des Zufalls; hat weder Ursache noch Ziel.
- Das Universum ist tot; das Leben ist nur ein unbedeutender Bestandteil.
- Die Physik ist die letztgültige Wissenschaft.
- Wirklich ist, was sich mit Hilfe der Sinne wahrnehmen lässt.
- Nur der gegenwärtige Augenblick zählt.
- Wir können das physikalische Universum verstehen, ohne uns selbst zu verstehen.
- Der Mensch ist Körper und sonst nichts.
- Der Mensch ist eine von der Umwelt unabhängige Kreatur.
- Jeder Mensch beginnt das Leben 'neu', d.h. als ein 'unbeschriebenes' Blatt.
- Der Mensch wird durch sein Erbgut und seine Umwelt vollständig determiniert.
- Trotz Determination muss der Mensch handeln, als besässe er einen freien Willen.
- Wir kennen die Geschichte des Menschen relativ gut.
- Wir wissen über den Ursprung und die Evolution des Menschen Bescheid.
- Jeder Mensch ist von jedem andern isoliert, in sein Nervensystem eingeschlossen.
- Die psychische Energie leitet sich vollständig von der physikalischen Energie ab.
- Der Mensch hat in einem sinn- und ziellosen Universum keine Funktion.
- Der einzig wirkliche Sinn ist höchstmögliche Freude und ein Minimum an Schmerz.
- Das Universum ist rauh, gleichgültig und teilnahmslos.
- Es ist unsere Aufgabe, das Universum zu erobern.
- Wir stellen die höchste Form des Lebens dar, vermutlich im ganzen Universum.
- Die niedrigen Organismen existieren zum Nutzen des Menschen.

- Nur menschliche Wesen haben ein Bewusstsein (Tiere und Pflanzen nicht).
- Der Mensch besitzt ein Bewusstsein.
- Das Bewusstsein ist ein Produkt der Gehirntätigkeit.
- Verändertes Bewusstsein ist vorübergehende Abwandlung der Gehirnfunktion.
- Der normale Bewusstseinszustand ist die anpassungsfähigste Organisationsform.
- Spontan veränderte Bewusstseinszustände sind Ausdruck von Krankheit.
- Bewusstes Herbeiführen von veränderten Bewusstseinszuständen ist pathologisch.
- Der Körper ist ein passiver Regelkreis.
- Der physische Körper ist der einzige, den wir besitzen.
- Der Tod ist das unausweichliche Ende des menschlichen Lebens.
- Der physische Tod ist die endgültige Erlösung des menschlichen Bewusstseins.
- Die Persönlichkeit macht ein Individuum einmalig, sein Leben lebenswert.
- Persönlichkeit fühlen & Identität finden ist lebenswichtig; sie verlieren macht krank.
- Die Entwicklung der Persönlichkeit hört mit dem Erwachsensein auf.
- Gesund ist eine Persönlichkeitsentwicklung, wenn sie sozial anpassungsfähig macht.
- Ein normaler erwachsener Mensch vermag, sich selbst ziemlich weit zu erkennen.
- Bei normalen Erwachsenen ist die Persönlichkeit relativ einheitlich strukturiert.
- Logisches Denken ist die höchste Fähigkeit des Menschen.
- Verstandesentwicklung ist das höchste Ziel, das ein Mensch anstreben kann.
- Die Erweiterung unseres soliden Wissens führt zu grösserer Weisheit.
- Es gibt keine direkte, sichere Erkenntnis über etwas.
- Die höchsten Autoritäten des Wissens und Erkennens sind die Philosophen.
- Fast alles wesentliche Wissen lässt sich mit Sprache vermitteln.
- Logische Widersprüche in einer Aussage bedeutet, dass diese unzutreffend ist.
- Wenn die Menschen mit mir übereinstimmen, dann sind sie vernünftig.
- Phantasie bleibt auf unsere Mussestunden beschränkt.
- Glauben bedeutet: Dinge für wahr halten, die nicht wirklich sind.
- Intuition meint 'glückliche' Einfälle, plötzliche Einsichten, die trotzdem rational sind.
- Symbole sind rein physikalische Objekte mit entsprechenden Gehirnstrukturen.

- Glauben und psychische Erfahrungen wirken nur auf uns selbst.
- Gefühle sind bloss elektrische und chemische Prozesse.
- Gefühle führen zu Irrationalität und sind deshalb völlig zu eliminieren.
- Gefühle haben beim wissenschaftlichen Arbeiten nichts zu suchen.
- Negative Gefühle sind unvermeidbares Schicksal.
- Alle Gefühle sind eigenütziger, animalischer Natur; es gibt keine edlen Gefühle.
- Spielen ist etwas für Kinder.
- Schmerz ist etwas Unangenehmes, das man verhindern sollte.
- Das Lernen beruht auf elektrochemischen Gehirnprozessen.
- Lernen bedeutet soviel wie Anhäufen von Wissen.
- Intellektuelles Lernen ist die höchste Form, die alles Wichtige zu fassen vermag.
- Lernen ist kognitive Verarbeitung von Sinneseindrücken.
- Das Gedächtnis ist nicht sehr zuverlässig.
- Das einzige, woran wir uns erinnern können, sind Eindrücke aus unserem Leben.
- Die einzigen Erinnerungen, zu denen wir Zugang haben, sind unsere eigenen.
- Wünschen ist grundlegende und lebenserhaltende Motivation.
- Macht, sexuelle Befriedigung und Schmerzvermeidung sind die Grundmotive.
- Das einzige, was wir wahrnehmen können, sind pysikalische Welt und Körper.
- Die Sinesorgane bestimmen unsere Wahrnehmung.
- Die Wahrnehmung stimmt im grossen und ganzen, trotz Selektion und Vorurteile.
- Selbstsüchtige Handlungsweisen anderer sind Hauptursache eigener Leiderfahrung.
- Kein normaler Mensch leidet gern.
- Fortschritt ist gesellschaftlicher Fortschritt.
- Wissenschaft ist ihrer Natur nach kumulativ.
- Unsere Zivilisation (samt Psychologie) ist die bedeutendste auf unserem Planeten.
- Unsere Zivilisation und Psychologie machen stetig Fortschritte.
- Eroberungen sind der beste Weg, um Fortschritte im Verständnis zu erzielen.
- Man kann nicht gleichzeitig Wissenschaftler und Mystiker sein.

→ Welche dieser Einstellungen teilen Sie? Kreuzen Sie an!

Notizen und Perspektiven

Wie steht es um die schöpferische Kraft der Liebe bei den meisten Menschen?

Notieren Sie die zentralen Schlüsselbegriffe dieses Unterkapitels:

Was bewirkt ein starker Mangel an Lebenszuwendung?

Hundert Postulate für die Liebe sind höchst dringend, denn:...

Was haben Sie in Elternhaus, Schule und Kirche über die Kraft der Liebe als Lebenszuwendung gelernt?

Welche Bedeutung im Zusammenleben hat das Gespräch über die schöpferische Kraft der Liebe?

Was würde die Kraft der schöpferischen Liebe in Politik und Wirtschaft bewirken?

Welche Postulate für die Liebe vermittelt die Werbung?

Formulieren Sie eine Ihnen wichtige Frage zur Liebe als transzendierende Kraft:

2.1.4. Übungen

1. Wie lieben Sie sich selbst?

2. Wie kommt Ihre Liebe zum Ausdruck gegenüber dem psychischen Leben?

3. Wie nehmen Sie Ihre Verantwortung in der Liebe wahr?

4. Wie äussert sich Ihre Liebe in Ihren Handlungen?

5. Wie sind Sie in Ihrem Leben schöpferisch und aktiv für Sinn und Werte?

6. Wie nutzen Sie Ihre psychischen Kräfte zusammen mit der Liebe?

7. Wie äussert sich Ihre Liebe im Umgang mit der Psyche der andern Menschen?

8. Wie erleben Sie die Liebesfähigkeit der Menschen in Ihrem Lebensumfeld?

9. Selbstliebe leben. Geben Sie an, was für Sie zutrifft:

4 = tue/lebe/habe ich regelmässig
3 = tue/lebe/habe ich oft
2 = tue/lebe/habe ich manchmal
1 = tue/lebe/habe ich wenig
0 = tue/lebe/habe ich selten/nicht

☐ Ich interessiere mich für mein Innenleben und mein ganzes Leben.
☐ Ich wende mich dem zu, was ich bin und lebe.
☐ Ich tue Sinnvolles mit meinen materiellen Möglichkeiten.
☐ Ich fördere meine Neigungen und Begabungen.
☐ Ich pflege meine wertvollen Seiten.
☐ Ich entwickle die Kräfte in mir, die noch schwach und wenig geformt sind.
☐ Ich aktiviere mein Kräftepotential.
☐ Ich setze um, was ich an Lebensentwürfen habe.
☐ Ich rege mich selbst vielseitig an, um meine Person und mein Leben zu erweitern.
☐ Ich forme das noch Ungeformte in mir.
☐ Ich bilde mein psychisches Leben immer weiter.
☐ Ich bilde mich für Beruf und Leben weiter.

☐ Ich nutze meine Potentiale, mein Wissen und Können.

☐ Ich steuere mich sebst bewusst im Alltag.

☐ Ich stärke meine Schwächen.

☐ Ich nehme mein psychisches Leben, einschliesslich Träume und Intuitionen ernst.

☐ Ich bin dankbar dem Leben gegenüber für das, was ich leben kann.

☐ Ich kann mich selbst gerne in Beziehung setzen zu andern Menschen.

☐ Ich erlebe mich positiv als Teil der Natur.

☐ Ich kann mich, eingefügt in eine transzendentale Vernetzung, ernsthaft annehmen.

☐ Ich gehe rücksichtsvoll um mit meinen Gefühlen und meinem körperlichen Zustand.

☐ Ich kann auch schwierige Lebensmomente nehmen, wie sie sind.

☐ Ich trage Verantwortung für mein Lebensglück und für alles, was ich tue.

☐ Ich handle im Beruf wie im persönlichen Leben mit Kompetenz (Sachkenntnissen).

☐ Ich kann mich schnell auch an kleinen Dingen an mir/in meinem Leben erfreuen.

☐ Ich gehe ausgewogen um mit meinen Kräften.

Gesamtsumme:......

Ihre Interpretation:

Konkrete Folgerungen:

10. Liebe für das psychisch-geistige Wachstum.

10.1. Geben Sie 5 Beispiele, die Ihre Liebe zu Ihrem psychisch-geistigen Wachstum konkret zum Ausdruck bringen:

10.2. Geben Sie 5 Beispiele, die Abwesenheit von Liebe zu Ihrem psychisch-geistigen Wachstum konkret zum Ausdruck bringen:

Worin zeigt sich Ihre Kraft der Liebe in Ihrem Alltag? Geben Sie fünf Beispiele:

Worin zeigt sich Abwesenheit von Liebe in Ihrem Alltag? Geben Sie fünf Beispiele:

Wie erleben Sie Ihre Kraft der Selbstliebe generell?

Wie können Sie Ihre Kraft der Liebe stärken?

Multiple Choice Test

Wählen Sie die vier richtigen Antworten aus: ☒ a) Fun

9.1. Die Liebe im Alltag. Zentrale Arten der Liebe sind: Die Liebe zu/zum...

☐ a) Hobbies
☐ b) Kulturleistungen
☐ c) Lebenspartner/Freund (-in)
☐ d) Lebensraum
☐ e) sich selbst
☐ f) eigenen Selbstbild

9.2. Die Polarität von Liebe und Hass. Grundlegende Aussagen zum Thema sind:

☐ a) Hass, Gier, Ausbeutung und Neid sind Elemente des Gegenpols zur Liebe.
☐ b) Liebe ist eine psychische Grundkraft, die elementar zum Leben gehört.
☐ c) Liebe hat immer auch zu tun mit körperlich erlebter Lust.
☐ d) Liebe ist ein Grundinstinkt mit unterschiedlich vorgegebener Prägung.
☐ e) Ohne Liebe kann der Mensch psychisch-geistig nicht wachsen.
☐ f) Fehlende Liebe führt fast immer zu Aggression gegen sich und/oder andere.

9.3. Die Liebe als Lebenszuwendung. Liebe als Handlung schliesst mitein:

☐ a) Verzicht auf Materielles
☐ b) Zuwenden/pflegen
☐ c) Bejahen/annehmen
☐ d) Sich in eine Lehre einfügen
☐ e) Das Leben bejahen
☐ f) Zentrieren im Geist

2.2. Kraft und Ausdruck der Liebe

2.2.1. Die Selbstliebe

Selbstliebe ist der Anfang jeder Liebe. Lieben hat zu tun mit Interesse haben, pflegen, zuwenden, fördern, wachsen lassen, schützen und stärken. Das tun die Menschen mit ihrem psychischen Leben nicht.

Sie haben kein Interesse an ihrer psychischen Innenwelt. Gefühle sind vielen wenig wichtig. Die Bedürfnisse sind fast überall von künstlichen Bedürfnissen überlagert. Die eigene Vergangenheit wollen nur wenige in Ordnung bringen.

Mit belastenden Erfahrungen Versöhnung finden, erscheint den meisten als etwas Fremdartiges. Der "Geist" im Innern bleibt unbeachtet. Die Potentiale entfalten wenige. Das "innere Kind" wird unterdrückt. Die

Pflege des Denkens und die Psychohygiene sind unbekannt. Manche füllen sich mit Fremdem, das innen nur Ballast ist.

Geduld mit sich selbst und langsam stetig sich bilden, als Ausdruck der Selbstliebe, ist vielen fremd. Liebe hat viel zu tun mit Echtheit und Wahrhaftigkeit.

Die Realität zeigt uns: Der Mensch liebt sich wenig. Er liebt das wirkliche Leben wenig.

Viele Menschen verwechseln Egoismus mit Selbstliebe. Egoismus spaltet das ganzheitliche psychische Leben ab. Dies führt zu innerer Zerrissenheit und innerer Unfreiheit. Destruktivität ist die Auswirkung. Hass, Gier und Neid sind Folgen davon.

Die Verneinung des psychischen Lebens führt zu Respektlosigkeit gegenüber der Liebe und dem Geist. Regressives Verhalten ist eine zwingende Folge.

Am Ende lauert immer eine Art Zerstörung, im individuellen wie im kollektiven Leben.

Die Liebe beginnt mit der umfassenden Zuwendung und Integration des psychischen Lebens mit allen Subsystemen und Einzelkräften. Dieses eigene Leben bejahen, pflegen und bewusst wachsen lassen mit Geist und

Verantwortung nennen wir Selbstliebe.

Durch diese Selbstbeschäftigungen wird der Mensch eine Einheit und Ganzheit, wird er innerlich frei.

Das Leben ist zuerst das, was der Mensch ist mit seiner Psychodynamik, seinen Gefühlen, seinem Denken, seinen Bedürfnissen, seiner Intelligenz, seinem Willen und seinem Geist.

Auch das Handeln ist ein Ausdruck des Lebens. Diese eigenen Bereiche lieben, verlangt Bildung.

Wer sich diesen Kräften bewusst zuwendet, diese allseitig ausgewogen bildet, liebt sich wahrhaftig und evolutionär.

Reflexionen und Diskussion

■ Selbstliebe bedeutet:

- Interesse haben
- pflegen
- wertschätzen
- bejahen
- schützen
- entfalten
- Rücksicht nehmen
- Verantwortung tragen
- Wahrhaftigkeit leben
- integrieren
- bewusst steuern
- kompetent bearbeiten

■ Der Mensch ist weitgehend Mensch mit seinem psychischen Organismus. Selbstliebe erreicht die psychische Ganzheit und bedeutet in diesem Kontext:

- Interesse haben an der eigenen psychischen Wirklichkeit
- Zuwendung zu den eigenen psychischen Kräften
- Bejahen und ernst nehmen der eigenen psychischen Wirklichkeit
- bewusst leben mit der eigenen psychischen Ganzheit
- Die Werte dieses psychischen Lebens entdecken und schützen
- pflegen, schützen, entfalten, fördern der eigenen psychischen Kräfte
- systematisch Wissen aneignen und sich dadurch lebendig bilden

- Verantwortung übernehmen für die eigene psychische Wirklichkeit

■ Die Selbstliebe kann nur wachsen durch:

- sich dem eigenen inneren Leben zuwenden, d.h. den Intelligenzfunktionen, den Gefühlen und Bedürfnissen, dem Unbewussten, dem Geist u.s.w.
- Dem eigenen Leben aussen einen entsprechenden Ausdruck geben: sich selbst verwirklichen, umsetzen, nutzen und einsetzen.
- In Beziehungen immer mehr im andern auch sich selbst finden, erleben, annehmen, aufnehmen und fördern.
- Im Erleben von Gütern und der gestalteten Umwelt immer mehr sich selbst als eine Einheit finden und ins Bewusstsein integrieren.
- Akzeptieren, dass Sinn und Wert im Leben selbst zu finden sind, d.h. zuerst in der lebendigen Innenwelt und damit auch in der Liebe und im Geist.

Diskutieren Sie in der Gruppe, wie sich die Selbstliebe im täglichen Leben zeigt bzw. praktizieren lässt.

Diagramm 2.2.1: Aktive Selbstliebe

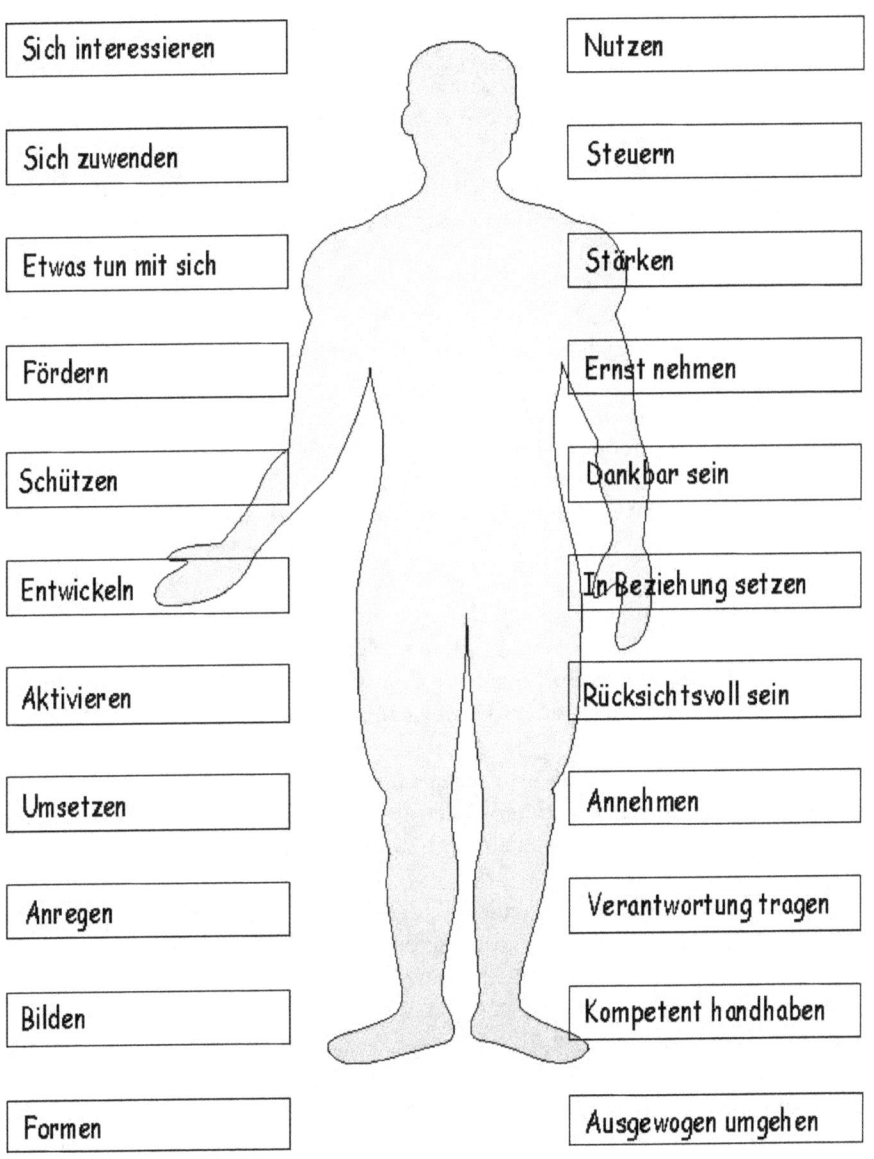

Sich interessieren

Sich zuwenden

Etwas tun mit sich

Fördern

Schützen

Entwickeln

Aktivieren

Umsetzen

Anregen

Bilden

Formen

Nutzen

Steuern

Stärken

Ernst nehmen

Dankbar sein

In Beziehung setzen

Rücksichtsvoll sein

Annehmen

Verantwortung tragen

Kompetent handhaben

Ausgewogen umgehen

2.2.2. Selbstliebe und Liebe für das Leben

Wie kann der Mensch andere lieben, aber sich selbst nicht?

Wie ist es möglich, sich den Bedürfnissen anderer zuzuwenden, wenn der einzelne täglich viele der eigenen Grundbedürfnisse abwehrt und verdrängt?

Wie kann der Mensch die eigenen Gefühle missachten, diese aber beim Nächsten liebend schützen und fördern?

Wie kann man "Geist" im Leben ausdrücken, den eigenen inneren Geist jedoch unbeachtet lassen? Wie soll es möglich sein, dass jemand Gott liebt, sich aber seiner psychischen Innenwelt nicht zuwendet?

Wie kann ein Mensch Gott lieben, ihn verherrlichen und im Leben verwirklichen, die eigene Individuation aber von sich weisen?

Wie lehrt man die Wahrheit, ohne die eigene innere wahre Wirklichkeit zu erkennen?

Solche Fragen weisen direkt zur Selbstliebe: Nur durch die Selbstliebe als Basis und stetige Voraussetzung ist der Mensch fähig, die Liebeskraft im Leben wirklich einzusetzen. Denn nur das, was er an sich selbst wahrnimmt und liebend pflegt, kann er an andern beachten.

Wer die eigenen Bedürfnisse wahrnimmt und mit Verantwortung pflegt, kann diejenigen der andern integrieren. Wer seine eigenen Träume bearbeitet, ist fähig, Interesse am Traumleben anderer zu entwickeln.

Wer sich selbst in der Individuation bildet, kann andere darin fördern. Liebt sich der Mensch, dann liebt er in derselben Weise seinen Lebenspartner und die andern Menschen: alle mit ihrem ganzen psychischen Organismus.

Die Selbstliebe erreicht auch den Lebensraum. Was der Mensch lebt, ist Ausdruck der Selbstliebe. Geht er mit sich selbst mit Liebe und Geist um, gestaltet er mit Liebe und Geist seinen Lebensraum und die Umwelt. Liebt sich der Mensch, produziert er Güter und Kulturleistungen in dieser Rückbindung.

Liebt sich der Mensch, dann ist er in Verbindung mit dem Geist, dadurch mit Gott und der transzendenten Wirklichkeit: er erlebt sich hier gebunden. Lieben sich die Menschen, ist eine Menschengemeinschaft durch Liebe und Geist in Frieden möglich.

Reflexionen und Diskussion

■ Die Selbstliebe ist Grundlage für jede andere Form der Liebe. Die folgenden Thesen sind Begründungen und Erklärungen:

- Es gibt keine Liebe ohne die Grundlage der Selbstliebe.
- Es gibt keine Liebe ohne die psychischen Kräfte.
- Die Liebe wächst, je mehr psychisches Leben integriert wird.
- Man kann nicht Ganzheit fördern, die eigene aber vernachlässigen.
- Man kann nicht wirklich lieben und gleichzeitig hassen.
- Wer liebt, lebt in Progression und Entfaltung.
- Liebe führt immer weg von Zerrissenheit und Unfreiheit.
- Man kann nicht die Natur und die Tierwelt lieben, aber sich selbst nicht.
- Die echte Liebe zu einer Tätigkeit (Beruf) basiert auf der Selbstliebe.
- Jeder echte Sinn ist in der Selbstliebe verwurzelt.
- Liebe ist ein menschliches Phänomen, d.h. mit Intelligenz und Geist.
- Liebe bedeutet mehr als Gefühle pflegen, denn der Mensch ist mehr.
- Das Leben der andern bejahen bedingt, das eigene Leben zu bejahen.
- Wahrhaftigkeit bei andern fördern, bedingt, selbst Wahrhaftigkeit zu leben.
- Mit andern sich versöhnen, setzt eigenes Versöhnen-können voraus.
- Die Selbstverwirklichung anderer fördern, basiert auf Selbstverwirklichung.
- Die Tiere lieben, die Menschen aber nicht, ist unausgewogen (unehrlich).
- Wer die Liebe vertritt, kann unmöglich andere per Gesetz töten.
- Wer sich selbst umfassend liebt, missbraucht andere Menschen nicht.
- Wer seinen psychischen Organismus pflegt, lügt und intrigiert nicht.
- Wer sich liebt, hintergeht andere nicht.
- Wer Liebe umfassend erfahren hat, lebt diese auch mit sich selbst.
- Wer Liebe und damit auch Geist lebt, beutet die Natur nicht aus.
- Wer sein psychisches Leben erkennt, erfasst alle Menschen in ihrer Tiefe.

■ Die Liebe ist nicht bloss eine private und intime Angelegenheit. Die Liebe erfasst alles Leben. Die Liebe gehört auch in die:

Politik	Wirtschaft	Religion	Kultur	Bildung

Diskutieren Sie mit andern konkrete Beispiele, was die Selbstliebe im gesellschaftlichen Leben, national und international, bedeuten kann:

Diagramm 2.2.2: Von der Selbstliebe zur Liebe für das Leben

sich interessieren
sich zuwenden
etwas tun
fördern
schützen
entwickeln
aktivieren
umsetzen
anregen
bilden
formen
nutzen
steuern
stärken
ernst nehmen
dankbar sein
in Beziehung setzen
rücksichtsvoll sein
annehmen
verantworten
kompetent sein
sich freuen
ausgewogen leben

Andere Menschen mit ihrem
psychischen Organismus,
mit ihrer Lebensgeschichte
und mit ihrem Leben

Die Natur- und Tierwelt
als der vitale Lebensraum,
als die Schöpfung,
die das Menschsein erst
möglich macht

Die Umwelt, die lebens-
notwendig ist, von den
Vorfahren übernommen und
für die Nachkommen zu
gestalten ist

Die transzendentale Welt,
die durch den psychischen
Organismus erfahrbar ist,
alle Werte und aller Sinn
in dieser Verwurzelung

2.2.3. Transzendierende Kraft der Liebe

Die Kraft der Liebe will aus sich selbst leben. Sie ist ein Ausdruck des Lebens, des umfassenden psychischen Lebens selbst. Sie will handeln und aus dem, was ist, mehr machen. Sie drängt umzusetzen und zu gestalten. Sie ist schöpferisch.

Die Kraft der Liebe geht über sich selbst hinaus und wirkt im Interesse dessen, was das ganzheitliche psychische Leben ist. Die Liebe hat die Tendenz, alles zu transformieren, was der ausgewogenen inneren Ganzheit entgegenwirkt.

Psychologisch gesprochen heisst das: die Liebe tendiert, "Komplexe" im Unbewussten aufzulösen, äussere Wirklichkeiten denkerisch zu transformieren und die Gefühle lebensoffen zu pflegen.

Die Liebe will ihren eigenen Wert im Leben durchsetzen und drängt zu Leistungen für Sinn und Werte, die über den individuellen Lebensrahmen hinausgehen.

Die Liebe ist grundgelegt in den psychischen Kräften, d.h. ihr Fundament ist das psychische Leben und nicht irgendeine äussere Gegebenheit.

"Transzendieren" bedeutet in diesem Zusammenhang: umformen von psychischen Kräften, durchdringen hin zu geistigen Werten und alles äussere Leben im psychisch-geistigen Leben verankern.

Das psychische Leben, einschliesslich der Prozess der Individuation, ist das eigentliche Leben. Transzendieren meint auch: alles Leben in diese Richtung pflegen, nicht nur darin verwurzeln, sondern darin Sinn und Wert, eigentliches Sein, erkennen und leben. Das ist ein "Hin zur eigentlichen Wirklichkeit des menschlichen Lebens".

Dies verlangt die Bildung des psychischen Lebens. Dazu gehören psychische Leistungen wie verarbeiten, versöhnen und auf etwas verzichten können zugunsten höherer Ziele im Sinne der Individuation. Transzendieren meint weiter, dass das eigene ganzheitliche Sein des Individuums vernetzt im System der Menschengemeinschaft erkannt und gelebt wird.

Dieses Übersteigen der eigenen Einheit führt auch zum Lebensraum:

Was innen im Menschen als ursprüngliche Ganzheit ist, soll aussen einen

Ausdruck erhalten, damit innen immer mehr Evolution möglich werden kann, aus Freude am Leben, aus Lust am schöpferischen Tätigsein und auch als "Lobpreisung".

Nur in dieser Verankerung und in dieser Dimension findet der Mensch echte Freude am Leben. Das nennen wir "Transzendierung" der Kraft der Liebe.

Reflexionen und Diskussion

■ Die transzendierende Kraft der Liebe bedeutet konkret:

- das psychische Leben umfassend bilden im Prozess der Individuation
- transformieren, was diesem Prozess entgegensteht, d.h. verarbeiten, verzeihen, vergeben, verabschieden, loslassen als innerpsychischer Umformungsprozess
- inneres Leben aus der Individuation aussen umsetzen
- dem, was innen als psychische Struktur gegeben ist, auch aussen eine Form geben in Beziehungen und in der Weltgestaltung
- aus dem inneren psychisch-geistigen Wachstum immer mehr aussen Neuschöpfungen formen
- in der Umsetzung und im Leben dessen, was der Mensch ursprünglich ist, Freude leben
- das transzendentale Sein des Menschen in Lebensformen (Kultur) vielfältig ausdrücken
- Leben als "Lobpreisung", d.h. als freudvolle Wertschätzung der Ewigkeit des psychisch-geistigen Seins und Ursprungs
- Erleben und Realisieren von Wert und Sinn des ganzheitlichen Seins

■ Das menschliche Leben ist 'zerbrechlich' und vielen Gefahren ausgesetzt:

- Leidvolle Schicksalsschläge überwindet letztlich nur die Liebe.
- Die äusseren Lebensgegebenheiten, materielle Verhältnisse ebenso wie politische und soziale Bedingungen belasten die Liebe erheblich.
- Sinn und Wert des Daseins verliert sich, wenn keine Transzendierung erfolgen kann.
- Der Mensch kann nicht leben ohne die Liebe, d.h. ohne Transzendierung; er verkümmert, wird krank und destruktiv.

■ Viele Kräfte stehen der Transzendierung der Liebe entgegen:

- gesellschaftliche Verhältnisse
- Not und Hunger
- Arroganz
- soziale Ungerechtigkeiten
- Diktaturen
- Egoismus
- Fundamentalistisches Denken
- Hass
- Ignoranz
- Gewalt und Unruhen
- Kriege
- Herrschsucht

Diskutieren Sie in der Gruppe, welche Rahmenbedingungen die Realisierung der transzendierenden Kraft der Liebe fördern können:

Diagramm 2.2.3: Die transzendierende Kraft der Liebe

Die Kraft der Liebe

kann auf vielfältige Weise transzendieren:

von der äusseren Wirklichkeit zur inneren Wirklichkeit

vom Verhalten als äussere Erscheinung zum innerpsychischen Leben

von äusseren Werten zu inneren psychisch-geistigen Werten

Verletzungen überwinden durch innere Bearbeitung

von der körperlichen Lust zu psychisch ganzheitlichen Interessen

von negativen Gefühlen hin zu positiven lebensoffenen Gefühlen

von der Fixierung an Dinge zur innerlich freien Nutzung

denkerische Operationen erweitern mit der Dynamik des Geistes

von der Raum-Zeit-Dimension zu erweiterten Perspektiven

partikuläre Interessen einbetten in eine ganzheitliche Konzeption

vom Lebensrhythmus in die Wachstumsdynamik der Individuation

vom archaischen Zustand hin zu evolutionären Prozessen

vom biologisch-materiellen Erleben hin zum Individuationserleben

vom äusserlich Schönen hin zum psychisch-geistig Schönen

von psychischen Möglichkeiten hin zur Realisierung

von momentanen Eigeninteressen hin zu höheren Wertinteressen

vom dogmatisch-ideologischen Denken hin zur inneren Erfahrung

Demütigungen versöhnen durch Transformationen im Unbewussten

von Sachwerten hin zu den Werten der Archetypen

2.2.4. Sinn und Wert der Liebe

Das Wachstum der Liebe beginnt mit der Zuwendung zu sich selbst, mit Selbsterkenntnis und Individuation. Der Geist bekommt die Chance, im Leben tragend zu werden. Ganz neuartige Kräfte stehen dem Menschen zur Lösung vieler Probleme zur Verfügung.

Viele gesellschaftlichen Probleme können drastisch reduziert werden. Denn, wer mit Liebe und Geist in der Individuation lebt, hat weniger Zeit für sinnlose Mobilität. Er trägt ein geringeres Unfall- und Krankheitsrisiko. Gewalt und Kriminalität nehmen deutlich ab. Die Umweltbelastungen werden geringer. Mehr Geld für Bildung und Kulturgestaltung mit Geist steht zur Verfügung.

Was ist der Sinn und Wert der Liebe? Kehren wir die Frage um: Was ergibt sich aus einem Leben ohne Liebe? Der Mensch wird psychisch krank.

Viele sind aus Mangel an Liebe auch körperlich krank. Der Sinn aller Tätigkeiten ist ohne die Liebe nur materiell und Lust-orientiert. Alles Tun wird innerlich leer, fad und wertlos, wenn der Mensch in diesem Tun seine Liebesfähigkeit nicht lebt und entfaltet. Fehlt die Liebe, dominieren Hass und Gier, Gewalt und Krieg.

Lernen die Menschen nicht zu lieben, dann sind die Beziehungen hohl und werden auch bei materieller Fülle kalt.

Fixiert der Mensch seine Liebe an der Lust und an "passablem sozialem Verhalten", dann "stirbt" die innere Lebendigkeit der Beziehung.

Wird die Liebe nur als ein "Geben und Nehmen" interpretiert, wächst das psychische Leben nicht.

Denn die Liebe ist zuerst einmal einfach "Leben". Fehlt die Liebe, mangelt es auch an Geist und vor allen an innerem ganzheitlichem Wachstum. Je weniger Liebe da ist, desto mehr nimmt Kriminalität zu. Viele Unfälle und Schadenereignisse sind auch die Folge fehlender Liebe.

Ist ein Volk nicht im Bildungsprozess mit Liebe, erzeugt dies enorme Gegensatzspannungen. Zwischen Völkern entstehen dadurch Kriege. Zwischen Religionen wachsen Ablehnung, Verurteilung, Machtkampf und auch Kriege.

Die Liebe hat ihren Sinn und Wert in dem, was sie bewirkt im individuellen, im familiären, im sozialen, im staatlichen, im internationalen und im religiösen Leben zwischen verschiedenen Kulturen.

Reflexionen und Diskussion

■ Die Liebe orientiert sich an bestimmten Werten, pflegt diese und will diesen einen Lebensausdruck geben:

Das Gute	Ordnung im Geist	Echtheit
Die Wahrheit	Wahrhaftigkeit	Das Schöne
Gerechtigkeit	Freude	Die innere Ganzheit

■ Die Liebe erbringt auch besondere Leistungen:

- Verzeihen
- Versöhnen
- Reue
- Geduld haben
- Demut leben
- Güte
- Verstehen
- Gewähren-lassen
- Annehmen
- Verzichten

■ Die Liebe gibt dem Leben tieferen Sinn, weil das "Tieferliegende" im Menschen selbst zu finden ist:

- Der psychische Organismus als lebendige Wirklichkeit
- Das psychische Leben, das durch die Individuation zur ausgewogenen
- Ganzheit erst werden kann
- Die Erfahrung des Geistes als eine transzendentale Kraft
- Die Erfahrung der Wandlungs- und Wachstumsprozesse, die inneres
- Leben psycho-energetisch formen
- Die Verwurzelung in der Transzendenz durch innere Erfahrung
- Erst durch Liebe wächst und lebt das umfassende psychische Leben
- Das Erleben, ein lebendiger Teil des Schöpfungsplanes zu sein
- Die Verankerung des irdischen Lebens in der Transzendenz
- Das Freisein von Schuld durch Individuation und Leben als kreatives
- Schöpferisch-sein ("Schöpfung verwirklichen")

Erstellen Sie gemeinsam in der Gruppe eine Liste von Werten, die für das Leben "Sinn geben":

a) im persönlichen Leben (für sich selbst):
b) im sozialen Leben (Beziehungen, Begegnungen):
c) in der Gestaltung des Lebensraumes:
d) in der Produktion und Nutzung von Gütern:
e) im politischen, nationalen und internationalen Leben:
f) weiteres Beispiel:

Diagramm 2.2.4: Von Weten zum Sinn im Leben

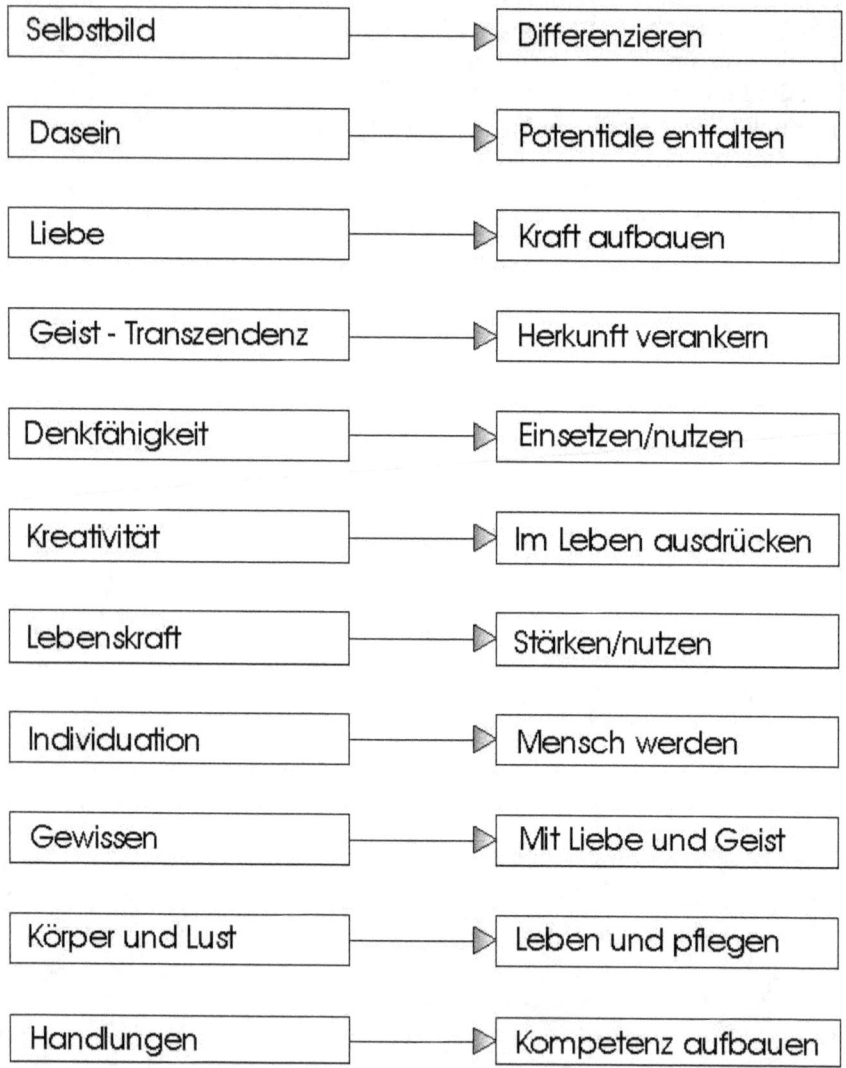

Selbstbild	Differenzieren
Dasein	Potentiale entfalten
Liebe	Kraft aufbauen
Geist - Transzendenz	Herkunft verankern
Denkfähigkeit	Einsetzen/nutzen
Kreativität	Im Leben ausdrücken
Lebenskraft	Stärken/nutzen
Individuation	Mensch werden
Gewissen	Mit Liebe und Geist
Körper und Lust	Leben und pflegen
Handlungen	Kompetenz aufbauen

2.2.5. Charakteristiken der Liebe

Die Liebe ist eine vielseitig schöpferische konstruktive Lebenskraft, die gebildet werden muss. Die Liebe gibt dem Leben Sinn und Wert. Sie macht das Leben lebenswert und reichhaltig.

Die Liebe ist der Schlüssel für viele "unlösbare" Situationen. Sie klärt genau, erfasst über die schnelle Lusterfüllung hinaus die Zukunft, versteht allseitig ausgewogen den Menschen, leistet etwas für andere und für Lebenswerte. So wird die Selbstliebe zur aufbauenden Nächstenliebe. Sie findet einen Ausdruck im Umgang mit der Natur und den Gütern, mit den Tieren und Pflanzen.

Die Liebe achtet das Leben vielseitig ausgewogen. Die Liebe integriert in der Gesellschaft die Welt der Kinder und der alten Menschen. Kranke und Invalide sowie alle, die beschränkte Begabungen haben, können die Liebe entdecken und schöpferisch leben lernen, wie alle andern einer Gesellschaft.

Die Liebe wirkt durch diese Vielfalt in verschiedene Richtungen: für das eigene psychische Leben, für das psychische Leben der Beziehungspersonen, für das allgemeine Zusammenleben, für die Lebensraumgestaltung, für das politische und wirtschaftliche Leben, für die Kulturgestaltung und für das religiöse Leben.

Kreativ ist die Liebe durch die innere Erfahrung der ursprünglichen Herkunft des Menschen. Die Schöpfung "Erde" kann in dieser transzendentalen Erfahrung der Liebe als wertvoller positiver Lebensausdruck erlebt werden. Sie ist nicht bloss geschaffen für das Jenseitsleben, sondern auch als Lebensraum für viele schöpferische Unternehmungen.

Statt Atombomben - ohnehin das teuflischste Werk in der Menschheitsgeschichte - können die Menschen Werke aus der Liebe und aus dem Geist schaffen: als Ausdruck und "Verehrung" der Herkunft und des ewigen geistigen Seins.

Basiert die Liebe auf der Selbstliebe, und meint das Wort "Selbst" nicht nur den Körper und das bewusste nach aussen gerichtete Leben, steht die Liebe auf dem Fundament des psychischen Lebens: Die Liebe ist eine schöpferische Kraft zur Verwirklichung des Lebens. Der Geist ist das ordnende und steuernde Prinzip der Liebe. Die Liebe ist damit das spezifisch Menschliche: als Möglichkeit, als Leistung und als Lebensform.

Reflexionen und Diskussion

■ Die Charakteristiken der Kraft der Liebe sind:

- Drang nach Leben
- Leben mit dem gesamten psychischen Leben
- Leben mit Geist (Rückkoppelung in Traum und Meditation)
- Leben in der Individuation und für die Individuation
- Inneres Leben aus der Individuation aussen ausdrücken
- Aussen Lebensbedingungen und Möglichkeiten schaffen für die Individuation
- Leben aus Freude im Erleben der inneren Ganzheit
- Leben in der Verankerung im inneren Geist
- Leben aussen gestalten im "Regierungsprinzip" des Geistes
- Immer mehr gestalten und schöpferisch tätig sein aus dem inneren Potential
- Leben für Wachstum, d.h. für die kollektive psychisch-geistige Evolution
- Die regulierende Kraft für das kollektive allseitig ausgewogene Leben
- Leben der inneren Freiheit und Autonomie

■ Die fehlende Innenorientierung des Menschen ist nicht nur eine "Schuldfrage", sondern auch ein Ausdruck des Standes der Evolution, darum:

- Liebe drängt nach höheren psychisch-geistigen Stufen im Evolutionsprozess, vom archaischen Menschsein zum evolutionären Menschsein.
- Die Evolution geschieht nicht von selbst: Der Mensch hat die Steuerung und Gestaltung zu übernehmen.
- Der Mensch hat die Verantwortung, die Evolution zu übernehmen, was auch bedeutet, dass er diese mit aller Anstrengung durchsetzen muss.
- Liebe wächst nur, wenn der Mensch solidarisch mit allen gesellschaftlichen Mitteln diese durchsetzt und gesellschaftlich integriert.
- Die Liebe lebt nur, wenn sie in Kooperation mit dem Geist kollektiv durchgesetzt, geschützt und gefördert wird.

■ Die Menschen protestieren und streiken, kämpfen und arbeiten für alle möglichen Interessen, aber nie für die Liebe.

Diskutieren Sie in der Gruppe, wie für die Liebe im persönlichen und sozialen Leben Raum geschaffen werden kann, wie diese in Evolution gebracht werden kann: a) individuell; b) politisch; c) religiös

Diagramm 2.2.5: Elementare Tendenzen der Kraft der Liebe

2.2.6. Liebe als komplexe Leistungsfähigkeit

Die meisten Menschen übersehen schnell, dass die Liebe viel mehr ist als ein Gefühl. Sie kann nicht einmal als ein bestimmtes Gefühl umschrieben werden, obwohl manchmal Wohlbefinden mit Liebe einhergeht. Liebe ist im Erleben auch Freude.

Doch Liebe ist eine komplexe Leistung. Liebe ohne Denken hat kaum Chancen, etwas Standfestes zu leisten. Liebe ohne Geist ist strukturlos.

Wer mit Geist leben möchte, muss lernen, die eigenen Träume zu deuten und richtig zu meditieren. Wer lieben will, muss mit Konzentration und Klarsicht in die innere und äussere Welt schauen. Liebe setzt auch einen Willensakt voraus.

Wer Liebe lebt, schaut genau auf die echten inneren Bedürfnisse, auf sein Handeln, auf seine Psychodynamik und auf alle Gefühle. Im "Rohzustand" ist die Kraft der Liebe archaisch, instinkthaft, hirnphysiologisches Muster.

Im realen Leben hat die Liebe wenig Chancen. Das wissen jene, die mit Hoffnung eine Lebensbeziehung begonnen haben und dann gescheitert sind. Wie stark bzw. schwach die Liebe ist, wissen die Kinder, die Randgruppen, die Heimatlosen und die alten Menschen.

Die Botschaft der Liebe des Christentums konnte sich im Alltag selten tragfähig durchsetzen. Das wirtschaftliche Leben gleicht einem "Krieg". Es geht um den Gewinn von Marktanteilen. Die Arbeitskämpfe basieren auf Interessen, selten auf Liebe.

Wollen die einen in den Ferien Liebe leben, so ist der Tourismus für andere ein Geschäft, das nur ein Ziel hat: "Ausbeuten, soviel wie nur möglich und mit allen Mitteln".

Das politische Leben ist mehr "Spiessrutenlaufen" und "Showbusiness" als ein Ausdruck von Liebe. Für die Zielerreichung ist manchem jedes Mittel recht: lügen, betrügen, intrigieren und schamlos jeden Vorteil nutzen.

Wo Religionen nebeneinander sind, ergeben sich Spannungen, die nicht selten zu Kriegen führen.

Die Liebe ist eine Kraft, die im Verbund mit allen andern psychischen

Kräften gebildet werden muss. Sie berücksichtigt auch die Kräfte des sozialen Lebens und die Bedingungen des Lebensraumes. Sie hat je nach Lebensphase und Tätigkeitsbereich unterschiedliche Leistungen zu vollbringen.

Die Liebe muss mit viel Wachsamkeit geschützt werden.

Überall sind Menschen, die nichts anderes beabsichtigen, als alle Liebe zu zerstören. In vielen Staatsverfassungen steht "Gott der Allmächtige" im ersten Absatz. Dies impliziert die Individuation und den Geist und die institutionalisierte Bildung der Liebe. De facto ist da keine Liebe.

Reflexionen und Diskussion

■ Die Entfaltung der Kraft der Liebe verlangt die Bildung aller psychischen Systeme:

- die Wahrnehmung
- das Denken
- das Wollen/der Wille
- die Integrationskraft
- das Unbewusste
- die Bedürfnisse
- die Psychodynamik
- die Traumdeutung
- die Handlungen
die Bildungsmethoden

■ Die Liebe als Leistungskraft kann nicht isoliert betrachtet und gelebt werden:

- Die Gestaltung des Lebensraumes für die Liebe verlangt Fähigkeiten.
- Das "richtige" Konsumieren setzt Wissen (auch über sich selbst) voraus.
- Die Liebe erfasst das ganze Leben, auch das politische und wirtschaftliche.
- Die Liebe ist eine Grundbeziehung dem Leben gegenüber, nicht ein "Gefühl".
- Die Liebe bindet auch die Mittel zum Ziel.
- Die Liebe verlangt soziale "Spielregeln".
- Die Liebe ist zu schützen vor allen Kräften, die nur zerstören wollen.
- Die Liebe ist ein kollektives Thema, nicht bloss ein individuelles.

■ Die Liebe als eine Kraft ist vielseitig gerichtet zu bilden:

- schon in der Volksschule
- mit den Wissenschaften
- durch persönliche Bildung
- auch spezifisch für die Ehe/Familie und die Erziehung
- für das Leben aller Menschengruppen
- für den Umgang mit Gütern
- für die Gestaltung des Lebensraumes
- für die Integration der Schwachen, Hilflosen, Kranken, Leidenden

Diskutieren Sie in der Gruppe, welche Leistungsfähigkeiten mit der Kraft der Liebe gekoppelt sind zu:

a) Liebesbeziehung/Ehe:

b) Freizeitgestaltung:

c) Wirtschaftsleben:

d) Arbeitsplatzgestaltung:

e) Politisches Leben:

Diagramm 2.2.6: Die konstruktive Vernetzung der Liebe

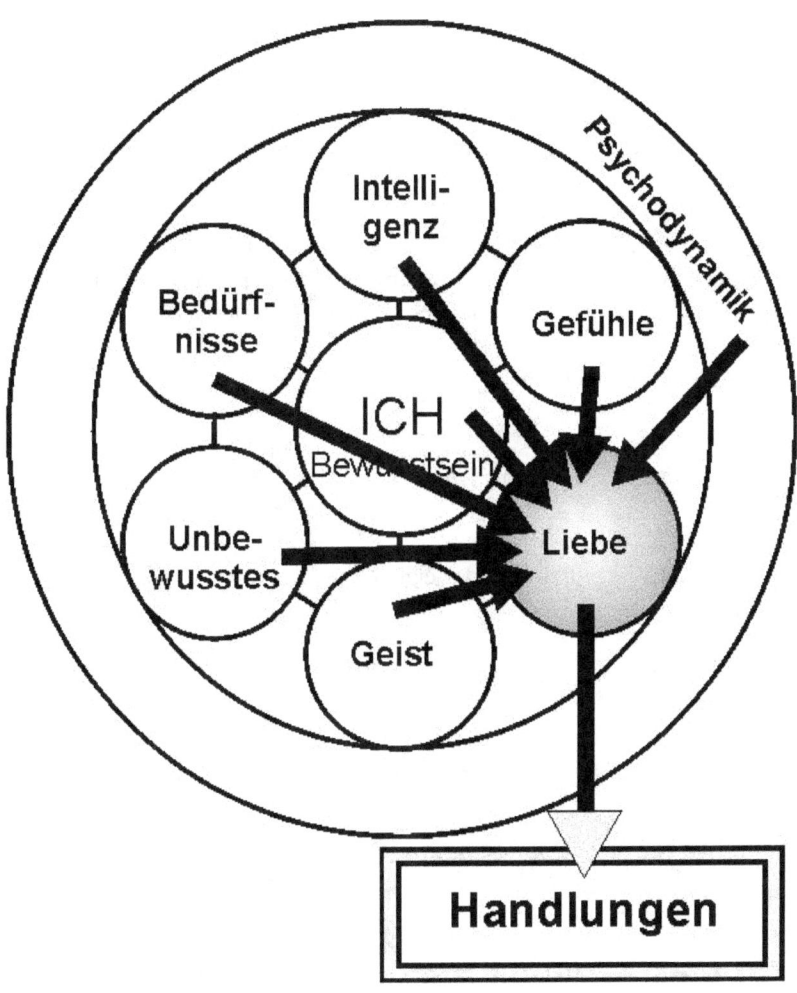

2.2.7. Arbeitseinheit

2.2.7. Arbeitseinheit – 1

1. a) Wie lieben Sie sich selbst?

1. b) Erklären Sie die Lebensformen der Selbstliebe mit einem elementaren Beispiel:

2. Geben Sie nachfolgend je ein ganz konkretes Beispiel. Der Mensch ist weitgehend Mensch mit seinem psychischen Organismus. Selbstliebe erreicht die psychische Ganzheit und bedeutet in diesem Kontext:

a) Interesse haben an der eigenen psychischen Wirklichkeit
Beispiel:

b) Zuwendung zu den eigenen psychischen Kräften
Beispiel:

c) Bejahen und ernst nehmen der eigenen psychischen Wirklichkeit
Beispiel:

d) bewusst leben mit der eigenen psychischen Ganzheit
Beispiel:

e) Die Werte dieses psychischen Lebens entdecken und schützen
Beispiel:

f) pflegen, schützen, entfalten, fördern der eigenen psychischen Kräfte
Beispiel:

g) systematisch Wissen aneignen und sich dadurch lebendig bilden
Beispiel:

h) Verantwortung übernehmen für die eigene psychische Wirklichkeit
Beispiel:

3. Formulieren Sie ein Bildungsziel für Sie zur Selbstliebe generell:

4. a) Imaginieren Sie über den Ausdruck Ihrer Selbstliebe:

b) Ihre Folgerung in einem Satz:

2.2.7. Arbeitseinheit – 2

1. a) Begründen Sie Sinn und Wert der Selbstliebe für das Leben:

1. b) Erklären Sie mit einem Beispiel die These, dass die Selbstliebe die Grundlage für jede andere Form der Liebe ist/sein muss:

2. Formulieren Sie mit 10 konkreten Formen der Selbstliebe, dass die Selbstliebe auch ganz konkret sich positiv auf andere Formen der Liebe auswirkt.

1)
2)
3)
4)
5)
6)
7)
8)
9)
10)

3. Formulieren Sie ein Bildungsziel zum Verständnis der Selbstliebe:

4. a) Imaginieren Sie über die Auswirkungen Ihrer Selbstliebe auf das Leben:

b) Ihre Folgerung in einem Satz:

2.2.7. Arbeitseinheit – 3

1. a) Wie erleben Sie die Kraft der Liebe als "transzendierendes Tätigsein"?

1. b) Erweitern Sie den Aspekt "Freude am Leben" im Zusammenhang mit der transzen-dierenden Kraft der Liebe:

2. Geben Sie 10 kurze Beispiele, was in der Gesellschaft die Menschen bewegen könnte, die transzendierende Kraft der Liebe zu erlernen und zu leben:

1)
2)
3)
4)
5)
6)
7)
8)
9)
10)

3. Formulieren Sie ein Bildungsziel zur Nutzung der transzendentalen Kraft der Liebe:

4. a) Imaginieren Sie über transzendierende Wirkungen Ihrer Kraft der Liebe:

4. b) Ihre Folgerung in einem Satz:

2.2.7. Arbeitseinheit – 4

1. a) Wie erleben Sie die Folgen fehlender Liebe?

1. b) Was hat ein Leben ohne Sinn für einen "Wert"? (Vorsicht: Falle!!!)

2. Erstellen Sie eine Liste von Werten, die für das Leben "Sinn geben":
a) im persönlichen Leben (für sich selbst): ....

b) im sozialen Leben (Beziehungen, Begegnungen): ....

c) in der Gestaltung des Lebensraumes: ....

d) in der Produktion und Nutzung von Gütern: ....

e) im politischen, nationalen und internationalen Leben: ....

f) weiteres Beispiel: ....

3. Formulieren Sie ein Bildungsziel zur Förderung der Liebe im Leben:

4. a) Imaginieren Sie über noch fälligen Bedarf an Liebe in Ihrem Alltag:

4. b) Ihre Folgerung in einem Satz:

2.2.7. Arbeitseinheit – 5

1. a) Wie erleben Sie die Vielfalt der Möglichkeiten der Kraft der Liebe?

1. b) Geben Sie ein Beispiel zur Kraft der Liebe im Alltag:

2. Geben Sie zu jedem Aspekt ein konkretes Beispiel aus dem Alltag. Die Charakteristiken der Kraft der Liebe sind:
a) Drang nach Leben

b) Leben mit dem gesamten psychischen Leben

c) Leben mit Geist (Rückkoppelung in Traum und Meditation)

d) Leben in der Individuation und für die Individuation

e) Inneres Leben aus der Individuation aussen ausdrücken

f) Aussen Lebensbedingungen und Möglichkeiten schaffen für die Individuation

g) Leben aus Freude im Erleben der inneren Ganzheit

h) Leben in der Verankerung im inneren Geist

i) Leben aussen gestalten im "Regierungsprinzip" des Geistes

k) Immer mehr gestalten und schöpferisch tätig sein aus dem inneren Potential

l) Leben für Wachstum, d.h. für die kollektive psychisch-geistige Evolution

m) Die regulierende Kraft für das kollektive allseitig ausgewogene Leben

n) Leben der inneren Freiheit und Autonomie

3. Formulieren Sie ein Bildungsziel zur Förderung der Aspekte der Liebe:

4. a) Imaginieren Sie über einen Aspekt aus der Liste von a) bis n):

4. b) Ihre Folgerung in einem Satz:

1. a) Wie erleben Sie die Komplexität der Liebe als aktiver Lebensausdruck?

1. b) Erweitern Sie mit einem Kerngedanken die Konzequenzen zur Menschenbildung:

2. Geben Sie einige konkrete Leistungsfähigkeiten an, die mit der Kraft der Liebe gekoppelt sind, zu:
a) Liebesbeziehung/Ehe: ....

b) Freizeitgestaltung: ....

c) Wirtschaftsleben: ....

d) Arbeitsplatzgestaltung: ....

e) Politisches Leben: ....

3. Formulieren Sie ein Bildungsziel für Sie zu "Liebe als Lebensausdruck":

4. a) Imaginieren Sie, wie die Menschen zu mehr Liebesfähigkeit gebildet werden können:

4. b) Ihre Folgerung in einem Satz:

2.2.7. Arbeitseinheit – 7

Der Europäische Rat in Brüssel hat beschlossen, dass die Liebe kollektiv im Gesellschaftsleben vorrangig (vor der Wirtschaft) politisch-praktische Bedeutung erhalten soll. Sie beschliessen dazu folgende konkrete Programme:

Multiple Choice Test

Wählen Sie die vier richtigen Antworten aus: ☒ a) Fun

9.1. Selbstliebe beinhaltet:
☐ a) Interesse am eigenen Leben
☐ b) Wertschätzen des psychischen Lebens
☐ c) Rücksicht auf Anerkennung
☐ d) Entfaltungsbedürfnis
☐ e) bewusste Selbststeuerung
☐ f) keine Verantwortung andern gegenüber

9.2. Die Liebe für das Leben meint u.a.:
☐ a) kompetent handeln   ☐ b) weitsichtig handeln
☐ c) Umwelt Menschen-gerecht gestalten
☐ d) Kommerz hat oberste Priorität
☐ e) Leben ohne Haben   ☐ f) mit Geist leben

9.3. "Transzendieren" heisst hierzu:
☐ a) Man soll (muss) sich (das Ich) auflösen.
☐ b) Ziel ist, sich ganz erheben zu Gott.
☐ c) Etwas überwinden können durch bearbeiten.
☐ d) Über Ich-Werte hinaus für Lebenswerte leben.
☐ e) Verankerung der Sachwerte in Werten der Individuation.
☐ f) Partikuläre Interessen einbetten in ganzheitliche Konzeptionen.

9.4. Sinn und Wert der Liebe schliesst mitein:
☐ a) Wahrhaftigkeit   ☐ b) inneres Wachstum
☐ c) Geistprinzip   ☐ d) Selbsterniedrigung
☐ e) Echtheit   ☐ f) frei sein von Solidarität zur Liebe

9.5. Charakteristiken der Liebe sind u.a.:
☐ a) Freude am Leben   ☐ b) Individuation leben
☐ c) Sexuelles Erleben   ☐ d) Hauptarchetypus realisieren
☐ e) Verzicht auf Lust   ☐ f) Geist-Ordnung

9.6. Die Entfaltung der Liebe verlangt:
☐ a) Gründlich Denken   ☐ b) Gott lenkt alles
☐ c) Unbewusstes klären   ☐ d) Bedürfnisse nicht zu ernst nehmen
☐ e) Willenskraft   ☐ f) klare Sicht

3. Das Unbewusste

Essentielle Thesen

❑ Alles, was wir bildhaft mit einer gewissen Bedeutung erleben, speichern wir als Bildeinheit ab der Zeit der Zeugung.

❑ Alle Bilder im Unbewussten können psychische Energie aktivieren und auf das Gesamtsystem der Psyche wirken.

❑ Die Bilder verdichten sich schon in den ersten Lebensjahren zu "Prototypen", die dann als innere Lebensmuster wie Codeprogramme das Leben mitsteuern.

❑ Die Bildervielfalt kann in Funktionstypen eingeteilt werden:

● Lebenserfahrungen   ● Über-Ich (Gewissen)
● Einstellungen   ● Menschenbilder

❑ Die Bilder sind mit Denken nicht direkt zugänglich und nicht rational bearbeitbar. Nur Träume und inneres Bildersehen geben den Zugang frei und nur mit Bildern (und Symbolen) können die Bilder verändert werden.

❑ Je ausgewogener diese inneren Bilder gegenseitig wirken, desto konstruktiver ist ihre Energie und damit das Denken, Fühlen, Wollen und Handeln.

3.1. Die unbewusste Psyche

3.1.1. Das Unbewusste als Gefäss

Sie können in kleinen Schritten abgestuft eine Reise in Ihre Vergangenheit unternehmen. Stellen Sie sich vor, sie können Ihr ganzes gelebtes Leben, vom jetzigen Moment bis in die vorgeburtliche Zeit, wie in einem Film nochmals erleben.

Die ersten Schritte sind einfach: Man sieht mit geschlossenen Augen einige erlebte Momente vom Vortag. Wer mit dem inneren Bildersehen etwas Übung hat, wird leicht klare und farbige Bilder haben.

Man kann andere Menschen sehen mit all dem konkreten Rahmen. Dabei kann man auch Gesprochenes wieder hören. Gerüche und Lärm können wahrgenommen werden. Eigene Gedanken und Gefühle aus dem erlebten Moment tauchen auf. Vom Vortag kann man Schritt für Schritt weitere Tage zurückgehen und viele Momente innerlich nochmals sehen und in allen wesentlichen Komponenten wiedererleben.

Auf diese Weise kann man Monat um Monat, Jahr um Jahr in die eigene Vergangenheit zurückgehen. Alle Erlebnisse, die damals eine gefühlsmässige Bedeutung gehabt haben, tauchen bildhaft konkret wieder auf. Längst Vergessenes ist plötzlich wieder da, in Gestalt, Farben und Ton.

Die gesamte Kindheit kann so aufgerollt und betrachtet, werden. Sogar die Geburt kann in diesem Bildersehen wiedererlebt werden. Dann können die Schritte in die vorgeburtliche Zeit gewagt werden.

Bilder und Stimmungen tauchen auf: die Räume, wo sich die Mutter aufgehalten hat; der Vater beim Zeitung lesen; ein Streit zwischen Vater und Mutter; Geschwister und Nachbarn; Mobiliar und Bekleidung der Menschen im näheren Umfeld. Sogar Gedanken, Worte und Gefühle der Mutter zeigen sich. Dazu erlebt man die eigenen damaligen Gefühle nochmals.

Es ist eine leicht nachweisbare Tatsache: ein Fötus "denkt", fühlt und erlebt vielseitig mit, was im Umfeld geschieht. Bis zum Tag der Zeugung öffnet sich das gesamte Lebensbuch für den, der die Seiten aufschlägt. Dieses vergessene und verdrängte Material ist das Unbewusste.

Eine enorme Bildermenge trägt jeder mit sich. Wer so dem eigenen Leben wiederbegegnet, wird erfahren, dass viele Erinnerungen gefühlsmässig noch so aktiv sind, wie die realen Erlebnissituationen damals.

Kaum werden die Ereignisse, die Gedanken und Beschäftigungen von früher wiedererlebt, erhalten manche davon dieselbe psycho-energetische Ladung wie damals.

Deutlich zeigt sich dabei, dass jene Vergangenheit, die markant belastend oder positiv erlebt wurde, in der Wiedererinnerung dieselben Gefühle bewirkt. Leid, peinliche Situationen, gefühlsmässig intensive Gedanken, bedrohliche Momente, gefühlsmässig beeindruckende Gegebenheiten, Stimmungen der Umgebung u.ä.m. sind offensichtlich im Unbewussten vorhanden.

Hierin liegt das "Codeprogramm" des gegenwärtigen Lebens. Denn diese Bilderwelt beeinflusst den Menschen durch das ganze Leben.

Reflexionen und Diskussion

■ Das Unbewusste ist so etwas wie ein Gefäss: Ab der vorgeburtlichen Zeit nimmt der Mensch Erlebnisse in sich auf, die das Leben lang erhalten bleiben. Erlebnisse beziehen sich immer auf Situationen und sind deshalb bildhaft, ganz gleich ob die Situation real oder imaginativ ist. Erlebnisse enthalten immer auch ein Sinn- und Werterleben im Dasein. Das Unbewusste ist generell das Reservoir der Erfahrungen.

■ Das Inventar im Unbewussten sind Bilder mit einem Bedeutungsgehalt. Es können verschiedene belastende Bedeutungseinheiten in Kategorien gefasst werden:

Schmerz	Peinlichkeit	Kränkung	Misserfolg
Beschämung	Strafe	Unangenehmes	Trauer
Leid	Bedrohung	Unsicherheit	Anstrengung

■ Im Unbewussten lagern sich auch positive Erlebnisse und Vorstellungen:

Freude	Glücksmomente	Erfolg
Angenehmes	Friede	Sicherheit
Vertrauen	Befreiung	Schönes

■ Kompensatorisch zu Leiderfahrungen und Frustrationen (Defizite) bildet der Mensch mit seiner Phantasie auch Ideale und Wunschbilder, die nicht real geworden sind. Auch solche Bilder prägen sich im Unbewussten ein.

■ Der Mensch will manche Erlebnisse und Vorstellungen nicht wieder sehen und vor allem auch nie wieder erleben. Er drängt diese aus dem Bewusstsein so aus, dass diese nicht mehr ins Bewusstsein zurückkommen.

Je belastender und schmerzlicher eine Erfahrung bzw. eine Vorstellung war/ist, desto härter wird diese abgewehrt.

Ungeklärte Bilder aktivieren sich psycho-energetisch durch vorbewusste Wahrnehmung und ähnliche neue Erlebnisse.

■ Die Bilder im Unbewussten haben eine bestimmte psycho-energetische Ladung, je nachdem welche Bedeutung die Sache für die Person im Moment des Erlebens gehabt hat.

Je mehr ein Bild nicht mehr ins Bewusstsein zurückkommen kann, weil es besonders intensive Gefühle enthält, desto stärker ist seine psychische Energie.

Ein Bild an sich kann "vergessen" gehen. Die Energie aber bleibt eine aktive Wirklichkeit. Das Ich kann diese Energie nicht steuern. Deshalb wirkt das Unbewusste irrational, unberechenbar und unbelehrbar.

Diagramm 3.1.1: Das Inventar im Unbewussten

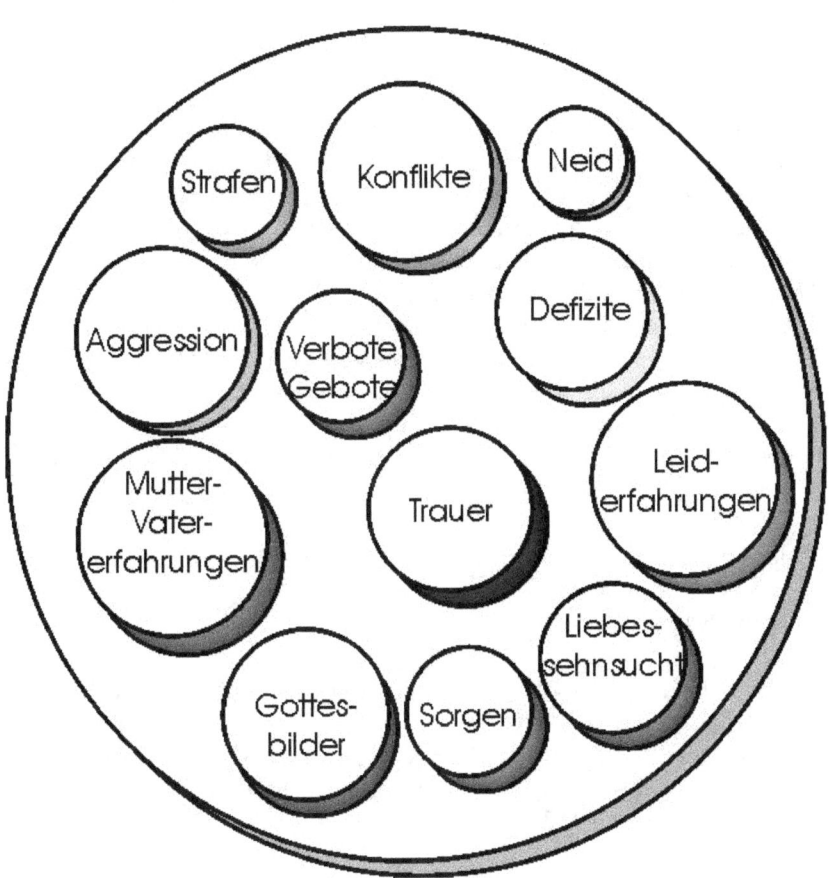

Das Unbewusste in psychoanalytischer Sicht

Das "Unbewusste" erhält in der Fachliteratur verschiedene Aspekte, hier abgesehen von jenen psychologischen Schulen, die die Existenz des Unbewussten schlichtwegs leugnen. Die Kernaspekte sind psychologisch und philosophisch:

1. Das psychisch reale Sein generell (also eine transzendentale Dimension).
2. Im Gehirn gespeichertes, nicht im Bewusstsein vorhandenes Lebensmaterial.
3. Das Material ist verdrängt, unterdrückt, weggeschoben, ignoriert...
4. Das Nicht-Erinnerte, aber Erinnerbare.
5. Das Unbemerkte und Unbeabsichtigte.
6. Eine Macht im Innern, Quelle der Kreativität.
7. Das noch nie ins Bewusstsein Gedrungene, z.B. Instinkthaftes, Triebhaftes.
8. Insbesondere infantile Wünsche und Phantasien.
9. Ein Teil des Ichs und des Überichs.
10. Eine Wirklichkeit, die mehr umfasst, als die Summe der äusseren Erfahrungen.

Aus der Tradition der Psychoanalyse stellen wir zwei Betrachtungsweisen vor:

Psychoanalyse:

Die Unterscheidung des Psychischen in Bewusstes und Unbewusstes ist die Grundvoraussetzung der Psychoanalyse. Wir haben erfahren, dass es sehr starke seelische Vorgänge oder Vorstellungen gibt, die alle Folgen für das Seelenleben haben können, nur werden sie selber nicht bewusst, weil eine gewisse Kraft sich dem widersetzt, dass sie sonst bewusst werden können.

Unseren Begriff des Unbewssten gewinnen wir somit aus der Lehre von der Verdrängung. Das Verdrängte ist uns das Vorbild des Unbewussten. Wir sehen aber, dass wir zweierlei Unbewusstes haben, das latente, doch bewusstseinsfähige, und das Verdrängte, an sich und ohne weiteres nicht bewusstseinsfähige.

Vom Ich gehen auch die Verdrängungen aus, durch welche gewisse seelische Strebungen nicht nur vom Bewusstsein, sondern auch von den andern Arten der Geltung und Betätigung ausgeschlossen werden sollen. Dieser Widerstand geht vom Ich aus und gehört diesem an. Im Ich selbst ist etwas, das sich geradeso benimmt wie das Verdrängte, das heisst, starke Wirkungen äussert, ohne selbst bewusst zu werden.

Analytische Psychologie:

Das persönliche Unbewusste enthält verlorengegange Erinnerungen, verdrängte und absichtlich vergessene, peinliche Vorstellungen, sogenannte unterschwellige (subliminale) Wahrnehmungen, d.h. Sinneswahrnehmungen, welche nicht stark genug waren, um das Bewusstsein zu erreichen, und schliesslich Inhalte, die noch nicht bewusstseinsreif sind.

Das Unbewusste entspricht den in den Träumen vielfach auftretenden Figuren des Schattens. Man täuscht sich, wenn man glaubt, das Unbewusste sei etwas Harmloses, das man zum Gegenstand von Gesellschaftsspielen machen kann.

Gewiss ist das Unbewusste nicht unter allen Umständen gefährlich; aber sobald eine Neurose auftritt, so ist dies ein Zeichen, dass im Unbewussten eine besondere Energieanhäufung vorhanden ist, nämlich eine Art von Ladung, die explodieren kann.

In allen gewöhnlichen Fällen ist das Unbewusste nur darum ungünstig oder gefährlich, weil wir im Gegensatz dazu sind. Unverbundenheit mit dem Unbewussten bedeutet soviel wie Instinkt- und Wurzellosigkeit.

Das Unbewusste ist beständig tätig und schafft Kombinationen seiner Materialien, die der Bestimmung der Zukunft dienen.

Betrachtungsapekte zum Unbewussten

Sammeln wir aus der psychoanalytischen Literatur die Bausteine zum Thema des Unbewussten, so finden wir hervorstechende Teile, je nach spezifischer Theorie. Wir können diese 'Teile', 'Themen' und 'Kräfte' auch als Betrachtungsaspekte zum Unbewussten umschreiben; wir zählen die wichtigsten davon auf:

- Das unbewusste Inventar, also 'normale' Lebenserfahrungen aller Art.
- Die sog. Komplexe, d.h. die leidvollen, 'unerlösten' Erfahrungen.
- Spezifische Lebenserfahrungen, die mit sexuellem Trieb zu tun haben.
- Besonders schwierige Kind-Elternbeziehungen, mit Ablehnungs-Bindungsambivalenz.
- Defiziterfahrungen allgemeiner grundlegender Bedürfnisse.
- Die Grundlegung des Gewissens (Über-Ich), zuerst durch die Vater-Beziehung.
- Die Verinnerlichung religiöser Bilder und Praktiken als die Wahrheit.
- Minderwertigkeitsgefühle, die sich tendenziell in Machtbedürfnisse

umschlagen.
- Überbetont affektive, einengende Bindung eines Elternteils an das Kind.
- Spannungsgeladenes Interesse an sich selbst, an andern und an der Lebenswelt.
- Verkrampfte einseitige Lustbindungen.
- Ich-Ideal-Bilder aller Art; dazu auch: einseitig positive Fehlwahrnehmungen.
- Wünsche in alle denkbaren Richtungen (erlaubt, unerlaubt, erfüllt, unerfüllt).
- Emotionale Bindungen durch Angst vor Strafe und durch Lebensangst.
- Bindungen durch primäre Vertrauens- und Liebesbeziehungen.
- Unerlöste Schuld, subjektive und objektive.
- Allgemeine unerwünschte, aber angenehme (interessante) Sinneserlebnisse.
- Ein 'geheimer' Abwehrmechanismus, der Inhalte aus dem Unbewussten fernhält.
- Ich-Aspekte, die unerkannt oder abgewehrt sind (Schatten, Masken etc.).
- Verletzte, gekränkte Selbstwertaspekte.
- Verschiebungen/Transformationen (eines Komplexes) in andere Themenbereiche.
- Indirekte, schwer erkennbare Äusserungsformen: z.B. Somatisierung, Zwänge.
- Eine psychische Energie, die entsprechend dem Inventarelement wirkt.
- Ein (oft sehr) starkes Ungleichgewicht zwischen Unbewusstem und Bewusstsein.
- Die Verdrehung der 'Wahrheit' ins Gegenteil.

Unsere These:

Das eigenartigste Hauptcharakteristikum des Unbewussten ist, dass das Ich alles unternimmt, dessen Inhalte, dessen aktuelle Wirkungsweisen und die dem Ich zugehörigen Abwehrmechanismen zu leugnen, koste es, was es wolle!

Ursachen für das Wirken der Abwehrmechanismen sind:

Angst: Das eigene Dasein nicht zu jener vollen und reifen Entfaltung gebracht zu haben bzw. bringen zu können, zu der wir aufgerufen sind.

Schuld: Aus dem Versagen bzw. Nicht-Erfüllen der Daseinsaufforderung; d.h. einer existentiellen Schuldhaftigkeit (nicht Gesetzes-/Moral-Schuld!).

Allgemeiner Narzissmus: Eine übermässige Lustbesetzung des eigenen Ich's (oder Teile davon), verbunden mit der Unfähigkeit oder dem Unwillen, die

Wirklichkeit in der ganzen Fülle wahrzunehmen bzw. wahrnehmen zu wollen (Interessemangel).

Prinzipielle Auflehnung gegen die Lebensforderung zur psychisch-geistigen Bildung.

Die Verweigerung des Ich's, sich in eine 'höhere' kosmische Ordnung einzufügen.

Das intuitive Erahnen der gewaltig aktiven Kräfte aus dem Unbewussten aller.

Phylogenetisch bedingte archaische Stufe: Mangels ausgebildeten Instinkten eine chaotische, zügellose Gier nach Haben, Lust erleben, Ausbeuten, in Besitz nehmen, Dominant-sein, Austoben.

Notizen und Perspektiven

Wie erlebt der Mensch (im Durchschnitt) sein Unbewusstes?

Notieren Sie die zentralen Schlüsselbegriffe dieses Unterkapitels:

Was bewirkt die Vernachlässigung bzw. das Ignorieren des Unbewussten?

Reflektieren über das eigene Unbewusste ist wesentlich, denn:...

Was haben Sie in Elternhaus, Schule und Kirche über das Unbewusste gelernt?

Welche Bedeutung im Zusammenleben hat das Gespräch über das Unbewusste?

Was sind die unbewusst gehaltenen (verdrängten) Themen in Politik und Wirtschaft?

Wie geht die Werbung mit den Wirkungsweisen des Unbewussten der Menschen um?

Formulieren Sie eine Ihnen wichtige Frage zum Unbewussten:

3.1.2. Das Inventar im Unbewussten

Bei der gewaltigen Reichhaltigkeit und Menge an Bildern aus dem gelebten Leben drängt sich die Frage nach einer Ordnung auf. Wir können das Material ordnen, wie wir den Lebensraum in Systeme einteilen können, oder wie wir die verschiedenen Bewusstseinsinhalte klassifizieren können. Verschiedene Kategoriensysteme sind möglich.

Wir wählen ein einfaches Modell, das sich aus vielen hundert Rückführungen mit zahlreichen Leuten aus eigener Praxis als praktikabel erwiesen hat.

Auffallend sind zuerst die kaum zählbaren Lebenserfahrungen aller Art. Das sind Situationen im eigenen Lebensraum, im Umfeld von Schule und Arbeitsplatz, in Kirchen und Räumen, wo sich erlebnishaftes Leben abspielt. Hier plazieren wir das eigene Handeln und das Handeln der andern Menschen.

Noch immer ist der Reichtum enorm: Strafen, Lernsituationen, Freizeitsituationen, Essensrituale, religiöse Feiern, Feste, politische Ereignisse am eigenen Ort und am Fernsehen erlebt, Momente des Verliebtseins, sexuelle Erfahrungen, Anstrengungen und Unterlassungen u.s.w. Manche dieser Bilder sind leidvoll, viele sind freudvoll.

Eine zweite Gruppe von Bildern bezeichnen wir als das Über-Ich. Das sind jene verinnerlichten Situationen, wo es hiess: "Du sollst das nicht tun ... dieses Gebot ist zu befolgen ... diese Regel ist zu beachten ... Gehorche oder Du wirst bestraft ... das ist gut ... wer so ist, ist böse ...".

So formt sich ab frühester Kindheit das Gewissen. Da sind meist auch gegensätzliche Bilder vorhanden. Forderungen aus der Kindheit sind wie ein Fundament für spätere Normen und "Lebensgesetze". Spätere selbst geformte Normen überlagern diese Vielfalt.

Eine dritte Bilderkategorie stellen die Menschen dar, wie sie jeder erfährt: Der Vater in vielen Situationen, andere Väter auch; die Mutter und andere Mütter; die Grosseltern und andere alte Menschen; die Lehrer, die Pfarrer, die Ärzte, die Zahnärzte, die Beamten und viele typische Berufsleute wie der Bauer, der Bäcker, der Garagist u.s.w.

Diese Bilder gruppieren sich zu "Prototypen", gefühlsmässig teils positiv und teils negativ geladen.

Die vierte Bildergruppe bezeichnen wir als "Einstellungen". Die Bilder enthalten ein Eingestelltsein des Menschen zu allen Elementen, die zum Leben gehören: "So ist das Leben ... der Mensch ... der Alltag ... die Religion ...".

Gleichzeitig bilden sich dazu bei jedem Menschen komplementäre Bilder. Das sind solche Vorstellungen, die einen anderen wünschbaren Zustand enthalten: "So möchte ich, dass es ist". Viele dieser Einstellungen sind nicht gedanklich erarbeitet, sondern von der Umgebung übernommen: Die Eltern ... die Lehrer ... die Pfarrer ... die Freunde haben gesagt, so soll es sein, so ist es gut und richtig.

Reflexionen und Diskussion

■ Die verinnerlichten und innen geschaffenen Bilder (Phantasien) können in verschiedene Gruppen eingeteilt werden. Wir orientieren uns an folgenden Hauptkategorien:

* Die Lebenserfahrungen
* Die Menschenbilder
* Das Über-Ich (Gewissen)
* Die Einstellungen

■ Jede Kategorie hat spezifische Funktionen, die die Kategorie gegenüber der andern abgrenzen. In allen Kategorien bilden sich "Prototypen" der Erfahrung und kompensatorische Ideale. Die Bilder drängen nach Verwirklichung bzw. Wiederholung.

■ Die Lebensmuster fangen den Raum der allgemeinen Lebenserfahrungen ein über:

Familienleben	Beziehungsleben	Arbeit	Freizeit
Politik	Wirtschaft	Staat	Kultur
Sexualität	Gesellschaftsleben	Schule	Kirche

■ Die Menschenbilder formen "Prototypen" und Rollen über:

Mann	Frau	Mutter	Vater	Kind

■ Das Über-Ich ist der Ort, wo sich Normen, Gebote, Verbote, richterliches Verhalten und Sanktionen gruppieren. Die Bilder haben verpflichtenden Anspruch. Sie unterscheiden zwischen "gut" und "böse" bzw. "schlecht" und "richtig" oder "falsch" im normativen Sinne.

■ Die Einstellungen sind die wertenden Muster über das Leben:

So soll das Leben sein	So ist das Leben
So soll der Mensch sein	So ist der Mensch
So soll die Transzendenz ein	So ist die Transzendenz

■ Bilder, die besonders gefühlsmässig geladen sind und deshalb vom Bewusstsein abgewehrt werden, nennt man "Komplexe". Sie wirken durchwegs destruktiv.

Alle Bilder im Unbewussten haben die Tendenz sich zu wiederholen oder wirken unbewusst als innere Orientierung. Jede neue Lebenserfahrung wird in die vorhandene Bilderwelt eingebaut und mit den bereits geformten Mustern erfasst.

Eine Checkliste zum Inventar im Unbewussten

Wir lehnen uns an das sog. "Assoziationsexperiment" der analytischen Psychologie und konstruieren eine Übung:

1. Teil der Übung: Schreiben Sie zu jedem Wort spontan ein Wort, das Ihnen gerade einfällt, und das so rasch wie möglich und ohne 'Zensur'!

Reizwörterliste:

Kopf		Berg		Teil	
grün		sterben		alt	
Wasser		Salz		Blume	
singen		neu		schlagen	
Tod		Sitte		Kasten	
lang		beten		wild	
Schiff		Geld		Familie	
zahlen		dumm		waschen	
Fenster		Heft		Kuh	
freundlich		verachten		fremd	
Tisch		Finger		Glück	
fragen		teuer		lügen	
Dorf		Vogel		Anstand	
kalt		fallen		eng	
Stengel		Buch		Bruder	
tanzen		ungerecht		fürchten	

See		Frosch		Storch	
krank		scheiden		falsch	
Stolz		Hunger		Angst	
kochen		weiss		küssen	
Tinte		Kind		Braut	
bös		aufpassen		rein	
Nadel		Bleistift		Türe	
schwimmen		traurig		wählen	
Reise		Pflaume		Heu	
blau		heiraten		zufrieden	
Lampe		Haus		Spott	
sündigen		lieb		schlafen	
Brot		Glas		Monat	
reich		streiten		hübsch	
Baum		Pelz		Frau	
stechen		gross		schimpfen	
Mitleid		Rübe			
gelb		malen			

2. Teil der Übung: Schreiben Sie eine kleine phantasievolle Geschichte, wobei Sie alle Wörter einmal verwenden, die Sie in diese Liste eingetragen haben. Die Reihenfolge der verwendeten Wörter ist unwichtig. Streichen Sie das Wort in der Liste, sobald Sie dieses in einem Satz geschrieben haben. Es dürfen mehrere dieser Worte in einem Satz verwendet werden.

3. Teil der Übung: Was sagt die von Ihnen phantasierte Geschichte über Ihre Lebensgeschichte aus? (Dieser Teil kann auch in einer Gruppe gemeinsam erarbeitet werden).

Diagramm 3.1.2: Das Gleichgewicht des Unbewussten

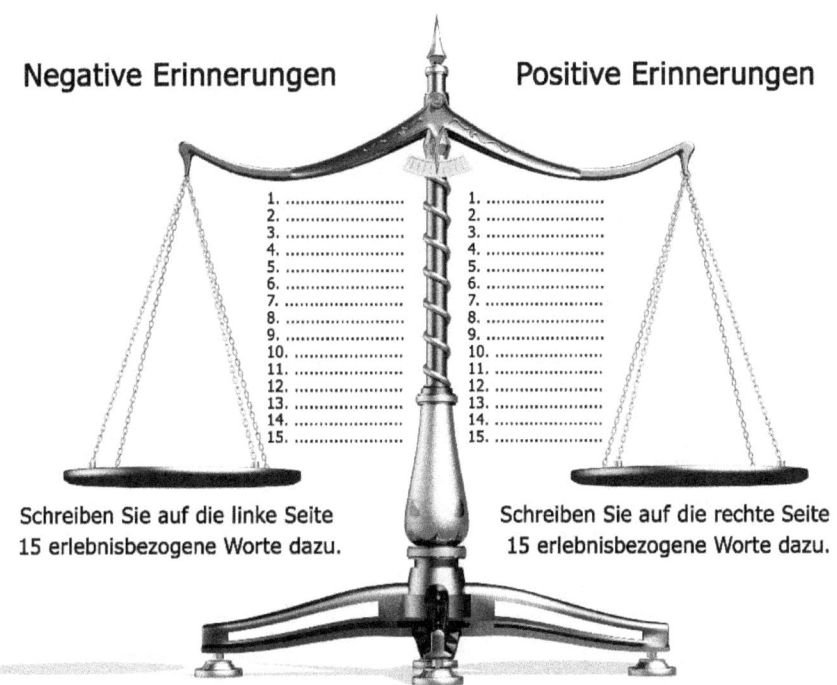

Negative Erinnerungen   Positive Erinnerungen

1. ....   1. ....
2. ....   2. ....
3. ....   3. ....
4. ....   4. ....
5. ....   5. ....
6. ....   6. ....
7. ....   7. ....
8. ....   8. ....
9. ....   9. ....
10. ....   10. ....
11. ....   11. ....
12. ....   12. ....
13. ....   13. ....
14. ....   14. ....
15. ....   15. ....

Schreiben Sie auf die linke Seite   Schreiben Sie auf die rechte Seite
15 erlebnisbezogene Worte dazu.   15 erlebnisbezogene Worte dazu.

Selbstreflexion und Interpretation:

Zeichnen Sie, wie sich die Waage gemäss dem "emotionalen Gewicht" verschiebt bzw. neigt!

Gewichten Sie zuerst jede Erinnerung und addieren Sie danach das "Gewicht".

Punkte: 5 = sehr, 4 = übermassig, 3 = mittel, 2 = nicht sonderlich, 1 = wenig gewicht.

Notizen und Perspektiven

Welches sind die überwiegenden Lebenserfahrungen der Menschen?

Notieren Sie die zentralen Schlüsselbegriffe dieses Unterkapitels:

Was bewirkt ein Ungleichgewicht des positiven und negativen Inventars im Unbewussten?

Über Einstellungen und Überzeugungen reflektieren ist wesentlich, denn:...

Was haben Sie in Elternhaus, Schule und Kirche über die Wirkungsweisen der Bilder im Unbewussten gelernt?

Welche Bedeutung im Zusammenleben hat das Gespräch über Lebensmuster?

Welche Lebensideale überwiegen in Politik und Wirtschaft?

Was vermittelt die Werbung über positive und negative Lebensmuster?

Formulieren Sie eine Ihnen wichtige Frage zur Um-Bildung des Inhaltes im Unbewussten:

3.1.3. Die Wirkungsweisen des Unbewussten

Vergangene Ereignisse, die im inneren Bildererleben gefühlsmässig stark bewegen, können durch meditatives Bearbeiten energetisch neutralisiert werden. Dies geschieht durch verstehen, klären, versöhnen, akzeptieren und verabschieden.

Danach können die Bilder innerlich vergegenwärtigt werden, ohne dass sie gefühlsmässig wirken.

Ein anderer Erfahrungsweg zur "Entladung" solcher Bilder besteht darin, das man von einer gegenwärtigen Problemsituation ausgeht (ein Gefühl, eine psychosomatische Reaktion, eine Störung) und im inneren Bildersehen nach der Ursache sucht. So zeigen sich jene Erfahrungsmomente bildhaft, die psychische Energie gebunden haben.

Man kann auch Stichworte als Auslöser rufen: Vater, Mutter, Kindsein, Liebe, Strafe u.s.w. Bewegt ein Wort ein Gefühl, so kann man im Bildersehen die früheren Situationen herbeiholen, die entsprechend "geladen" sind.

Daraus erkennt man eine Tatsache: viele vergangene und vergessene Lebensgegebenheiten aktivieren sich psycho-energetisch, sobald sie durch einen Ausseneinfluss angesprochen werden.

Aus diesen Erfahrungen mit der Energieladung vergangener Lebensgegebenheiten können wir schliessen, dass das Inventar im Unbewussten wie Fische im Meer lebt. Grosse Fische dominieren die kleinen, aggressive fressen die friedlichen und viele Fische schwimmen in viele Richtungen.

Mit andern Worten, viele Bilder schaffen innen gegensätzliche Kräfte, die Spannungen und an der "Oberfläche" dadurch Probleme erzeugen.

Die aktiven Bilder bedrängen das Ich. Sie zwingen zu Wiederholungen, zur Realisierung dessen, was innen ein Bild und früher eine innere oder äussere Realität war.

Das Inventar ist somit nicht bloss "Ballast" oder "Erinnerung", sondern "Motor" des Denkens, des Fühlens, der Handlungen und auch energetische Ursache psycho-somatischer Leiden.

Wer will schon gern und freiwillig sein gesamtes gelebtes Leben nochmals anschauen und nochmals gefühlsmässig erleben? Das tun nur wenige.

Die Regel ist, dass die gelebte Vergangenheit "vergessen" wird. Täglich versucht fast jeder den Deckel von diesem Gefäss fest verschlossen zu halten.

Da das Inventar gewissermassen "lebt", wirken diese "Geister" auf Umwegen: Sie schaffen Ängste, Depressionen, Grundstimmungen, Zwänge, Verhaltensprobleme, Beziehungsstörungen, Projektionen und Wiederholungen im Handeln.

Was der Mensch von andern erfahren hat, lässt er andere spüren.

Was er aufgenommen und nicht bewusst verändert hat, ist die Wirklichkeit, die es zu reproduzieren gilt: in Gedankensystemen, in Regeln, in Gesetzen, in der Lebensweise. Was man in sich nicht sehen will, weil es nicht sein darf, sieht man an andern.

Reflexionen und Diskussion

■ Sind die Bilder im Unbewussten psycho-energetisch geladen, wirken sie auf verschiedene Weise:

- auf die andern psychischen Kräfte bzw. Subsysteme
- auf die Handlungen
- auf den Körper und die Organfunktionen
- auf die Menschen im Lebensumfeld
- auf den psycho-energetischen Raum im Umfeld

■ Kann eine Energieladung nicht entsprechend dem Bild sich äussern, dann verschiebt sich diese Energie und äussert sich entstellt.

■ Alle Bilder, die nicht geklärt, versöhnt, bereinigt und ausgewogen sind, haben die Tendenz störend zu wirken, ohne dass das Ich darauf mit einem Willensakt Einfluss nehmen könnte. Die innere Unfreiheit des Menschen beruht wesentlich auf der inneren Bindung an diese irrational wirkende Bilderwelt. Projektionen sind eine Fom dieser inneren störenden Wirkung.

■ Erfahrungen ohne belastenden Wert, positive Bilder und bereinigte Lebenserfahrungen werden zu Einheiten im Unbewussten, die ins Bewusstsein aufgenommen werden können. Sie dienen als "vorbewusste" Orientierungsmuster, gewissermassen als wertvoller "Lebensschatz". Vieles davon kann als "Weisheit" bezeichnet werden, d.h. "ausgewertetes Lebenswissen".

Bereinigte Bilder wirken nicht irrational oder störend, sondern konstruktiv und progressiv. Lebenskompetenz ist nicht nur eine Frage von Verhaltensfähigkeiten sondern auch von Lebenswissen.

Das Unbewusste hat deshalb eine positive lebensnotwendige Funktion. Es ist auch Quelle von Inspiration und Intuition.

■ Der Mensch kann nicht ausserhalb dieser inneren Bilderwelt unabhängig leben, genauso wenig wie er ohne erlernte Sprache kommunizieren kann.

Im Bewusstsein sind mehr Bilder als sprachliche Zeichen. Diese Bilder sind Teil der verinnerlichten Wirklichkeit im Bewusstsein.

Die Bilder wirken wie ein Codeprogramm auf das psychische System.

Deshalb kann man sagen: "Die Vergangenheit bestimmt die Gegenwart".

Oder: "Jeder nimmt seine Vergangenheit mit sich ab der vorgeburtlichen Zeit, wohin auch immer er gehen mag".

Diagramm 3.1.3: Wirkungsrichtungen des Unbewussten

Merke:
Ist das Inventar im Unbewussten "kritisch",
so hat dies immer belastende Folgen.

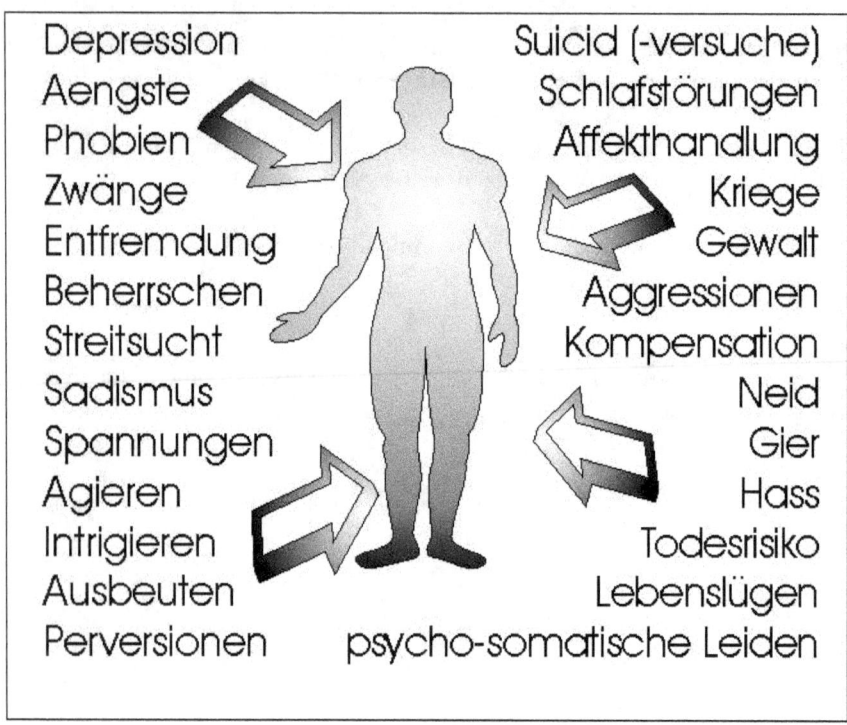

Depression   Suicid (-versuche)
Aengste   Schlafstörungen
Phobien   Affekthandlung
Zwänge   Kriege
Entfremdung   Gewalt
Beherrschen   Aggressionen
Streitsucht   Kompensation
Sadismus   Neid
Spannungen   Gier
Agieren   Hass
Intrigieren   Todesrisiko
Ausbeuten   Lebenslügen
Perversionen   psycho-somatische Leiden

Das Agieren des Unbewussten

Das Unbewusste, d.h. das Inventar im Unbewussten, hat gemäss Definition 'geladene' psychiche Energie, in der Art des Wirkens je nach Bedeutung des Inhaltes.

Wir wollen nachfolgend eine Liste von "Störungen" vorstellen, die vielfach, jedoch gewiss nicht immer und selten allein, mit dieser Kraft zu tun hat.

Die Abwehrmechanismen selbst agieren, eine Tatsache, die vom Ich fast immer abgelehnt wird. Dann sind sicher auch fehlende oder falsch geformte Kompetenzen an Störungen beteiligt, so z.B. in der (durch die) Kommunikation.

Auch das Leben selbst bietet täglich viele Störfaktoren. Die Liste soll zum Nachdenken anregen da, wo es für den Studierenden wichtig erscheint.

Liste der Störungen, Konflikte und Schwierigkeiten:

☐ Konzentrationsmangel	☐ Verstopfung
☐ fundamentalistisches Denken	☐ generelle Unfähigkeit zu Treue
☐ Gedächtnisschwäche	☐ Atemnot
☐ Rache-Verhalten	☐ starke emotionale Labilität
☐ Lebensangst	☐ Druck auf der Brust/im Bauch
☐ plötzliches heftiges Herzklopfen	☐ übermässiger Erlebnishunger
☐ Phobien	☐ Trauer
☐ übermässiges Schwitzen	☐ theatralisches Gebaren
☐ Arbeitshemmungen	☐ Erschöpfungsreaktion
☐ Kommunikationshemmungen	☐ Tics
☐ Unlust	☐ Selbstunsicherheit
☐ Autoritätskonflikte	☐ Raffgier
☐ Neid	☐ Hemmungen
☐ Nervosität	☐ Autoritätsgläubigkeit
☐ Hass	☐ übermässige Introvertiertheit
☐ Gewalt-Verhalten	☐ faschistisches Denken
☐ infantiles Gebaren	☐ übermässige Extravertiertheit
☐ Vergewaltigung	☐ betrügen
☐ Schlaflosigkeit	☐ Willensschwäche
☐ Zwang zur Askese	☐ Unfähigkeit zu Ordnung
☐ übermässig essen	☐ Konsumgier
☐ Lebensverneinung	☐ gesteigertes Risikoverhalten

☐ übermässig rauchen	☐ Narzissmus
☐ Aggressionen aller Art	☐ Ausbeutung anderer Menschen
☐ übermässigen Alkoholkonsum	☐ überkontrollierte Lebensführung
☐ andere demütigen, erniedrigen	☐ Beziehungsunfähigkeit
☐ Verspannungen	☐ Impotenz
☐ zwanghafte Eifersucht	☐ wiederholter Ehebruch
☐ Migräne	☐ Deprimiertheit
☐ Selbstmorde/-versuche	☐ Unfähigkeit zu Verantwortung
☐ Bedrücktheit	☐ übermässiges Geltungsbedürfnis
☐ andere psychisch quälen	☐ Wertegleichgültigkeit
☐ Explosivreaktionen	☐ nichts 'durchziehen-können'
☐ paternalistisches Gebaren	☐ starke Menschen ablehnen
☐ Zwänge	☐ sprunghaftes chaotisches Leben
☐ maternalistische Dominanz	☐ Zwang zu Bravheit
☐ intrigieren	☐ Lustfeindlichkeit
☐ Gleichgültigkeit geg. Humanität	☐ ständiges rigides kritisieren
☐ lügen	☐ chronische Schuldgefühle
☐ grobe Umweltverschmutzung	☐ Prinzipien-"Reiter"
☐ politischer Machtmissbrauch	☐ Rotlichtmilieu-Sucht
☐ Macht-/Dominanz	☐ Fanatismus
☐ Geschwätzigkeit	☐ Selbstgerechtigkeit
☐ Minderwertigkeitsgefühl	☐ mythologisch-dogmatischer Glauben

Oedipus und Elektra im Spiel

Zu den ersten grundlegenden Lebenserfahrungen gehört die Elternbeziehung. Jeder Mensch formt sich darin seine erste (auch sexuelle) Identität, seine Rollenmuster in der Ich-Du-Beziehung und seine Dynamik im Kleingruppenverhalten.

Knabe und Mädchen bauen je eine eigene Beziehung zur Mutter und zum Vater auf, manchmal emotional stärker zum Vater, manchmal stärker zur Mutter. Das hängt von der Beziehung der Eltern untereinander ab, auch von der Männlichkeit und Weiblichkeit, die die Elternteile leben.

Die Mutter ist die erste Quelle der Nahrung und der oralen Lust. Der Vater bringt das Geld nach Hause; das ist der Anfang des Sexismus in der patriarchalen Gesellschaft. Die ist für den Knaben und für das Mädchen die erste Quelle der erotischen Lust.

Der Vater mag seine Frau dominieren; die Mutter mag ihren Mann mit Leiden terrorisieren. Schon das Kleinkind erlebt die Spannungen zwischen den Eltern, vor allem auch die Unterdrückung der sexuellen Lust.

Mag sein, dass die Eltern ihre Sexualität 'neurotisch' leben und nach starren rigiden Werten bzw. Normen sich verhalten. Das Kind nimmt diesbezüglich viele Signale auf, sprachlos und unverstehbar.

Daraus entwickeln sich verschiedene Beziehungsvarianten des Kindes zu den Elternteilen. Der Knabe will die Mutter beschützen (oder trösten), mehr lieben als den Vater; das Mädchen umgekehrt den Vater.

"Ich bin besser/liebevoller als der Vater/die Mutter", so entwickelt sich eine erste Haltung. Der jeweilige Elternteil nimmt dies wohl auf und besetzt diese Zuwendung mit 'Libido', mit Lebens- und Lustenergie.

Gleichzeitig erlebt das Kind vom andern Elternteil eine Bedrohung: Strafe steht in der Luft. Angst ist die Folge. Vom einen Elternteil werden Einstellungen bzw. Lebensleiden verinnerlicht, vom andern die Bedrohung (Angst), die gleichzeitig das Über-Ich (Verbote, Gebote) formt.

Doch gleichsam mit der Muttermilch werden auch Über-Ich-Anteile von der Mutter aufgenommen (nicht nur vom Vater!).

In der neurotischen Entwicklung vertiefen sich die Grundmuster der Einstellungen und des Verhaltens. Das Kind will den Platz des abgelehnten

Elternteils einnehmen, um den libidinös gebundenen andern Teil glücklich zu machen.

Bindungsbedürfnis und Autonomiebestreben wechseln sich ab, Identifizierung mit der Mutter oder mit dem Vater, vielleicht abwechslungsweise im Rivalitätenkampf, schaffen frühkindliche tragische Leiden.

Ist das Kind später erwachsen, so ist einerseits das Verhaltensrepertoire eingeprägt, anderseits die frühkindliche Geschichte im Unbewussten lebendig Gegenwart.

Der Konflikt, ja alle frühkindlichen Stadien wiederholen sich in neuer Form mit dem gerade aktuellen Beziehungspartner.

Die Partnerwahl selbst kann gar nicht ausserhalb dieses Musters stattfinden. Meist werden fremde Beziehungsgrenzen nicht geachtet, ja das Unbewusste hat einen Drang, gerade in fremde schwierige Beziehungen nach diesem Muster einzuwirken.

Die unbewusste Dynamik unterscheidet nicht zwischen Vergangenheit und Gegenwart; die Dynamik enthält:

Lust und Unlust, Strafe und Angst, Hunger und Leere, Ich-Ideale und 'Ich-Schlechtes', Verbote und Wünsche, Identifizierung und Objektbesetzung, feindselige Tönungen bis sadistische Impulse, offene Hingabe oder verdeckte Verweigerung, Sehnsucht nach Bindung und Erlösung aus der Bindung.

Der Mann will seine Männlichkeit und seine Stärke finden; die Frau ihre Weiblichkeit und Attraktivität.

So wiederholt sich auch in gleichgeschlechtlichen Freizeit- und Geschäftsbeziehungen die selbe Machtdynamik: Man kann sich und/oder den andern nicht stark/stärker werden lassen, schon gar nicht den andern in seiner Position und Entfaltung fördern.

Der Mann übt Kriege in der Politik/Wirtschaft/Industrie, um mit seiner Mutter und mit seinem Vater abzurechnen, tötet andere 'Väter' und Konkurrenten, um selbst 'der grosse Vater' zu sein.

Die Frau wird aus innerer Leere Mutter und Haushälterin ihres Mannes.

Die will begehrt werden und attraktiv sein. Die Fortsetzung des Oedipus-

/Elektradramas! Manchmal mit Krieg.

Die Tochter mag vom Vater und der Sohn von der Mutter, das Gefühl erhalten, sie seien etwas Besonderes.

Nie darf freigelegt werden, was die Eltern in ihrer psychisch-geistigen Entwicklung wirklich sind. Der Vater hat recht; die Mutter ist die allerbeste. So soll es sein.

Kommt die Religion schon früh mit ins Spiel, so überträgt sich diese Beziehungskonstellation auf die Amtsinhaber und auf Gott.

Hochschätzung, Besonderheit durch Auserwähltsein, Aufgabe und Pflicht, Triebverzicht und Fürsorge, Schutzbedürftigkeit mit Lebensangst, Schuldgefühle und Erlösungssehnsucht sorgen für die Aufrechterhaltung des frühkindlichen Beziehungsmusters.

Notizen und Perspektiven

Was sehen wir im täglichen kollektiven Leben über das Wirken des Unbewussten?

Notieren Sie die zentralen Schlüsselbegriffe dieses Unterkapitels:

Welches sind die allgemeinen Bilder (Muster) im Unbewussten der Menschen (bei der Mehrheit), die nicht geklärt und nicht bearbeitet sind?

Mit Introspektion Lebenserfahrungen der frühen Kindheit suchen und bearbeiten ist wesentlich, denn:...

Was haben Sie in Elternhaus, Schule und Kirche über die Ursachen von Störungen, Konflikten und Schwierigkeiten gelernt?

Welche Bedeutung im Zusammenleben hat das Gespräch über das Agieren des Unbewussten?

Wie agiert das Unbewusste der Akteure in Politik und Wirtschaft?

Was vermittelt die Werbung über die Eltern-Kind-Beziehung?

Formulieren Sie eine Ihnen wichtige Frage zur frühkindlichen Prägung:

3.1.4. Übungen

1. Welche Erinnerungen aus ihrer früheren Zeit tauchen hin und wieder spontan auf?

2. Welche Zeiten aus lhrem Leben möchten Sie nicht mehr anschauen?

3. Sie sehen Ihr ganzes gelebtes Leben in einem Film. Was löst diese Vorstellung aus?

4. Gibt es Themen aus Ihrem gelebten Leben, die Sie nicht meditativ bearbeitet haben?

5. Sie sehen alle Menschen, denen Sie je begegnet sind. Was löst dies aus?

6. Wie erleben Sie Ihr Gewissen gefühlsmässig?

7. Welches waren die massgebenden Einstellungen Ihrer Eltern, Lehrer, Pfarrer etc.?

8. Wie wirken alle Ihre Bilder über das "gute Leben", "Gott", den "guten Menschen"?

9. Ein Blick ins Unbewusste: Kreuzen Sie an, was für Sie wahrscheinlich Bedeutung hat.

☐ Starke Mutterbindung durch Pflicht, Defizit, Sehnsucht, Hingabe, Gefühle etc.

☐ Leidvolle, intensive Erfahrungen (psychisch und/oder körperlich schmerzlich).

☐ Prägnante peinliche Lebenserfahrungen, die mit Sexualität zu tun haben.

☐ Schwierige Kind-Elternbeziehungen, mit Ablehnungs-Bindungsambivalenz.

☐ Defiziterfahrungen allgemeiner grundlegender psychischer Bedürfnisse.

☐ Strenge, kontrollierende und hart strafende Gewissensbildung.

☐ Religiöse Bilder, die Gefühle wie Sehnsucht und Schuld leicht aktivieren.

☐ Minderwertigkeitsgefühle, immer im Vergleich zu andern sich erlebend.

☐ Überbetont (oder unterbetont) affektive Bindung von Seiten eines Elternteils.

☐ Abwesenheit von Interesse an sich selbst, an andern und an der Lebenswelt.

☐ Viel Erfahrung von Unehrlichkeit, Lügen, Betrügen, "falsch Spielen", Ausbeuten etc.

☐ Unerreichbares Ich-Ideal (Ich möchte sein wie…).

☐ Intoleranz, Fremdenfeindlichkeit und Selbstgerechtigkeit im Lebensumfeld

☐ Einseitige, überstarke positive oder negative Selbstwahrnehmungen.

☐ Aus der Erziehung unerlaubte und deswegen unerfüllte Wünsche.

☐ Emotionale Bindungen durch Angst vor Strafe und/oder durch Lebensangst.

☐ Starke innere Bindung an äusserlich längst abgelöste Liebesbeziehungen.

☐ Unerlöste Schuld (schnell diffuse Schuldgefühle), subjektive und objektive.

☐ Starke ambivalente Abneigung gegenüber dem andern Geschlecht.

☐ Desinteresse an Intuition, Gefühlen, Träumen, Imagination.

☐ "Schatten", die gelegentlich durchbrechen (Wut, Nörgeln, Schadenfreude, Trotz etc).

☐ Verletzter, gekränkter Selbstwert (d.h. leicht kränkbar, irritierbar, verletzbar).

☐ Stark fixiert an Konsum, Sport, Hobbies, Materialismus, religiöse Praktiken, Arbeit.

☐ Gleichgültigkeit gegenüber Grundwerten der Menschenwürde und Integrität.

☐ Wenig aktives (oder: überschwemmtes) Bewusstsein über das gelebte Leben.

☐ Paternalistische und/oder maternalistische Dominanz.

Was fühlen Sie beim Überblick über diese Themen?

Was bedeutet Ihre emotionale Reaktion auf diese Themenliste?

10. Indizien für innere Belastungen. Nehmen Sie die Liste der Störungen, Konflikte und Schwierigkeiten. Entnehmen Sie daraus, was für Sie zutrifft:

10.a) Regelmässig:
Wie erklären Sie sich das?

10.b) Manchmal:
Wie erklären Sie sich das?

10.c) Eher selten:

Interpretieren Sie Ihre Gesamtlage:

Skizzieren Sie Lösungswege, wo etwas unternommen werden sollte:

11. Gleichgewicht des Unbewussten.

11.a) Schreiben Sie spontan fünf wichtige negative Erinnerungen auf:

11.b) Schreiben Sie spontan fünf positive Erinnerungen auf:

11.c) Wie ist das Gleichgewicht zwischen negativen und positiven Erinnerungen?

11.d) Wie können Sie das fehlende Gleichgewicht herstellen? Geben Sie fünf Anregungen:

Multiple Choice Test

Wählen Sie die vier richtigen Antworten aus: ☒ a) Fun

3.1. Das Unbewusste als Gefäss. Folgende Aussagen gelten als grundlegend zum Thema:

☐ a) Das Inventar im Unbewussten sind Bilder und bildhafte Gegebenheiten.
☐ b) Im Unbewussten lagern sich nur leidvolle Lebenserfahrungen.
☐ c) Das Unbewusste kann man in der Lebensführung vernachlässigen.
☐ d) Schon ab der vorgeburtlichen Zeit nimmt das Unbewusste Erfahrungen auf.
☐ e) Unbearbeitete Bilder im Unbewussten binden geformte psychische Energie.
☐ f) Das Unbewusste wirkt ohne eigene moralische und rationale Steuerung.

3.2. Das Inventar im Unbewussten. Folgende Teilsysteme gehören zum Subsystem "das Unbewusste":

☐ a) das Nicht-Wahrgenommene
☐ b) Über-Ich
☐ c) Einstellungen
☐ d) Menschenbilder
☐ e) Lebenserfahrungen
☐ f) Denkoperationen

3.3. Die Wirkungsweisen des Unbewussten. Das belastete Unbewusste wirkt:

☐ a) nicht auf den Körper
☐ b) auf alle Handlungen
☐ c) auf die Psychodynamik
☐ d) auf andere Menschen
☐ e) durch seine Energie
☐ f) auf die ganze Psyche

3.2. Das Dominante Unbewusste

3.2.1. Bildmuster und Wirkungsdynamik

Das Unbewusste - als das bildhafte Reservoir der Erfahrungen - ist die Summe aller Lebenserfahrungen ab der vorgeburtlichen Zeit. Dazu gehören alle Formen von bildhaftem, situativem, imaginativem, emotionalem und wertendem Erleben.

Das heisst: Das Unbewusste ist der Teil des Gedächtnisses, der diese Art Inventar enthält. Nichts ist in diesem Unbewussten, was nicht vorher im Bewusstsein war oder sinnlich vielleicht nur vage und undifferenziert aufgenommen wurde. Die Qualität dieses Bewusstseins ist unterschiedlich. Sie hängt von der Konzentration, der Sprache und den kognitiven Fähigkeiten ab, die entsprechende Wirklichkeit zu "greifen".

Grundsätzlich ist auch der umgekehrte Vorgang möglich: Was einmal im Bewusstsein war, dann sich im Unbewussten eingelagert hat, kann wieder ins Bewusstsein zurückgeholt werden, ist also "bewusstseinsfähig". Es gibt jedoch erhebliche Unterschiede: ein Teil dieses Inventars ist leicht, ein Teil nur mit willentlicher Anstrengung und ein Teil nur mit systematisch eingesetzten Methoden (Traumdeutung, Übertragung) ins Bewusstsein zurückholbar.

Jedes Bildmaterial enthält verschiedene Elemente: das Bild, der Sinn, der Wert, die subjektive Bedeutung, das Gefühl. Das bedeutet, dass solche Elemente immer auch psychische Energie aktivieren und formen. Mit der Einlagerung in dieses Gedächtnis (Bilderreservoir) und dem "Vergessen" bleibt die Energie erhalten.

Je grösser die Wertigkeit eines Bildes ist, desto grösser ist die Energieladung. Zudem entspricht die Charakteristik der geformten Energie dem Sinn des Bildes: liebevolle Erlebnisse haben eine angenehme (eben "liebevolle") Energie, aggressive oder höchst unangenehme Bilder (z.B. Wut, Peinlichkeit) haben eine ensprechend negativ geformte Energie.

Die Energie selbst hat die Tendenz, sich zu zersetzen, gewissermassen aufzulösen. Ist das Bild aber weder bearbeitet, noch geklärt und versöhnt, dann hat es eine hohe Reaktivierungsfähigkeit. Jede neue, gleiche und auch entfernte Ähnlichkeit einer neuen Situation (eines neuen Bildes) reaktiviert die Energieladung des ursprünglichen Bildes.

Je stärker das negative Erleben, desto stärker wirkt die Abwehr und verhindert eine Rückführung ins Bewusstsein. Was aktiv bleibt, ist die geformte psychische Energie. Bilder sind zum Leben ebenso nötig und bedeutsam wie die Sprache.

Reflexionen und Diskussion

■ Das Bildmaterial im "Reservoir" gruppiert sich in vier Hauptbereiche, die wiederum in Untergruppen zu unterteilen sind. Alle neu aufgenommenen bildhaften Wirklichkeiten werden entsprechend der Bedeutung zu gleichem und ähnlichem Inhalt gespeichert:

- Lebenserfahrungen
- Menschenbilder
- Über-Ich
- Einstellungen
- Ideale

■ Die Charakteristiken des Inventars im Unbewussten sind:

- bildhaft
- Lebensbezug
- Erlebnis
- Sinn
- subjektive Bedeutung
- Wert
- Gefühl

■ Grundsätzlich ist alles Inventar bewusstseinsfähig. Dies hängt vom Sinn des Bildes, von den Abwehrkräften, den Methoden und auch von Persönlichkeitseigenschaften (z.B. aus der Psychodynamik) ab.

■ Jedes Bild aktiviert und formt psychische Energie, die sich aus sich selbst in verschiedenen Formen entlädt:

- automatische Auflösung
- Wiederholung
- verschobene Aktivität

- Konversion in Symptome
- irritierte Aktivität
- hervorbrechende Aktivität

■ Die Wirkungsweise geschieht unabhängig von:

- Wille und Wunsch
- Vernünftigkeit
- Ich-Steuerung
- positivem/negativem Wert
- realer oder eingebildeter Wirklichkeit

■ Gefühlsmässig besonders bedeutsame Bilder formen sich zu "Komplexen". Ein einzelnes leidvolles oder intensives Erleben kann einen Komplex bilden.

Vielfach bilden sich Komplexe durch häufige Wiederholung derselben Erfahrung (in immer neuen Varianten). Dies beginnt schon in der frühesten Kindheit.

Komplexe sind oft nur durch besondere Anstrengung ins Bewusstsein zurückholbar.

Gruppe: Sammeln Sie die negativen Wirkungen des Unbewussten in den Bereichen:

a) Körper/Organe:

b) Psychische Kräfte:

c) Handlungen:

Gruppe: Sammeln Sie die positiven Wirkungen des Unbewussten in den Bereichen:

a) Körper/Organe:

b) Psychische Kräfte:

c) Handlungen:

Diagramm 3.2.1: Geklärtes und ungeklärtes Unbewusstes

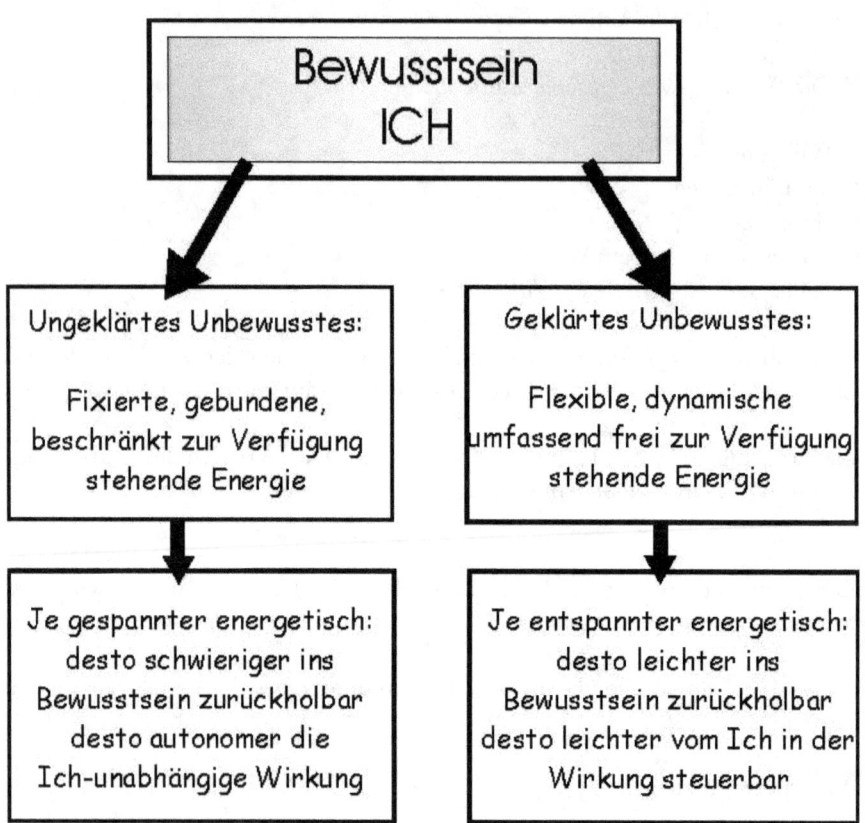

3.2.2. Die Lebenserfahrungen

Die ersten Erfahrungen des Menschen beginnen vorgeburtlich: Das ist die Mutter, der Vater, die Umgebung; so fühlt die Mutter; so ist die Atmosphäre und da sind noch andere Menschen. Schon vorgeburtlich hat der Mensch ein Identitätserleben, ist sich seiner Ganzheit bewusst, unabhängig von der Mutter.

Durch die Geburt wandelt sich das Daseinserleben: von dem Sein im Schoss der Mutter zum Sein in der Welt. Täglich nimmt das Baby Eindrücke und Stimmungen auf, hört Worte und erlebt Liebe oder Hass, Frieden oder Aggression.

Die ersten Erfahrungen des Umfeldes formen erste Bilder im Unbewussten: hundert, tausend, zehntausend und immer mehr. Mit dem körperlichen und psychischen Wachstum erlebt und interpretiert das Kind je nach seinem Stand diese Wirklichkeit in seiner subjektiven Bedeutung. Dieser Prozess wird als Erziehung, Sozialisation und Enkulturation bezeichnet.

Die Lebenswirklichkeit wird mit zunehmendem Alter immer umfangreicher, zuerst die Schule, dann das erweiterte Freizeitfeld, dann das Berufsleben, die Kirche und später der zunehmend autonom gestaltete eigene Lebensraum: Wohnen, Arbeiten, Beziehungen u.s.w.

Viele Lebenserfahrungen sind mit belastenden Gefühlen verbunden. Es gibt Momente der Trauer, der Wut, der Peinlichkeit, des Misserfolges u.s.w. Doch da sind auch positive Erlebnissituationen: Zufriedenheit, Wärme, Glück, Erfolg, Lust und manches mehr.

Zudem hat jedes Kind Phantasien, erlebt Gedanken bildhaft und interpretiert die aufgenommene Wirklichkeit kindgemäss sprachlich und bildhaft um.

Diese Bilder formen sich zu "Prototypen" über das Leben. Was das Leben (das Dasein) ist, hat für jeden Menschen eine eigene Interpretation und ein eigenes Erleben.

Die Vielfalt der Bilder wird unübersichtlich, heterogen und gegensätzlich. Schon ab Beginn formt sich so der psycho-energetische "Raum" im Menschen. Die einen Bilder werden zu Komplexen. Andere Bilder wirken durch ausgewogenen Inhalt. Einige Bilder wirken störend, irritierend, destruktiv.

Viele Bilder können als Orientierung konstruktiv wirken. So formt sich innen eine Wirklichkeit über das Dasein und diese innere bildhafte Wirklichkeit drängt den Menschen zur Wiederholung, zur aufbauenden Fortsetzung und oft auch zu gegensätzlichen neuen Entwicklungen. Dasein ist "Erfahrung von Wirklichkeiten". So hat jeder seine eigene innere bildhafte Wirklichkeit.

Reflexionen und Diskussion

■ Jeder Mensch nimmt schon ab der vorgeburtlichen Zeit Bilder über die Wirklichkeiten auf. Zentrale Themen sind:

- Eltern, Geschwister, Verwandte, Nachbarn, Bekannte
- Wohnraum, Umgebung, Welt
- Güter, Dinge, Gebrauchsgegenstände, Kleider, Geld
- Handeln der Menschen
- Lebensweise, Tagesgestaltung,
- Kulturgut: Sitten, Gebräuche, Bilder, Musik

■ Die Lebenserfahrungen enthalten verschiedene Aspekte:

- Gefühle
- Subjektive Bedeutung
- Werte
- Interpretationen
- Sinn
- Wirkungen

■ Die Bilder können in den verschiedenen Aspekten belastend sein:

leidvoll	schmerzlich	traurig
peinlich	frustrierend	bedrohend
Misserfolgserleben	demütigend	verletzend

■ Viele Bilder haben auch ein ausgeprägt positives Erleben:

- Freude
- Liebe
- Lust
- Zufriedenheit
- Erfolgserleben
- Interesse

■ Die Bilder der Lebenserfahrungen wirken wie ein "Codeprogramm":

- durch ihre psycho-energetische Ladung
- durch ihre "Ansprechbarkeit"
- durch ihre Vertrautheit als Orientierung (bekannt-unbekannt)
- durch ihre Bedeutung anziehend oder abstossend auf das Handeln und Erleben
- durch ihre Informationen als Interpretationsschema

■ Die Bilder können bewusst und gezielt bearbeitet werden. Dadurch kann man diese innere "Programmierung" verändern. Die Wege sind eidetisch (bildhaft), da das Inventar Bildcharakter hat:

- Meditation (Imagination)
- Arbeit mit Träumen

Diskutieren Sie die zukunftsgerichteten Wirkungen der:

a) Lebenserfahrungen in der Kindheit und Jugendzeit

b) Lebenserfahrungen als junger Erwachsener (ca. 18-35 Jahre)

c) Lebenserfahrungen bis nach der Lebensmitte (ca. 35-55 Jahre)

Diagramm 3.2.2: Elemente der Lebenserfahrungen

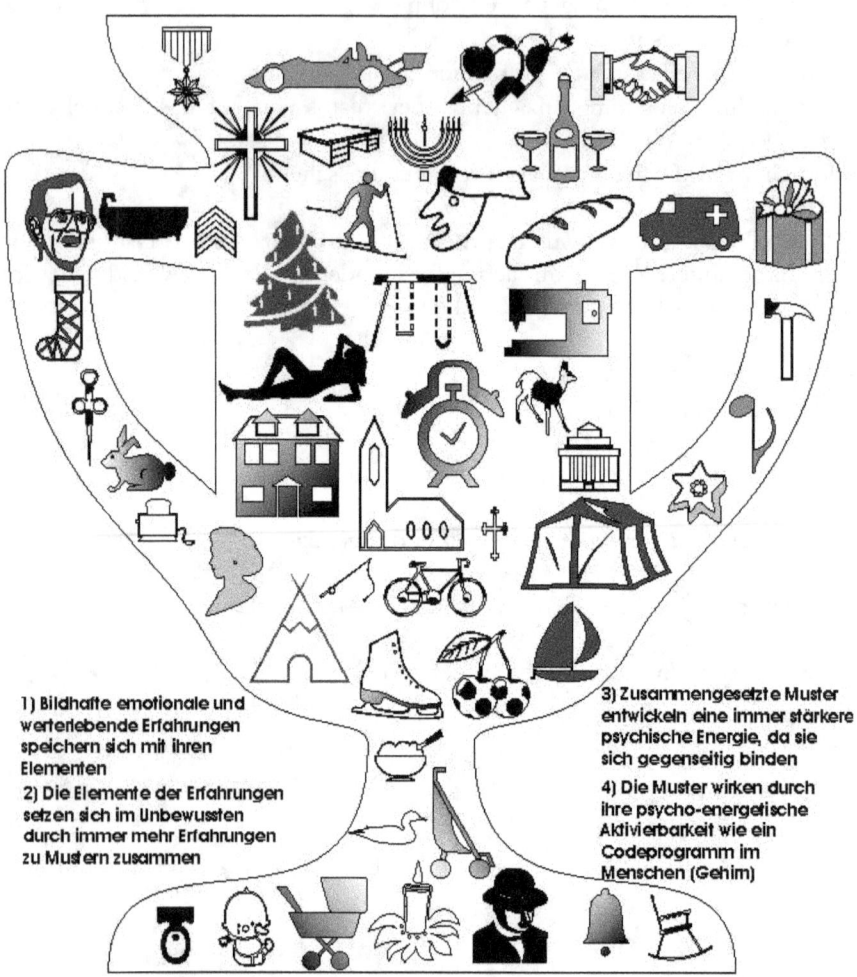

1) Bildhafte emotionale und werterlebende Erfahrungen speichern sich mit ihren Elementen

2) Die Elemente der Erfahrungen setzen sich im Unbewussten durch immer mehr Erfahrungen zu Mustern zusammen

3) Zusammengesetzte Muster entwickeln eine immer stärkere psychische Energie, da sie sich gegenseitig binden

4) Die Muster wirken durch ihre psycho-energetische Aktivierbarkeit wie ein Codeprogramm im Menschen (Gehirn)

3.2.3. Über-Ich und das Gewissen

Was der Mensch als "Gewissen" erlebt, mag für ihn vielleicht als unumstössliche Pflicht gelten, als "Stimme Gottes" oder als ein Erleben "absoluter Werte". Das ist es aber de facto nicht. Pflichterleben und Gewissen sind nicht dasselbe. Das Gewissen ist zuerst einmal unter dem Gesichtspunkt der Lernprozesse zu verstehen, womit eine bestimmte Art Bildereinheiten im Unbewussten angesprochen sind.

Schon früh nimmt jedes Kind Normen, Gebote, Gesetze und Verhaltensregeln aus der Umwelt auf. Die einen Bilder besagen: "Das ist gut"; andere enthalten: "Das ist böse/schlecht". Dazu gehören auch Tabus, d.h. Bereiche, die der Mensch nicht anschauen, nicht denken und nicht handelnd betreten darf. Die einen Normen haben gesellschaftliche Gültigkeit, andere beziehen sich mehr auf den familiären Rahmen oder den engeren Lebensraum, in dem sich der einzelne bewegt. Diese Bilder werden als das "Über-Ich" bezeichnet. Das Gewissen ist zuerst die Summe dieser verinnerlichten, erlernten normativen Bilder.

Verinnerlichte Bilder drängen, verwirklicht zu werden. Diese normativen Bilder drängen gebieterisch, verlangen, befehlen und fordern auf. Diese Kräfte mögen konstruktiv oder destruktiv sein. Ob sie sich bewähren oder nicht, immer wollen sie sich durchsetzen: streng, starr, kompromisslos; es sei denn, die Verinnerlichung enthält direkt versöhnliche und kompromissbereite Wertaspekte.

Die Nicht-Erfüllung von Normen bzw. Geboten bringt meist auch Strafen mit sich. Wer abweicht, wird je nach Lebensraum in vielfältiger Weise bestraft durch Liebesentzug, durch Strafmassnahmen, durch Ablehnungsdemonstration u.s.w.

Geht der Mensch auf dieses Drängen nicht ein und realisiert diese verinnerlichten Wertmassstäbe nicht, erlebt er eine innere Spannung. Dies wird als das "schlechte" bzw. "gute" Gewissen erlebt, variationsreich zwischen Anspannung und Unruhe sowie Entspannung und Ruhe.

Die Kraft dieses Gewissens ist meist stärker als das Ich, wirkt aus dem "unbewussten Hinterhalt" drängend, so sehr der Mensch mit seinem Denken dagegenwirkt.

Die Menschen haben je nach Lebensgeschichte, Kulturraum, gesellschaftlichem und religiösem Umfeld unterschiedliche Gewissensinhalte. Was sie erleben, ist nicht das "Absolute" oder die "Göttliche Stimme" oder "das Gesetz Gottes", sondern eben was sie verinnerlicht haben.

Reflexionen und Diskussion

■ Das Über-Ich = das Gewissen enthält verschiedene Charakteristiken:

- Inhalte: Normen, Werte, Gesetze, Verbote
- Urteilskraft: wertend und messend
- Anspruch: auffordernd, gebieterisch
- Durchsetzung: streng, kompromisslos, starr
- Strafe: entsprechend den Erfahrungen
- Schulderleben: positiv-negativ
- Eigendynamik: unabhängig von Denken, Wille

■ Das Erleben des Gewissens ist:

- "gut":beruhigend, leicht, entspannend, entlastend, "rein"
- "schlecht": anspannend, bohrend, schwer, bedrängend, plagend, "unrein"

■ Der Inhalt des Über-Ichs ist abhängig von:

- Erziehung: Eltern, Familie, Umfeld, Schule
- Sozialisation: erweitertes Umfeld, Beziehungen und Lebensraum
- Zeitgeist: gesellschaftliche Vorgaben
- Religiöses Umfeld: Kirchentätigkeiten

■ Eine Veränderung der Inhalte des Über-Ichs ist allein mit Denken nicht zu bewerkstelligen; nötig sind:

- erweiterter Erfahrungsraum
- Imagination
- Träume

■ Das Gewissen erhält überindividuellen Wert durch:

- Erfahrungen im Umgang mit dem inneren Geist in Träumen
- Erfahrungen der transzendentalen Wirklichkeit über "Archetypen"
- Die Erfahrung der Kraft der Liebe bzw. der Auswirkungen der Liebe
- Die Erfahrungen der Wandlungsprozesse der Individuation
- vertiefte systematische Reflexionen über die transzendentalen Erfahrungen

Erstellen Sie eine Liste der Ihnen bekannten positiven und negativen Werte und Normen zu einzelnen Lebensbereichen und diskutieren Sie in der Gruppe:

Lebensgemeinschaften aller Art	
Fremde Menschen	
Sexualität, Zärtlichkeit, körperliche Lust	
Natur- und Tierwelt, allgemeine Umwelt	
Politik und Wirtschaft	
Psychisches Leben	
Kommunikation (Reden im Alltag)	
Handeln im Alltäglichen	

Diagramm 3.2.3: Das Ueber-Ich – Das Gewissen

"Kritische" Inhalte sind:

☹ alles sinnliche ist zu unterdrücken
☹ nur geistiges ist als wert zu pflegen
☹ sei nie schwach und hilfebedürftig
☹ der teller wird immer ausgegessen
☹ eine mutter liebt ihre kinder immer
☹ sei anständig, freundlich und brav
☹ arbeite immer fleissig und perfekt
☹ sexuelle befriedigung ist schlecht
☹ man hat keine probleme und konflikte
☹ nur wer erfolg hat, ist ein guter mensch
☹ gehorche der kirche und ihren vertretern
☹ der staat vertritt die gerechtigkeit
☹ rede immer wahrhaftig und transparent

3.2.4. Einstellungen und Ideale

Eine spezifische Gruppe von Bildern im Unbewussten bezeichnen wir mit "Einstellungen". Die "schwächsten" Einstellungen sind Vorurteile.

Am stärksten wirken Bilder, die als Überzeugung gelten. Ideale sind starke positive Bilder mit einem entsprechenden Einstellungston.

Das Wort "Einstellung" meint die Grundcharakteristik solcher Bilder:

"Eingestellt-sein" nach einem bestimmten positiven oder negativen Wert, teils mit einer flüchtigen Theorie, teils mit einer durchdachten differenzierten Theorie, teils mit einer fundamentalistischen Ausgangslage im Sinne von "so ist es geschrieben".

Überzeugungen sind sehr differenzierte gefühlsmässige Bilder über einen Wert im Leben. Es sind Ansichten mit Gedanken, Argumenten und starkem erlebnishaftem Situationsbezug.

Ideale stellen einen Wert dar, der so positiv erlebt wird, dass das Bild als Leitidee und Ziel den Menschen in diese Richtung lenkt.

Grundsätzlich gibt es alle Art von Vorurteilen, Einstellungen, Idealen und Überzeugungen im Unbewussten. Sie sind bedingt durch die Lebensgeschichte der Person und ihrer psychisch-geistigen Entwicklung.

Je weniger der Mensch seine psychischen Kräfte nutzt, zum Beispiel das Denken und den Geist, desto stärker ist er pauschalen, absoluten und wirklichkeitsfernen Einstellungen zugänglich.

Der Umgang mit den eigenen Gefühlen, den Bedürfnissen und der Kraft der Liebe bestimmt nebst der Erziehung und Sozialisation entscheidend mit, wie jemand diese innere Bilderwelt formt und lebt.

Der Mensch kann im Laufe seines Lebens durch Erfahrungen und Denkleistungen neue Einstellungen gewinnen.

Werden die ursprünglichen Bilder nicht bearbeitet, so ergeben sich gegensätzliche Kräftespiele oder in verdeckter Form eine Weiterentwicklung der früher verinnerlichten Bildmuster.

Mit zunehmendem Alter werden die ersten Bilder wieder stärker, wo früher äussere Bindungen und Lebensmöglichkeiten eine Entfernung geschaffen haben.

Bekanntlich haben rund um den Erdball Milliarden Menschen zu allen Gegebenheiten des äusseren und inneren Lebens unzählige unterschiedliche Einstellungen, teils religiös, teils ideologisch, teils materialistisch und egozentrisch oder psycho-humanistisch begründet bzw. emotional geprägt.

Reflexionen und Diskussion

■ Einstellungen sind bildhafte, emotionale wertende Muster über alle Aspekte des Lebens, der Menschen und der Welt.

Folgende Abstufungen sind möglich:

- Vorurteile: wenig reflektiert, stark gefühlsmässig, oberflächlich
- Meinungen: eine argumentierte Voransicht, revidierbar
- Einstellungen: reflektiert, begründet, variabel
- Ideale: stark entrückt von der Wirklichkeit, vollkommenes Zielbild
- Überzeugungen: stark religiös oder ideologisch argumentiert bzw. vernetzt

■ Charakteristisch an diesen wertenden Mustern ist:

- im Leben erlernt, d.h. in Situationen und somit mit Bildern gekoppelt
- regulieren Zuwendung und Abwendung
- aktivieren Beweggründe für Handlungen
- begründen Vorsätze und Handlungsziele
- legen den Akzeptationsbereich fest
- haben eine starke steuernde Kraft vor allem auch im Sozialen
- können lebensnah oder illusionär sein
- können nützlich oder schädlich sein
- sind gekoppelt mit positiven und negativen Verstärkern (Lob/Strafe)
- bewerten schnell und direkt, ohne Denkoperation die Wahrnehmungsinhalte
- "eingestellt-sein" meint auch: "gebettet sein". d.h. eine Art Einfügung
- können flexibel oder starr sein, je nach Argumentationswurzeln und Gefühlen
- sind lebensgeschichtlich kulturell erlernt

■ Die Geschichte und die gesellschaftliche Realität zeigen, dass die Verschiedenheiten und die Starrheiten der Einstellungen Ursache sind für viele Probleme und teils dramatische Gegebenheiten:

- In der Beziehung mit sich selbst: innere Konflikte, Lebenshemmungen
- In Mann-Frau-Beziehungen: in allen Bereichen des Zusammenlebens
- Im Umgang mit andern Menschen: Interessenkonflikte, Ausbeutungen, Gewalt
- Im politischen Leben: Parteienkämpfe, Entwertungen, Machtkämpfe, Kriege
- Im religiösen Leben: Kommunikationsunfähigkeit, Verdammungen, Kriege

Gruppe: Diskutieren Sie dazu einige "heikle" Einstellungen und ihre Wandelbarkeit:

Diagramm 3.2.4: Einstellungen und Verhalten

Allgemeine Einstellungsdispositionen
regulieren das Handeln:

Beziehung-Beziehungslosigkeit
Ernsthaftigkeit-Gleichgültigkeit
Mass-Masslosigkeit
Interesse-Interesselosigkeit
Verantwortung-Verantwortungslosigkeit
Zuwendung-Abwendung
Billigung-Missbilligung

Erklärung: Informationen aller Art,
die der Mensch über den Lebensraum,
über andere Menschen und sich selbst ins Bewusstsein
aufnimmt, formen ein unspezifisches "Eingestelltsein".
Solche Einstellungsdispositionen
wirken auf alle Handlungen in allen Lebensbereichen.

3.2.5. Die Menschenbilder

Ein Teil der Lebenserfahrungen sind die Menschen. Das Bild der Mutter bildet sich ab der vorgeburtlichen Zeit. Vielfältige Aspekte setzen sich zusammen: die liebende, die pflegende, die zuhörende, die tadelnde, die tätige, die wütende Mutter. So setzt sich auch das Bild des Vaters zu einem komplexen Ganzen mit den unterschiedlichsten Aspekten zusammen.

Entsprechend erlebt sich das Kind in der Interaktion: Kindsein ist schön, schrecklich, traurig, spannend, lustig, eine dauernde Erfahrung von Ohnmacht und Angst u.s.w.

Die nächsten Familienmitglieder erweitern diese Bilder: die Geschwister, die Nachbarkinder, der Vater und die Mutter nebenan, die Grosseltern und Verwandten. Mit der Schulzeit kommen neue Menschenerfahrungen hinzu.

Das Kind verinnerlicht Bilder über Lehrer, Pfarrer, Arbeitskollegen des Vaters, über verschiedene Leute in den unterschiedlichsten Lebensbereichen, z.B. Polizist, Verkäufer, Garagist u.s.w.

Schon früh können Arzt und Zahnarzt, Arbeitgeber des Vaters/der Mutter und andere mehr diese Vielfalt ergänzen. "Das sind die Menschen", lernt das Kind.

Später kommen neue Erfahrungen hinzu. Der erste Freund, die erste Freundin, die Kollegen beim Sport und in der Freizeit, Arbeitskollegen und immer mehr auch Menschen aus anderen Lebenskreisen werden zu Figuren in diesem Bilderbuch über die Menschen.

Wer viel reist, verschiedene Beziehungen lebt, in den unterschiedlichsten sozialen Schichten verkehrt, wird eine entsprechend vielfältige Bilderwelt verinnerlichen und aufbauen.

Negative Erfahrungen oder das Fehlen von positiven Möglichkeiten belebt die Phantasie: Ideale Menschenbilder werden aufgebaut; Wunschbilder formen sich; Feindbilder ebenfalls.

All diese Bilder enthalten einen Wertaspekt, ein Gefühl und eine subjektive Bedeutung.

Je stärker die psychische Energieladung ist, infolge belastender Erfahrungen, positiver Erlebnisse oder irrealer Phantasien, desto stärker wirken sie auf den Menschen.

Die einen Bilder ziehen an, während andere abstossen. Sie formen sich auch zu einem vielfältigen gegensätzlichen Bildernetz. Daraus entstehen dann einfache und komplexe "Prototypen", jeweils aufeinander abgestimmt: Mann-Frau, Vater-Mutter-Kind, Kind-Erwachseneralter Mensch.

Der Mann erlaubt aussen das, was seine Bilder innen vorgeben; die Frau lässt aussen so ihr Frausein zu, wie es in den inneren Bildern lebt.

Reflexionen und Diskussion

■ Die Bilder über die Menschen gruppieren sich nach Typen:

Mutter	Vater	Mann	Frau	Kind
Alte Menschen	Lebens-partner	Freunde Bekannte	Lehrer	Pfarrer

■ Die Menschenbilder enthalten einige Grundkomponenten:

→ Wert
→ Sinn
→ Psycho-energetische "Ladung"
→ Subjektive Bedeutung

■ So wie diese Menschengruppen im Leben "zusammenspielen", so formen sie sich auch innen zu komplementären und gegensätzlichen Figuren:

- Mann-Frau
- Mann-Mann
- Vater-Tochter
- Mutter-Sohn
- Erwachsene-Kind
- "Erwachsene"/Kinder-alte Menschen
- Frau-Frau
- Lehrer-Schüler
- Arbeitgeber-Arbeitnehmer

■ Es gibt nicht einfach ein Idealbild über Mann oder Frau, Vater oder Mutter. Noch kann das Männliche und das Weibliche als "Anima" bzw. "Animus" eindimensional gezeichnet werden. Jedes Bild besteht aus vielen

Variationen.

■ Der Mann und die Frau haben innen Bilder über das Gegengeschlecht und über das eigene Geschlecht, die den Entwicklungs- und Formungsspielraum festlegen.

- Die Frau aussen ist das, was ihre inneren Bilder über "Mann" ermöglichen.
- Der Mann aussen ist das, was seine inneren Bilder über "Frau" ermöglichen.
- Der Erwachsene geht mit Kindern so um, wie er innere Bilder dazu hat.
- Die Erwachsenen gehen mit alten Menschen so um, wie ihre Bilder über sie sind.

Umgang:

- Der Politiker mit dem Volk:
- Der Gläubige mit dem Pfarrer:
- Der Arbeitgeber mit dem Arbeitnehmer:
- Der Starke mit dem Schwachen:
- Jeder mit Fremden:
- Der Katholik mit dem Moslem:
- Das Parteimitglied "rechts" mit dem "links":

Diskutieren Sie in der Gruppe die möglichen Variationen, wie Menschenbilder wechselseitig sich bedingen.

Notieren Sie nachfolgend weitere Beispiele:

Diagramm 3.2.5: Die Prototypen der Menschenbilder

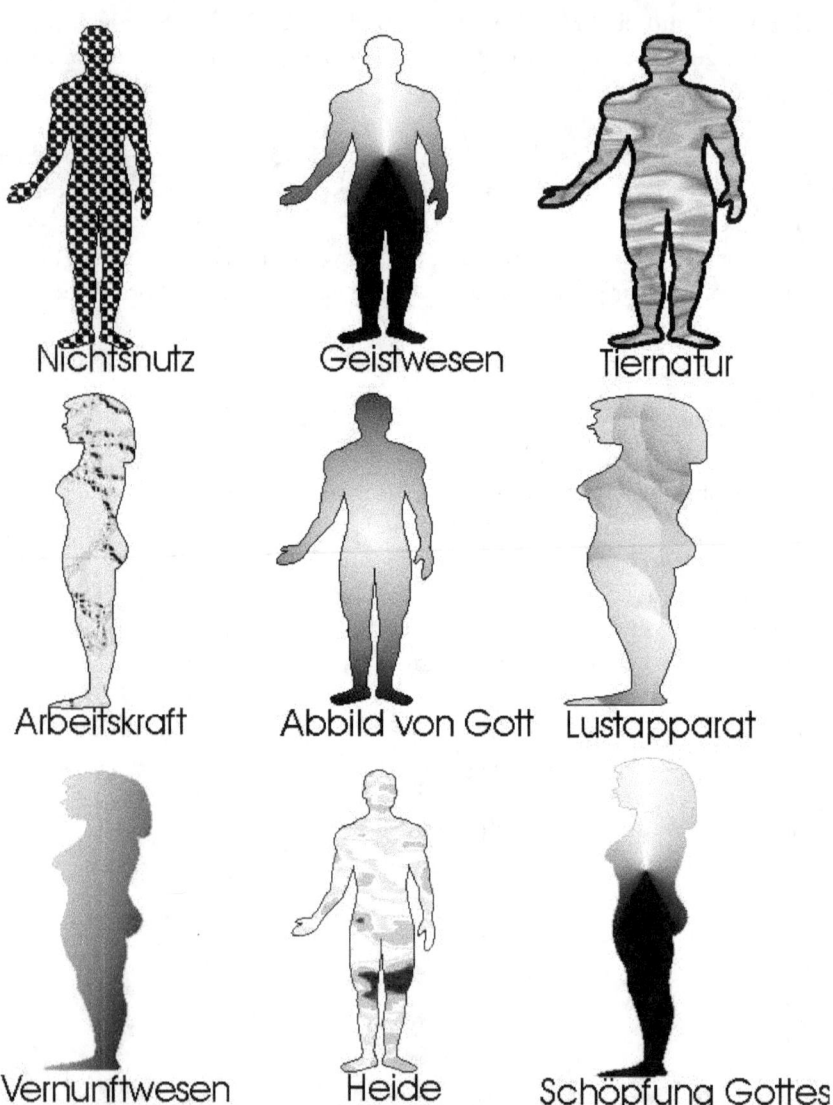

Nichtsnutz

Geistwesen

Tiernatur

Arbeitskraft

Abbild von Gott

Lustapparat

Vernunftwesen

Heide

Schöpfung Gottes

3.2.6. Das kollektive Unbewusste

Telepathie und Hellsehen sind erwiesene Tatsachen. Unabhängig von allen Verirrungen auf dem Markt und den offenen wissenschaftlichen Fragen halten wir grundsätzlich fest: Eine bildhafte Vorstellung (ein Gedanke) kann von einem Ort A zu einer andern Person beim Ort B "fliessen" und von dieser Person wahrgenommen werden.

Wir sprechen auch von der "Ausstrahlung" eines Menschen, meinen die ins Gesicht geschriebene Freude, oder direkt: eine energetische Ausstrahlung. Diese Tatsache ist experimentell leicht nachzuweisen.

Selbst wenn die Mehrheit aller sog. Magnetopathen eher zweifelhafte Arbeit leistet, steht fest, dass die Magnetopathie auch auf grössere Distanzen wirkt, d.h. keine Körperberührung erforderlich ist. Wer für die psychische Energie sensitiv ist, erlebt diese auch in Räumen und bei Gegenden, wo vorher Menschen gewesen sind. Die Menschen hinterlassen einen psycho-energetischen "Ausstoss". Wir nennen dies "Psycho-Smog".

Basierend auf diesen Gegebenheiten sowie zahlreichen Forschungsergebnissen nehmen wir einen energetischen Raum um den Menschen und um die Erde an, der psychische Energie enthält und geformte psychische Energie (Gedanke, Vorstellung) leiten kann.

Halten wir das bildhaft fest: so wie die Menschen Abgase aller Art in den Luftraum lassen, so geben sie auch psychische Energie ab. So wie die Luft mehr und mehr vergiftet wird, so vergiften die Menschen mehr und mehr diesen kosmischen psycho-energetischen Raum. Milliarden Gedanken von Menschen sind in diesem Raum gespeichert. Alles, was der Intensität eines Komplexes entspricht, erhält auch in diesem Raum eine energetische Wirklichkeit. So formt und füllt sich mehr und mehr dieser energetische Raum, seit Urzeiten und bis in alle Zukunft.

Wir "atmen" psychisch den Psychosmog der Vorfahren ein, samt all dem gespeicherten Sinn: über Leiden und Freude, Kriege und Dramen, Hass und Liebe.

Gehen wir in der Hypothese noch einen Schritt weiter: Im Universum ist eine psycho-energetische Sonne, wie die reale Sonne. Das psychische System der Menschen lebt von dieser Quelle, "atmet" diese "Luft" ein, Die Menschen sind in diesem energetischen Netz miteinander verbunden. Das ist das kollektive Unbewusste.

Reflexionen und Diskussion

■ Wir wagen uns hier in eine erweiterte Wirklichkeit. Vieles ist hier noch unerforscht. Viele wehren hier ab, was wissenschaftlich erwiesen ist. Viele eindeutig nachgewiesene Experimente und von vielen Forschern untersuchte Phänomene sind die Ausgangslage:

- Telepathie
- Traumvoraussagen
- Psychokinese
- Telepathie bei Tieren
- Hellsehen
- alternative Heilverfahren
- psycho-energetische Strahlung
- Spukphänomene

■ Das kollektive Unbewusste basiert auf folgenden Aspekten:

- Es gibt auch ausserhalb der Psyche eine psychische Energie, die als "Leiter" wirkt.
- Geformte psychische Energie kann auf grosse Distanzen gesendet werden.
- Psychische Energiefelder wirken auf den Körper und die Organe.
- Auch Dinge werden von der psychischen Energie "imprägniert".
- Begrenzt kann das Verhalten der Menschen telepathisch beeinflusst werden.
- Wo viele Menschen mit starken Gefühlen zusammen sind, affizieren sie sich
- psycho-energetisch gegenseitig.

■ Mit der psychischen Energie im Menschen und im Raum kann systematisch gearbeitet werden. Wir verweisen darauf andeutungsweise mit Stichworten:

- Magnetopathie
- für Gesundheit und Wohlbefinden (Entspannung)
- psycho-energetische Rituale
- Meditation und Kontemplation
- Experimente mit "Raumimprägnation"
- Experimente und Rituale mit "Raum-Katharsis"

■ Das gelebte Leben der Menschen aus Vergangenheit und Gegenwart, und vor allem das täglich gegenwärtige Leben, aktiviert und formt kosmische

Energie sinnentsprechend dem, was die Menschen denken, fühlen und tun.

So sind alle Menschen in diesem kollektiven "psycho-energetischen Netz" gebunden.

Diskutieren Sie in einer Gruppe die möglichen Konsequenzen, falls diese Thesen zutreffen. Welche Bedeutung hat die kollektive psychische Energie bei den nachfolgend gegebenen Themenbereichen?

a) Individuelle Verantwortung:

b) Kollektive Solidarität:

c) Lösungswege für Hass, Gewalt, Unruhen und Kriege:

d) Transzendenz als reale psychische und körperliche Erfahrung:

e) Qualitäten einer nächstmöglichen Evolutionsstufe:

**Diagramm 3.2.6: Der „Psychosmog"
des kollektiven Unbewussten**

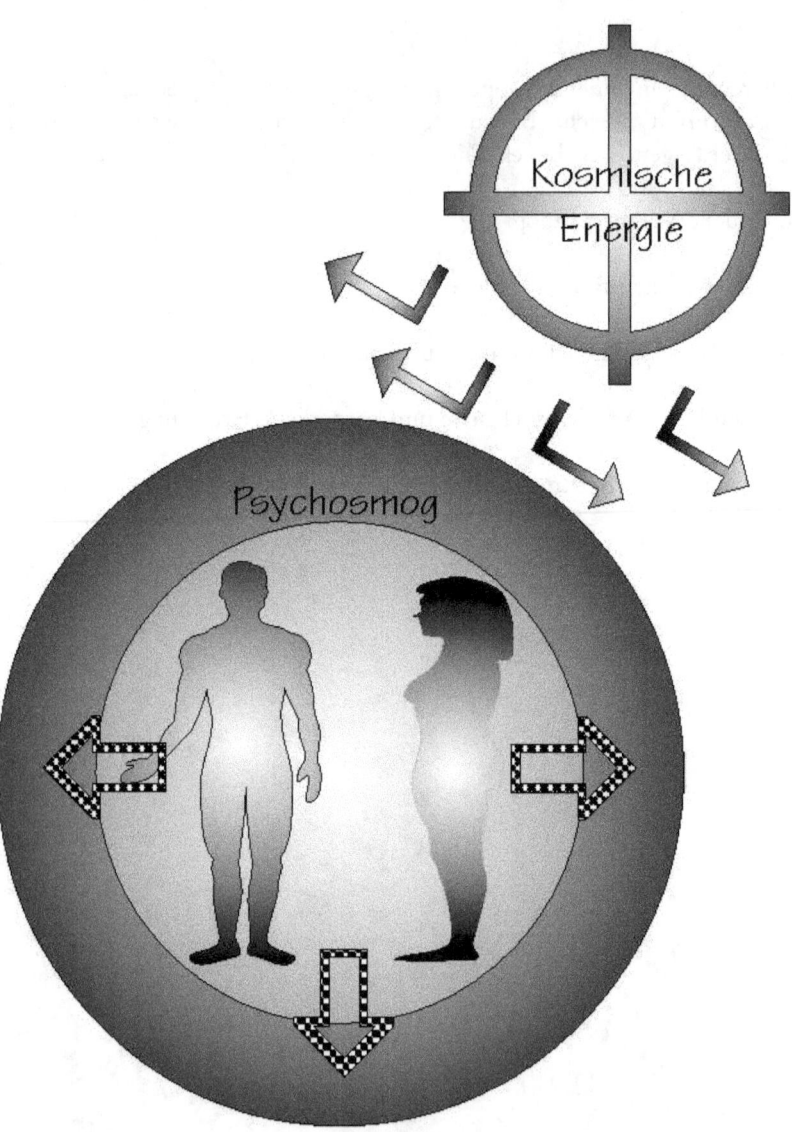

3.2.7. Arbeitseinheit

3.2.7. Arbeitseinheit – 1

1. a) Wie erleben Sie Ihre bildhafte Erinnerungsfähigkeit?

1. b) Reflektieren Sie die Abwehr der Bedeutung eines Bildes an einem Beispiel:

2. a) Nennen Sie die negativen Wirkungen des Unbewussten in den Bereichen:
a) Körper/Organe:

b) Psychische Kräfte:

c) Handlungen:

2. b) Nennen Sie die positiven Wirkungen des Unbewussten in den Bereichen:
a) Körper/Organe:

b) Psychische Kräfte:

c) Handlungen:

3. Formulieren Sie ein Bildungsziel zu den negativen Wirkungen des Unbewussten:

4. a) Imaginieren Sie über das Wirken Ihres Unbewussten:

4. b) Ihre Folgerung in einem Satz:

3.2.7. Arbeitseinheit – 2

1. a) Wie erleben Sie die Vielfalt Ihrer Lebenserfahrungen?

1. b) Erweitern Sie den Aspekt "Prototyp" mit Ihren Erfahrungen:

2. Beschreiben Sie die zukunftsgerichteten Wirkungen (an einem Beispiel) einer:
a) Lebenserfahrung in der Kindheit

b) Lebenserfahrung in der Jugendzeit:

c) Lebenserfahrung als junger Erwachsener (ca. 18-25 Jahre)

d) Lebenserfahrung als Erwachsener (um die 30-40 Jahre):

e) Lebenserfahrung um die Lebensmitte (ca. 42-47 Jahre)

3. Formulieren Sie ein Bildungsziel im Kontext mit Ihren Lebenserfahrungen:

4. a) Imaginieren Sie über eine noch nachhaltige Lebenserfahrung:

4. b) Ihre Folgerung in einem Satz:

3.2.7. Arbeitseinheit – 3

1. a) Wie erleben Sie die Spannungsdynamik Ihres Gewissens?

1. b) Erweitern Sie die Inhalte des Gewissens mit 3 konkreten Beispielen:

2. a) Erstellen Sie einige der Ihnen bekannten positiven und negativen Werte und Normen zu einzelnen Lebensbereichen:

Lebensgemeinschaften aller Art	
Fremde Menschen	
Sexualität, Zärtlichkeit, körperliche Lust	
Natur- und Tierwelt, allgemeine Umwelt	
Politik und Wirtschaft	
Psychisches Leben	
Kommunikation (Reden im Alltag)	
Handeln im Alltäglichen	

3. Formulieren Sie ein Bildungsziel zu Ihrer Gewissensbildung:

4. a) Imaginieren Sie über die Spannung Ihrer Gewissensinhalte:

4. b) Ihre Folgerung in einem Satz:

3.2.7. Arbeitseinheit – 4

1. a) Wie erleben Sie die Vielfalt der Einstellungen der Menschen?

1. b) Erweitern Sie die Wirkungsvielfalt der Einstellungen in der Gesellschaft:

2. Die Geschichte und die gesellschaftliche Realität zeigen, dass die Verschiedenheiten und die Starrheiten der Einstellungen Ursache sind für viele Probleme und viele dramatische Gegebenheiten. Geben Sie je ein Beispiel über negative konfliktfördernde Einstellungen und dazu eine konstruktive (positive) Alternative:

a) In der Beziehung mit sich selbst: innere Konflikte, Lebenshemmungen

b) In Mann-Frau-Beziehungen: in allen Bereichen des Zusammenlebens

c) Im Umgang mit andern Menschen: Interessenkonflikte, Ausbeutungen, Gewalt

d) Im politischen Leben: Parteienkämpfe, Entwertungen, Machtkämpfe, Kriege

e) Im religiösen Leben: Kommunikationsunfähigkeit, Verdammungen, Kriege

3. Formulieren Sie ein Bildungsziel zu Ihrer Einstellungsformung:

4. a) Imaginieren Sie über die Grundcharakteristik Ihrer Einstellungen:

b) Ihre Folgerung in einem Satz:

3.2.7. Arbeitseinheit – 5

1. a) Wie erleben Sie Ihre Bilderwelt über die Menschen?

1. b) Erweitern Sie die Variationen der möglichen Bilder:

2. Der Mensch hat innere Bilder über (fast) alles, die den Entwicklungs- und Formungsspielraum festlegen. Diese Bilder beeinflussen auch das Handeln. Bearbeiten Sie:

a) Die Frau aussen ist das, was ihre inneren Bilder über "Mann" ermöglichen.
Beispiel:
b) Der Mann aussen ist das, was seine inneren Bilder über "Frau" ermöglichen.
Beispiel:
c) Der Erwachsene geht mit Kindern so um, wie er mit seinem inneren Kind umgeht.
Beispiel:
d) Die Erwachsenen gehen mit alten Menschen so um, wie ihre Bilder sind.
Beispiel:
e) Der Politiker mit dem Volk:
Beispiel:
f) Der Gläubige mit dem Pfarrer:
Beispiel:
g) Der Arbeitgeber mit dem Arbeitnehmer:
Beispiel:
h) Der Starke mit dem Schwachen:
Beispiel:
i) Jeder mit Fremden:
Beispiel:
k) Der Katholik mit dem Moslem
Beispiel:

3. Formulieren Sie ein Bildungsziel zur Gestaltung Ihrer Bilder über die Menschen:

4. a) Imaginieren Sie über das Verhältnis zwischen Ihrem Handeln und Ihren inneren Bildern:

4. b) Ihre Folgerung in einem Satz:

3.2.7. Arbeitseinheit – 6

1. a) Welche Erlebnisse haben Sie mit Telepathie und Hellsehen?

1. b) Wie kann man 'kosmische Energie' noch erfahren?

2. Reflektieren Sie die möglichen Konsequenzen, falls unsere Thesen über das "kollektive Unbewusste" zutreffen. Welche Bedeutung hat die kollektive psychische Energie bei den nachfolgend gegebenen Themenbereichen?

a) Individuelle Verantwortung:

b) Kollektive Solidarität:

c) Lösungswege für Hass, Gewalt, Unruhen und Kriege:

d) Transzendenz als reale psychische und körperliche Erfahrung:

e) Qualitäten einer nächstmöglichen Evolutionsstufe:

3. Formulieren Sie ein Bildungsziel zur kollektiven psychischen Energie:

4. a) Imaginieren Sie über die kollektive psychische Energie:

b) Ihre Folgerung in einem Satz:

3.2.7. Arbeitseinheit – 7

Nehmen Sie eine Tageszeitung. Suchen Sie 10 Kurzinformationen, die als Ausdruck des individuellen Unbewussten interpretiert werden können:

Multiple Choice Test

Wählen Sie die vier richtigen Antworten aus: ☒ a) Fun

8.1. Charakteristisch für die Wirkungsdynamik ist:
☐ a) denkerisch steuerbar   ☐ b) Wiederholungstendenz
☐ c) Energieladung   ☐ d) Vernünftigkeit
☐ e) Eigendynamik   ☐ f) realitätsunabhängig

8.2. Es gelten folgende Aussagen zum Unbewussten:
☐ a) Lebenserfahrungen beeinflussen das Handeln mehr als das Denken.
☐ b) Lebenserfahrungen haben immer eine subjektive Bedeutungsdimension.
☐ c) Die vergangenen Lebenserfahrungen sind ohne Wirkung auf die Gegenwart.
☐ d) Positive Erlebnisse prägen das Unbewusste nicht entscheidend.
☐ e) Die Bilder der Lebenserfahrungen wirken wie ein "Codeprogramm".
☐ f) Schon vorgeburtlich nimmt der Mensch bildhaft Erfahrungen auf.

8.3. Das Über-Ich enthält u.a. folgende Komponenten/Charakteristiken:
☐ a) Inhalte wie Normen, Werte
☐ b) Wertende Urteilskraft
☐ c) Schulderleben
☐ d) Eigendynamik gegenüber Denken
☐ e) Subjektivität, daher überflüssig
☐ f) das "wahre" Wert-/Normenerleben

8.4. Charakteristisch ist für Einstellungen, Überzeugungen und Ideale:
☐ a) alle im Leben erlernt/übernommen ☐ b) analytisch durchdacht
☐ c) lebensnah oder illusionär   ☐ d) regulieren Zu-/Abwendung
☐ e) universell als "wahr" vorgegeben
☐ f) Ursache vieler Leiden/Konflikte

8.5. Die Menschenbilder im Unbewussten wirken durch:
☐ a) Geformtsein zu Prototypen   ☐ b) komplementäre Figuren
☐ c) emotionale "Ladung"   ☐ d) ihren Wertaspekt
☐ e) ihre Echtheit   ☐ f) äusseres Erscheinen

8.6. Auf das kollektive Unbewusste weisen hin:
☐ a) Telepathie   ☐ b) psychische Energie   ☐ c) Hellsehen
☐ d) Experimente   ☐ e) Genstruktur   ☐ f) psychische Vererbung

4. Die Funktionen der Träume

Essentielle Thesen

❑ Die Träume enthalten sinnvolle Botschaften über den Träumenden und sein Leben.

❑ Träume informieren über andere Menschen und Institutionen, auch wenn der Träumende keine bewusste Wahrnehmung dazu gehabt hat und vielleicht auch keine Informationen wahrnehmen kann.

❑ Die Träume werden von einer intelligenten geistigen Kraft geschaffen, die den Menschen beraten und führen will. Diese Kraft hat auch aussersinnliche Wahrnehmungsfähigkeiten.

❑ Die Sprache der Träume ist so vielfältig, wie die Sprache des Menschen im Alltag, in der Literatur und in der Kunst.

❑ Durch Träume kann der Mensch alles erfahren über das Menschsein, auch über die transzendente Wirklichkeit und das Göttliche.

❑ Inneres Bildersehen (= Imagination und Kontemplation) ist bewusstes Träumen; hier kann die geistige Kraft gezielt genutzt werden für Erkenntnis und Veränderungen über alle psychischen Kräfte.

❑ Imagination = gezieltes Bildersehen über psychische Wirklichkeiten.

❑ Kontemplation = Bildersehen über allgemeine Symbole und Archetypen.

4.1. Der Traum und die Imagination

4.1.1. Die Traumwirklichkeit

Fragen wir andere, ob sie träumen, dann sagen viele zuerst: "Nein, ich kann mich nicht an einen Traum erinnern ...", oder "Ich träume nie ..." Nach einigem Innehalten tauchen plötzlich Erinnerungen auf.

Andere Menschen können sich regelmässig an ihre Träume erinnern. Einige bleiben über Jahrzehnte lebendig. Viele können sich fast jeden Tag an einen Traum erinnern.

Soviel wissen wir: Menschen träumen und Menschen haben immer schon Träume für wichtig gehalten. So wie es Menschen gibt, die das Denken für unwichtig halten und nie über ihr Denken nachdenken, so gibt es viele, die ihre Träume für belanglos halten und nie darüber reflektieren.

Selten lernt jemand im Elternhaus, dass Träume wichtig sind. Nie lernen wir in der Schule etwas über die Träume. Weder im Beruf noch im Glaubensleben der Christen nehmen die Träume einen Raum ein.

Viele Traumbücher informieren über die reichhaltige Welt des Traumlebens. Mögen manche Traumtheorien ziemlich falsch oder einseitig sein, gemeinsam ist allen, dass verschiedene typische Traumbilder und Symbole in Menschen- oder Tiergestalt, in Gegebenheiten oder Handlungen, über die Tageswirklichkeit des Träumenden berichten.

Alle Traumdeutungen gehen davon aus, dass die Träume und Traumelemente nicht blosse Zufallserscheinungen sind.

Wer behauptet, die Träume seien der "Papierkorb" des Alltags, und darin neugierig forscht, nimmt dennoch an, dass dieses Forschen zu einem sinnvollen Ergebnis führen kann: Was sich da vorfindet, ist Material über die träumende Person und ihr Leben. Aus diesem Material können auf die Person Rückschlüsse gezogen werden.

Da nun einige Menschen viel träumen, andere wenig und viele selten, wird es schwierig, aus diesen Träumen auf die Tagesbeschäftigungen der Person zu schliessen. Doch jeder kann das Träumen lernen ebenso wie das Denken und den Umgang mit den Gefühlen.

Man kann auch Träume zu bestimmten Lebensthemen wünschen.

Allgemein bekannt ist, dass schon in der Antike "grosse Träume" als Botschaften Gottes gegolten haben. Es ist nicht nur Volksmeinung aus archaischen Zeiten, wenn viele davon ausgehen, dass in Träumen eine Botschaft verborgen ist.

Manche Traumtheorien enthalten ein systematisches Konzept, um diese Botschaften aus den Traumbildern erkennen zu können. Sie alle gehen von der Selbstverständlichkeit aus, dass die Botschaften nützlich sind: sie informieren, sie beraten, sie warnen und sie helfen weiter, wo das Denken keinen Zugang mehr hat.

Das heisst doch: Eine intelligente Kraft organisiert die Traumelemente zu einem sinnvollen Gebilde, zu einer "Botschaft an das Ich".

Wir bezeichnen diese intelligente psychische Kraft mit "der innere Geist".

Reflexionen und Diskussion

■ Es ist eine Tatsache, dass alle Menschen im Schlaf mehrmals träumen. Viele Menschen können sich allerdings nur noch an wenig oder an gar nichts mehr erinnern. Das Träumen ist eine psychische Funktion ebenso wie zum Beispiel das Denken.

■ Die Träume enthalten mit seltenen Ausnahmen Inventar aus dem Leben der träumenden Person, von der nahen Vergangenheit bis in die früheste Kindheit:

* Elemente aus dem Lebensraum
* Andere Menschen
* Erfahrungen
* Wahrnehmungen von Ereignissen
* Handlungen

■ In Träumen zeigen sich auch die psychischen Funktionen wie:

Gedanken	Bedürfnisse	Unbewusstes	Beurteilungen
Gefühle	Wille	Liebe	Ich-Steuerung

■ Die Träume können auch Bildmaterial enthalten, das nicht aus der persönlichen Erfahrung des Träumenden stammt.

Dazu gehören vor allem die sog. Archetypen, d.h. Symbole und symbolische Handlungen, die nicht raum-/zeitgebunden sind.

■ Die Träume können auch Gegebenheiten enthalten über andere Menschen und Institutionen, über Ereignisse und Entwicklungen, die der Träumende nicht wissen kann.

Daraus muss auf eine aussersinnliche Wahrnehmung geschlossen werden, die unabhängig vom Tagesbewusstsein funktionieren kann.

■ Die Träume enthalten sinnvolle Botschaften über den Träumenden, über andere Menschen, über Gegebenheiten in der Welt und auch über die Transzendenz. Deshalb können Träume lebenspraktisch genutzt werden; die Träume:

- informieren
- warnen
- beraten
- stützen
- fördern
- helfen
- heilen
- befreien
- entfalten
- bewerten
- analysieren
- prognostizieren

■ Die Träume werden von einer intelligenten Kraft, genannt "der innere Geist" geschaffen.

Diese Kraft ist Teil des psychischen Systems, unterscheidet sich jedoch durch ihre spezifischen Leistungen von allen andern erheblich.

Der Geist kann weder geformt noch dirigiert werden. Er ist vollständig autonom gegenüber dem Ich und dem Leben. Diese Kraft ist "göttlich".

Diagramm 4.1.1: Traummaterial und Traumbotschaft

Traumdeutung von S.Freud zu C.G.Jung

Traumdeutung ist die Via regia (der Königweg) zur Kenntnis des Unbewussten im Seelenleben, so lehrt die Psychoanalyse seit rund 100 Jahren. Wohl ist diese Traumtheorie heute so nicht mehr akzeptabel. Viele Entdeckungen über das psychische Leben haben die Horizonte der Trauminhalte erweitert.

Unsere Kernthese:

Die Träume sind die Sprache des Geistes und damit die via regia von der ersten Stufe der Individuation bis zum Ziel. Die Träume sind er Königsweg zum gesamten psychisch-geistigen Menschsein.

Wir konzentrieren uns nachfolgend auf einige Grundgedanken bekannter Traumkonzepte, um die Bedeutung der Träume für die psychisch-geistige Entwicklung hervorzuheben. Wer immer sich mit dem Traum praktisch beschäftigt, kommt zur Vorstellung einer übergeordneten, den Traum aufbauenden und leitenden Instanz.

Der Traum hat offenbar die umfassendste Kenntnis aller psychischen Geschehnisse und Möglichkeiten. Es ist, als wohne er in einem Zentrum, von welchem der Blick über das Allernächste bis in die dunkelste Menschheitsferne geht, und es scheint, als ob er sich immer wieder die eine Frage stelle: Wie bilde ich die gesamtseelische Situation meines Menschen im Material persönlicher und überpersönlicher Erfahrung ab.

In den Träumen stehen die Berichte von allen Geschehnissen unseres gegenwärtigen Lebens. All das, was einst unser war, in irgendeiner Beziehung zu uns stand, bildet den Inhalt des persönlichen Unbewussten. In den Magazinen und Vorratskammern der Seele und in bewusstseinsnahen Abstellräumen wartet, was wir erlebten, darauf, ob der Traum seiner Inhalte, seiner Gestalten wieder bedarf.

Die Urweisheit des Lebens offenbart sich im Traum, und es kommt Antwort herauf, die sagt, wo man steht; die Wege andeutet, welche man jetzt am besten zu gehen hat.

Gewiss gibt es auch Träume, die erfüllte Wünsche oder Befürchtungen manifest darstellen. Aber was gibt es nicht alles sonst noch?

Träume können unerbittliche Wahrheiten, philosophische Sentenzen, Illusionen, wilde Phantasien, Erinnerungen, Pläne, Antizipationen, ja sogar telepathische Visionen, irrationale Erlebnisse und Gott weiss, was sonst noch sein.

Ein Phänomen, das beim einzelnen Traum hinter der jeweiligen Kompensation verborgen ist, ist eine Art von Entwicklungsvorgang in der Persönlichkeit. Zunächst erscheinen einem die Kompensationen als jeweilige Ausgleichungen von Einseitigkeiten und Ausbalancierungen gestörter Gleichgewichtslagen.

Bei tieferer Einsicht und Erfahrung dagegen ordnen sich diese anscheinend einmaligen Kompensationsakte einer Art von Plan ein. Sie scheinen unter sich zusammenzuhängen und in tieferem Sinne einem gemeinsamen Ziel untergeordnet zu sein, sodass eine lange Traumserie nicht mehr als ein sinnloses Aneinanderreihen inkohärenter und einmaliger Geschehnisse erscheint, sondern als ein wie in planvollen Stufen verlaufender Entwicklungs- und Ordnungprozess.

Die heilende Wahrheit der Träume

Wenn es zutrifft, dass die Krise der 'Umwelt' in Wahrheit eine Krise des abendländischen Menschenbildes darstellt, dann kommt man an der Erkenntnis nicht vorbei, dass die eigentlich anstehenden Probleme letztlich religiöser Natur sind.

Schon seiner selbst wegen sollte das Christentum ein Interesse daran wiedergewinnen, seine eigenen Lehren und Gebote von den Tiefenschichten der menschlichen Psyche her zu begründen und darin zu verwurzeln.

Statt den Menschen im Namen des Glaubens systematisch in Widerspruch zu den Kräften des Unbewussten zu setzen, sollte man vielmehr erkennen, dass man im Kampf gegen die Mythen der Heiden und damit gegen die Welt der archetypischen Gestaltungen des Unbewussten insgesamt die Grundlagen jeder Religion zerschlagen und einen Menschen übrig gelassen hat, der, sich selber ebenso fremd wie ausgeliefert, allein auf sich gestellt, zunehmend mehr versuchen musste, inmitten einer seelen- und heimatlos gewordenen Welt mit Hilfe seines Verstandes und seines Willens sich einen Unterschlupf zu zimmern, der ihn die Fremdheit einer gottlos gewordenen Welt vergessen liess.

Der westliche Mensch wird mehr und mehr nur noch sich selbst begegnen, und die einzige Chance besteht folglich nur darin, dass er seine eigene tragische Unausweichlichkeit endlich zum Anlass nimmt, sich selber wirklicher und tiefer zu begegnen als bisher.

Die Tiefenpsychologie ist in der Breite ihrer gegenwärtigen Lehre und Praxis weder willens noch imstande, den Menschen zu den verleugneten zutiefst religiösen Schichten seiner Seele zurückzuführen, und doch ist sie ein erster und unentbehrlicher Schritt in die richtige Richtung.

Die Religion des Christentums, selber Hauptursache für die bestehende Bewusstseinseins-eintigkeit des westlichen Menschen, hat sich bislang gegen die Anerkennung der psychischen Quellen ihrer Dogmen und Riten verzweifelt zu wehren gesucht.

Der Weg aus der 'Sackgasse' ist: ein Weg der Integration der menschlichen Psyche und darin in der Tat eine Entscheidungsfrage für das Heil und Unheil aller Menschen. Die Träume sind ein Ort, an dem der Mensch der eigentlichen Wahrheit über sein Leben begegnen kann, wo ein religiöses Erleben mehr ist als eine unerwünschte Peinlichkeit.

Die Träume sind der Ursprung der Mythen. Die Zerstörung der Träume und die Zerstörung der Religion sind nur zwei Seiten ein und desselben Vorgangs; und wer den Menschen von seinen seelischen und religiösen Bindungen löst, der muss, wie sich gezeigt hat, unweigerlich auch die Beziehungen des Menschen zu der ihn umgebenden Natur zerstören. Bei den Träumen ist infolgedessen am ehesten zu beginnen.

Es lässt sich allen Ernstes und mit Nachdruck sagen, dass die Rettung des Menschen und die Rettung des Lebens auf diesem Planeten auf das innigste zusammenhängen mit der Rückkehr zur 'Traumzeit', mit der Wiedererinnerung des Religiösen.

Die Krise der 'Umwelt' ist eine Krise der Religion und der menschlichen Psyche, dann erst eine Krise der Politik und der Wirtschaft. Gerade deshalb ist die Beschäftigung mit der Welt der Träume ein so wichtiges Mittel zur Wiederbelebung der religiösen Tiefenschichten der menschlichen Psyche.

Die Traumpsychologie ist der Universalschlüssel zum Verständnis aller wichtigen religiösen Phänomene.

Notizen und Perspektiven

Was denken die meisten Menschen über die Träume?

Notieren Sie die zentralen Schlüsselbegriffe dieses Unterkapitels:

Was bewirkt Gleichgültigkeit gegenüber den eigenen Träumen?

Träume bearbeiten ist wesentlich, denn:...

Was haben Sie in Elternhaus, Schule und Kirche über die Vielfalt der positiven Möglichkeiten der Traumdeutung gelernt?

Welche Bedeutung im Zusammenleben hat das Gespräch über die eigenen Träume?

Was würde das Ernstnehmen der Träume in Politik und Wirtschaft bewirken?

Was vermittelt die Werbung über den Wert der Träume?

Formulieren Sie eine Ihnen wichtige Frage zur heilenden Wirkung der Träume.

4.1.2. Die Sprache der Träume

Da "spricht" eine geistige Kraft im Menschen zum Ich. Wie können wir diese Sprache verstehen? Welche Traumdeutung ist richtig und welche falsch?

Betrachten wir dieses Problem anhand der Realität: Sie wollen einen andern Menschen verstehen: Was meint er? Warum spricht er so? Was bewegt ihn, so zu leben? Je mehr Sie über das psychische Leben wissen, desto mehr können Sie erkennen und desto differenzierter werden Ihre Antworten. Je einseitiger das Menschenbild ist, desto einseitiger fallen die Antworten aus.

Das Leben selbst bietet viele Daseinsmöglichkeiten: ökonomische, religiöse, materielle, geistige, politische, ethisch-moralische und kulturelle. Je mehr ein Mensch diese Wirklichkeiten kennt, desto mehr Ausgangsmaterial hat er, einen andern Menschen zu verstehen.

Auch die Träume interpretieren wir immer aus den Kenntnissen über das Leben.

Nicht irgendeine Philosophie, nicht irgendeine Triebtheorie oder Sozialtheorie oder religiöse Lehre soll Grundlage sein für die Traumdeutung. Die umfassende Lebenswirklichkeit, der psychische Organismus und die Individuation sind Grundlage und Orientierungsrahmen der Traumdeutung.

Oder umgekehrt gesagt: die intelligente Kraft im Menschen, die die Träume schafft, kann zu allen inneren und äusseren Wirklichkeiten Botschaften gestalten.

Der Mensch hat viele Arten, jemandem etwas mitzuteilen. Man kann überlaut oder betont leise reden, weil der andere nicht hören will. Oder man macht eine Andeutung, weil man nicht direkt zur Sache kommen kann wegen der Abwehr der Person. Manchmal reden wir in Gleichnissen, ziehen Vergleiche herbei oder übertreiben etwas extrem, damit der andere aufmerksam wird. Wir können dem andern etwas sachlich oder gefühlsmässig intensiv näherbringen.

Längst kennen wir alle die schwierige Sache: Der Mensch will die Wahrheit wissen und will diese doch nicht sehen. Mit vielen Mechanismen wehrt der Mensch ab, was eigentlich wichtig wäre für ihn.

Dann gibt es Botschaften, die berichten, andere warnen, wieder andere erklären oder sind vorausschauend. Wir werten und urteilen, wir informieren und interpretieren nach manchen Gesichtspunkten.

Für die Traumdeutung können wir dazu Parallelen ziehen: Die geistige Kraft nutzt diese Vielfalt der Gestaltung einer Botschaft auch.

Je mehr der Mensch mit seinen Träumen in Kommunikation lebt, desto mehr kann er erfahren, wie dieser innere Geist arbeitet. Dabei kann jeder feststellen, dass diese intelligente Kraft offensichtlich mehr weiss, als das Ich wissen kann.

Der Geist kann auch über sich selbst oder über die geistige Welt (die Transzendenz) berichten. Das steht ihm frei.

Reflexionen und Diskussion

■ Der Mensch verfügt über viele Arten, wie er die erlebte und gedachte Wirklichkeit in Worten und bildhaften Ausschmückungen, mit Gefühlen und Lautstärke kommunizieren kann.

So ist davon auszugehen, dass auch die Botschaften in den Träumen in ebensolcher Vielfalt gestaltet sind, z.B.:

- real-direkt
- gleichnishaft
- kausal-erklärend
- bildhaft ausschmückend
- erlebnisintensiv
- ausgleichend durch Betonung/Verkleinerung
- kontrastierend
- kompensatorisch: das Fehlende zeigen
- entstellend
- andeutend
- umkehrend ins Gegenteil
- rückblickend
- ordnend-klassifizierend
- wertend
- emotiv
- vorausschauend/voraussagend
- überlagernd
- vergleichend

■ Traumelemente sind:

- Bilder mit subjektiven Bedeutungen (durch eine eigene Erfahrung)
- Bilder mit allgemeinen Bedeutungen (z.B. Gegenstände der Kultur)
- Symbole mit weltumfassender allgemeiner Gültigkeit
- Archetypen: Symbole mit spezifischen Bedeutungen über das psychische Leben
- Alltägliche Handlungen und Rituale
- Sprache bzw. Worte

■ Die Träume basieren auf einer "Intelligenz", die nicht vergleichbar ist mit der Kognition. Ebenso ist die Sinn- und Wertorientierung nicht kulturspezifisch subjektiv. Die traumschaffende Kraft hat einige Besonderheiten, wovon wir hier hervorheben:

- Der Geist weiss, wie und wozu er dem Ich Botschaften übermittelt.
- Der Geist kennt das "Codeprogramm" des ganzheitlichen Wachstums.
- Der Geist organisiert die Bearbeitung des Unbewussten.
- Der Geist kennt die Wege und Abstufungen zu einem ausgewogenen Leben.
- Der Geist ist die Quelle zu Informationen über Gott und die Transzendenz.
- Der Geist sieht Lösungen, wo das Ich mit Rationalität keinen Weg sieht.

■ Die Traumsprache ist zu erlernen wie eine fremde Sprache. Je mehr man sich mit den Träumen beschäftigt und diese innere Kommunikation sucht, desto kooperativer wird der innere Geist. Je mehr der Mensch über den psychischen Organismus und die Individuation weiss, desto angemessener ist die Deutung.

Diagramm 4.1.2: Aspekte der Traumsprache

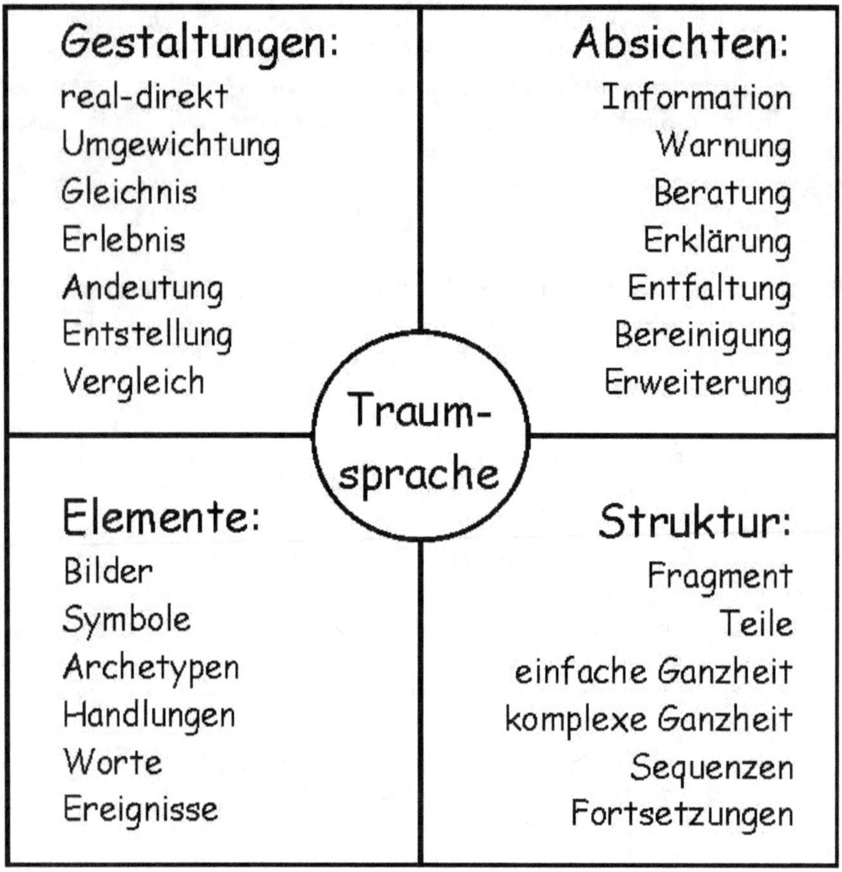

Gestaltungen:	Absichten:
real-direkt	Information
Umgewichtung	Warnung
Gleichnis	Beratung
Erlebnis	Erklärung
Andeutung	Entfaltung
Entstellung	Bereinigung
Vergleich	Erweiterung

Traum-sprache

Elemente:	Struktur:
Bilder	Fragment
Symbole	Teile
Archetypen	einfache Ganzheit
Handlungen	komplexe Ganzheit
Worte	Sequenzen
Ereignisse	Fortsetzungen

Theoretische Bausteine zur Traumdeutung

Wir konzentrieren uns für den Einstieg auf elementares Wissen, das jeder zur Traumdeutung haben muss. Die Formulierungen sind teils aus bekannten Texten der analytischen Traumdeutung übernommen, teils mit eigenen Thesen erweitert formuliert:

→ Wer Träume deutet, muss das Folgende wissen:

■ Träume haben eine kompensatorische Funktion, d.h.:

- Dem Bewusstsein werden die fehlenden Anteile zum vollständigen umfassenderen und besseren Erfassen nahegebracht.
- Je weiter die Bewusstseinssituation von der Realität und der optimalen Einstellung entfernt ist, desto deutlicher wird die kompensatorische Funktion.

■ Träume haben eine prospektive Funktion, d.h.:

- Träume entwickeln Lösungsentwürfe für Konflikte, Probleme; sind damit 'final'.
- Träume sind auf Entwicklung, Entfaltung und Reifung ausgerichtet.
- Träume enthalten Selbstheilungstendenzen.

■ Träume reagieren auf bewusste und unbewusste Wirklichkeiten, d.h.:

- Träume erhellen die Spannung zwischen Bewusstsein und Unbewusstsein.
- Träume sind eine Reaktion auf Erlebnisse.
- Träume machen unbewusstes Material bewusst, das bearbeitet werden soll.
- Träume zielen auf Veränderung von Einstellungen.

■ Träume enthalten auch 'objektive' Informationen, d.h.:

- Träume zeigen andere Menschen und die Wirklichkeit, wie sie sind.
- Träume erhellen gesellschaftliche Tatbestände.
- Träume decken alle Lügen auf.
- Träume enthalten eine kritische Schau von ideologischer und religiöser Praxis.
- Träume korrigieren Überzeugungen und philosophische Konzeptionen.

■ Träume zeigen und vollziehen entscheidende psychisch-geistige Prozesse, d.h.:

- Beginn der Selbstbildung und Individuation.
- Wendepunkte von Krisen.
- Auflösung von alten (Denk-)Mustern und Komplexen.
- Befreiungsprozesse von Personen und Einstellungen/Überzeugungen.
- Entscheidende, biographisch bedeutsame Situationen.

■ Träume erhellen archetypische Sinnthemen des menschlichen Seins, d.h.:

- Transzendentale Ursprünglichkeit des Menschen.
- Die Wirklichkeit von Gott und Geist im Menschen und im Kosmos.
- Das Wahre, das Gute und das Böse.
- Die Sinnthemen echter religiöser Rituale.
- Den Aufbau der geistigen Bestimmung eines Menschen.
- Die innerste Zielorientierung des menschlichen Daseins.

■ Träume deuten enthält folgende grundlegende Elemente:

- Den subjektiven Bedeutungshorizont im erweiterten Reflektieren.
- Den Bedeutungsraum durch Assoziationen der träumenden Person.
- Die allgemeinen Bedeutungen von allgemeinen Wirklichkeiten und Objekten.
- Die Bedeutung, Funktion und Wirkungsweise einzelner psychischer Kräfte.
- Die Bedeutung der Ursymbole (Archetypen), durch Kontemplation erfahrbar.

Praktische Traumdeutung in Elementen

Wir geben einige Beispiele, Fragmente aus Träumen, die die unterschiedlichen Funktionen und Gestaltungsformen erkennen lassen.

Identifizieren Sie diese Gestaltungen.

Traumbeispiel	Gestaltungsformen und Deutung
Ein Freund besucht mich. Er sieht ganz hart, rigide aus, sein herzliches Lächeln ist aufgesetzt. Er hat einen Kumpel bei sich, mit sehr rundem knabenhaftem Gesicht, sieht aus wie ein (etwas karikierter) braver und pflichtbewusster Beamter. Nach einigem Zögern	

und ziemlich überrascht, gebe ich ihm die Hand nicht. Frage mich: Was will er von mir?	
Otto: Ich will Mitglied bei der Gesellschaft X werden; diese ist in einem modernen Gebäude, bekannt für moderne philosophische Zukunftsfragen. Im Traum komme ich in ein armseliges Haus, überall dunkel, alte Möbel, alte Schreibgeräte und Berge von Akten.	
Beat: Ich wohne zusammen mit meiner Mutter. Mein Bruder ist am Kochen, scheint auch da zu wohnen. Meine Mutter stiehlt Geld aus meiner Tasche; ich erwische sie. Sie beschimpft mich. Ich wehre mich, schreie sie an und erwache dabei mit Schuldgefühlen.	
Eva: Ich bin im Gefängnis, will raus, protestiere heftig. Der Direktor gibt mir ein Päckchen und meint, ich solle dieses öffnen. Darin ist ein Kreuzworträtsel, der Schlüssel zur Freiheit.	
Annabelle: Ich habe erstmals ein Buch gelesen über Persönlichkeitsbildung. Traum danach: Ich lerne Autofahren, fühle mich gut am Steuer; das Auto gefällt mir, passt zu mir.	
Frau S., seit Jahren ohne Beziehung, 28j.: Ich stehe im Traum nackt vor dem Spiegel, finde mich recht attraktiv und fühle mich erstmal wohl mit meinem molligen Oberkörper.	
Herr T. will ein neues Auto kaufen, damit seine Frau überraschen, träumt nach dem Besuch bei der Garage: Ich habe heftig Streit mit meiner Frau und weiss gar nicht warum. - Real gibt es doch keinen Anlass dazu, meint er.	
Herr H. träumt: Ich bin im Büro, rede mit der Seketärin und plötzlich beginnen Zähne zu wackeln; einzelne fallen gar raus. Die Sekretärin ruft den Chef, er solle sich das mal anschauen. Mir ist das sehr peinlich.	
Frau Y., 45j, Kinder erwachsen, lebt getrennt. Ihr Traum: Ich bin in den Bergen, weiss nicht wo, gefährlicher Abhang, teils Schnee, kalt; ich weiss nicht mehr wohin, habe den Weg verloren, mich völlig verlaufen. Weiter oben scheint es sehr gefährlich zu werden. Zurück kann ich auch nicht mehr. Niemand ist da, um mir zu helfen.	

Notizen und Perspektiven

Wie erklären die meisten Menschen ihre Träume?

Notieren Sie die zentralen Schlüsselbegriffe dieses Unterkapitels:

Was ist der Unterschied zwischen "Leben ohne Traumdeutung" und "Leben mit Traumdeutung"?

Die Traumsprache gründlich erlernen ist wesentlich, denn:...

Was haben Sie in Elternhaus, Schule und Kirche über den Geist als Traum-schaffende Kraft gelernt?

Welche Bedeutung im Zusammenleben hat das Gespräch über die Sprache des Geistes?

Wie werden die Leistungsfähigkeiten des Geistes im Menschen in Politik und Wirtschaft genutzt?

Was vermittelt die Werbung über die Kraft des Geistes?

Formulieren Sie eine Ihnen wichtige Frage zum Dialog mit dem Geist:

4.1.3. Visualisieren als bewusstes Träumen

Das Tagträumen ist eine Variante des Träumens. Wir nennen das "Imagination" oder "inneres Bildersehen". Nun kann der Mensch innerlich Bilder sehen ganz nach Belieben, ohne Plan, ohne Ziel, ohne methodisches Vorgehen. Gehen wir davon aus, dass in der Imagination dieselbe intelligente Kraft wirkt wie in Träumen, so können wir lernen, diesen Geist zielgerichtet zu nutzen. Auch hier gibt es Parallelen zur Kommunikation im Alltag.

Wenn wir ohne Ziel und ohne besonderen Sinn etwas reden, oder reden um zu gefallen oder zu geniessen, dann ist das kaum fruchtbar. Ähnlich ist die Imagination eine Kommunikation, die nach Regeln funktioniert.

Wenn wir wissen, was wir wollen und in der Sprache eine klare Abmachung getroffen haben, dann ergibt sich eine intelligente Kommunikation. So können wir gezielt eine Bilderwelt herbeirufen und gestalten, die informiert und wirkt.

Das innere BIldersehen enthält ein ungeahntes Potential.

Der Mensch kann festlegen: "Ich will sehen, wie mich meine Biographie belastet, und zwar in konkreten Erinnerungen zum Thema X und zum Zeitpunkt Y. Dann erhalten wir die Bilder. Oder wir können festlegen: "Ich will sehen, wie es um meine Bedürfnisse steht. Ich vereinbare: Meine Bedürfnisse zeigen sich als Tiere auf einem Bauernhof." Welche Masken setzt sich der Mensch auf und was verbirgt er dahinter?

Dazu kann man in der Imagination in einen Spiegel schauen und nach den Masken fragen, oder nach den Gesichtern dahinter. Beides kann sich dann in Tiergestalt, in Märchenfiguren oder ganz real zeigen. Man kann auch in den "Keller" gehen (das Unbewusste als geheime Kellerräume) und da manche eingesperrten Kräfte finden: das eigene Kindsein, ungenutzte Kräfte, versteckte Richter, verstaubte Gesetzestafeln, verborgene Lebenspläne etc.

Jeder kann mit Imagination sich selbst entdecken und jene eigenen Wirklichkeiten finden, die ihm noch verborgen sind.

Die Bilder entstammen aus dem eigenen Bildinventar. Es ist möglich, das zu sehen, was man sehen will. Man kann leicht etwas hineinprojizieren. Je mehr Widerstände jemand hat, das zu sehen, was wirklich ist, umso mehr zeigen sich Illusionen.

Alles, was man im inneren Bildersehen erlebt, ist aus dem aktuellen Bewusstsein, aus der momentanen Stimmungslage und im Kontext mit den eigenen Interessen zu erfassen. In der Imagination zeigen sich Bilder, Symbole und Archetypen.

Die Deutung erfolgt nach denselben Regeln wie bei der Traumdeutung. Die Imagination erschliesst wie die Träume den gesamten psychischen Organismus, andere Menschen, fremde Institutionen, die gesamte Lebenswirklichkeit und die Sinnwirklichkeit der Archetypen.

Die gestaltende Kraft ist der Geist. In der Imagination kann man mit diesem Geist, in der Gestalt des Weisen oder eines Fabeltiers, direkt in den Dialog treten.

Reflexionen und Diskussion

■ Andere Worte für "inneres Bildersehen": Imagination, Autogenes Training Oberstufe, Meditation, Tagträumen, bewusstes Träumen, inneres Sehen u.a.m. Die angemessene Definition heisst: Imagination ist systematisches, zielgerichtetes inneres Bildersehen nach klaren methodischen Regeln.

■ Kontemplation ist eine spezielle Form der Imagination. Hier werden Symbole und Archetypen innerlich erfahren, um tiefere Sinngehalte zu verstehen und ihre energetische Kraft zu nutzen.

■ Mediales Sehen ist Imagination über fremde psychisch-geistige Wirklichkeiten: das psychische Leben anderer Menschen, die Sinnwirklichkeit von Institutionen aller Art.

■ Im Imaginieren kann mit den Bildern aktiv gearbeitet werden. Auf diese Weise kann man das gesamte Inventar des Unbewussten bereinigen und neu ordnen. Mit inneren Bildern wird psychische Energie aktiviert, gefomt und eingesetzt. Mit systematischen Bildern kann man die vorhandene Psychodynamik entspannen und zentrieren.

Konkrete Imagination heisst: in inneren Bildern die gegenwärtige oder eine bestimmte vergangene Situation sehen, so wie sie konkret ist/war; diese Art Bildersehen nennt man auch "Rückführung".

Symbolische Imagination heisst: Man wählt ein bestimmtes Bild (Symbol), das für etwas stehen soll und mit dem inneren Ausdruck über dieses "etwas" informieren soll; z.B. Der Baum ist ein Abbild des inneren Lebenswachstums (Lebensbaum).

■ Das folgende Vorgehen wird empfohlen:

1. Schritt: Sich bequem hinsetzen oder hinlegen.

2. Schritt: Ein Ziel festlegen: Was will ich wissen? Worüber will ich meditieren? Wozu?

3. Schritt: Die Art des Bildersehens festlegen: konkret, symbolisch oder archetypisch.

4. Schritt: Entspannung schaffen.

5. Schritt: Bilder zum Thema rufen durch zielgerichtete Konzentration.

6. Schritt: Langsam die Bilder ablaufen lassen, gleichzeitig Sinn erspüren.

7. Schritt: Nach 3 - 5 Min. abschliessen (wer viel Erfahrung hat: 10 Min.).

8. Schritt: Das Bilderleben und die Gefühle dazu aufschreiben.

9. Schritt: Erlebnisse bearbeiten (interpretieren) wie einen Traum.

10. Schritt: Erkenntnisse in Lebenskontext stellen. Folgerungen formulieren.

■ Empfehlung: Nur ein Ziel pro Übung; höchstens 1-2x pro Tag; bei Bilderflut abbrechen; nichts erzwingen wollen; langsam und behutsam vorgehen; Protokoll führen.

Diagramm 4.1.3: Bilder/Symbole
als Abbild psychischer Wirklichkeiten

Das psychische Leben	EIN ORCHESTER SPIELT
Das Ich-System	DER KAPITÄN MIT SCHIFF
Die Bedürfnisse	HAUSTIERE/NATURLEBEN
Die Gefühle	GESTALTEN/FARBEN
Die Intelligenzfunktionen	COMPUTER
Das Unbewusste	EIN LAGERHAUS
Die Liebe	EIN EWIGES FEUER
Der Geist (Traum)	EINE WEISE GESTALT
Die Handlungen	SCHAUSPIELER AUF BÜHNE
Die Individuation	EINE REISE/SCHIFFFAHRT
Die psychische Ganzheit	KREIS-KREUZ-MANDALA

Praktische Imagination: 10 Modellbeispiele

Drei Hauptregeln unbedingt beachten:

1. Entscheiden Sie sich für das Ziel der Übung: Was wollen Sie?
2. Wählen Sie geeignete Bilder, Symbole und symbolische Handlungen!
3. Seien Sie selbstkritisch in der Interpretation des Erlebens!

Die Übungen "Imagination" der einzelnen Arbeitseinheiten haben dem Studierenden bereits die Gelegenheit gegeben, die Imagination zu erlernen. Die folgenden Beispiele sind sehr einfach strukturiert und erweitern das Themenspektrum.

1. Anwendungsbereich: Ruhigstellung und allgemeine Entspannung

"Das Gesicht ist: ... weich ... gelöst ... warm ... ruhig ... locker ... entspannt ..." Und fortfahren mit: "... die Stirn ..., der Mund ..., die Augen ..., der Hals ..., der Nacken ..., die Schultern ..., die Arme ..., die Hände ..., die Finger ..., die Brust ..., der Rücken ..., das Kreuz ..., die Hüften ..., der Bauch ..., das Becken ..., das Gesäss ..., die Schenkel ..., die Waden ..., die Füsse ..., die Zehen ..., alle Muskeln ..., der ganze Körper ..."

2. Anwendungsbereich: Allgemeine Psychohygiene (= Mental-Training)

Stellen Sie sich vor: Alle grossen und kleinen Wolken sind die Gedanken und Bilder, die in Ihrem Bewusstsein jetzt sind (kommen und gehen). In der Imagination können Sie die Wolken sehen: helle, dunkle, schwere, leichtere; eben wie die Gedanken und Bilder: schwer, leicht ... Kleine Gedanken sind kleine Wolken, grosse Gedanken sind grosse Wolken. Jetzt kommt ein Wind, der alle Wolken, jede einzeln nacheinander, wegbläst. So wird der Himmel allmählich blau, zuerst nur durchschimmernd, dann da und dort immer mehr heller, blauer Himmel ... bis der ganze Himmel vollständig blau ist. - Sie können dabei mit dem Wind reden: "Blase hierhin, blase dahin ... Wolke gehe jetzt weg, löse dich auf ...". Am Schluss der Übung ist der Kopf leicht, frei und entspannt.

3. Anwendungsbereich: Befreiung von unverarbeiteten Leiderfahrungen

Bei tiefgreifenden, allerschwersten Leiderfahrungen sollten Sie solche Übungen mit einer Fachperson durchführen; wenn Sie sich allein an ein solches Thema wagen wollen, dann tun Sie es schrittweise, täglich einen Aspekt. Und schreiben Sie Ihre Erfahrungen und Reflexionen darüber nachher genau auf.

Die Übung: Erinnern Sie sich an die Szene. Imaginieren Sie einen Einstieg und lassen Sie die Geschehnisse vor dem inneren Auge ablaufen. Reden Sie mit den Personen. Wehren Sie sich. Sagen Sie diesen, was Sie sagen wollen. Erleben Sie Ihre Gefühle, unterdrücken Sie den Schmerz nicht. Dann versuchen Sie, Abschied zu nehmen, indem Sie "ja" sagen, dass dies jetzt ein Teil Ihrer Biographie ist, wenn auch vielleicht mit einschneidenden Folgen. Suchen Sie genau, was Sie durch diese Leiderfahrung Neues hinzulernen können, über andere Menschen, über 'Schicksal' und über Sie selbst.

4. Anwendungsbereich: Reflexion über die Lebensweise

Stellen Sie sich vor, wie Sie die eben vergangene Woche gelebt haben, ist gefilmt worden. Die wichtigsten Aspekte zur Lebensweise können Sie jetzt in Zeitlupe abspielen lassen. Schauen Sie sich diesen Film an. Die Übung darf bis zu 20 Min. dauern. Wenn Sie schon etwas Übung haben, können Sie alle Minuten kurz unterbrechen und ein Stichwort aufschreiben, damit Sie nachher die erlebten Szenen leichter rekonstruieren können. Danach 'werten' Sie die Bildszenen selbstkritisch aus.

5. Anwendungsbereich: Erweiterung der Wahrnehmung

Denken Sie jetzt zuerst an eine Szene, die eine Stunde oder einen Tag zurückliegt. Sie sind mit andern Menschen zusammen, in einer Kaufsituation, an einer Besprechung, mitten in einem Streit oder während eines Telefongesprächs. Lassen Sie die Szene in allen Einzelheiten, minutiös nochmals vor dem inneren Auge ablaufen. Konzentrieren Sie sich dabei auf Kleinigkeiten, Akzente, Nuancen. Stellen Sie Fragen: Was habe ich nicht genau wahrgenommen, nicht genau gehört, nicht bewusst erkannt? - Sie werden überrascht sein, wieviel Sie ungenau oder gar nicht beachtet haben. Sie können meditativ auch erleben, warum Sie diese Teile nicht hinreichend wahrgenommen haben, was Ihnen damit entgeht und wozu es nützlich ist, die Wahrnehmung zu erweitern.

6. Anwendungsbereich: Andere Menschen verstehen

Wen wollen Sie besser verstehen? Was genau wollen Sie klarer verstehen? Warum? Dann stellen Sie sich in der Imagination diesen Menschen vor. Schauen Sie ihn genau an. Fragen Sie ihn, was Sie wissen wollen. Versuchen Sie, in seine Lebenssituation hineinzugehen, um sein Fühlen, Denken, Entscheiden, Handeln verstehen zu können. Das innere Bildersehen eröffnet Ihnen hier medial die psychische Wirklichkeit dieses Menschen. Selbstkritische, faire und menschliche Haltung ist dazu höchstes Gebot!

7. Anwendungsbereich: Lösung von Schwierigkeiten

Stellen Sie sich die Schwierigkeit in einer (in der entsprechenden) Situation vor. Konzentrieren Sie sich auf Ihre Gefühle, Ihre Gedanken und Einstellungen dazu. Versuchen Sie verschiedene Lösungsstrategien. Fragen Sie nach Innen: "Was ist die angemessene Lösung? Was muss ich tun, um die Lösung real zu schaffen? Was fehlt mir, um die Lösung zu verwirklichen?" So können sich völlig neue Tore öffnen.

8. Anwendungsbereich: Verstehen von psycho-somatischen Beschwerden

Gehen Sie zuerst Ihre Lebensgeschichte durch und versuchen Sie, den jeweiligen Lebenskontext genau zu erkennen. Dann fühlen Sie Ihre Beschwerden. Gehen Sie mit dem Bewusstsein in das Gefühl hinein. Reden Sie mit Ihrem Körper: Warum habe ich diese Beschwerden? Rufen Sie in der Imagination einen Arzt oder Berater. Er soll Ihnen zeigen, was diese Beschwerden 'sagen' wollen. Suchen Sie nach der 'Botschaft' dieses Leidens. Erst in einem späteren Schritt erarbeiten Sie sich die möglichen Lösungswege.

9. Anwendungsbereich: Den Lebenssinn finden und realisieren

Ihre Lebenszeit ist Ihr Kapital. Ihre psychischen Kräfte sind Ihre Werkzeuge. Ihre Erfahrungen sind Ihre Lebenskompetenzen. Imaginieren Sie damit eine Wanderschaft. Sie haben Ihr Potential mit ihnen dabei. Dann rufen Sie Szenen, wo Sie diese nutzen können. Fragen Sie eine weise Gestalt: Was soll ich tun? Wozu soll mein Leben nützen? - Sie werden dabei an Lebensherausforderungen geführt werden, die Ihnen zeigen, wie Sie mit Ihrem Leben Lebenssinn gestalten können.

10. Anwendungsbereich: Den eigenen Standort in der Individuation erkennen

Die Individuation ist ein Lebensprozess. Das Ziel ist nicht das "Ende", sondern ein Anfang für ein "Leben in Individuation". Dort ist die "Sonne", das "Lebenssymbol" (eine Pyramide, ein Mandala im Licht). Fragen Sie: Wo stehe ich? In der Imagination können Sie sich in verschiedenen Szenen erleben, die zeigen, was Sie bis heute dazu geleistet haben, und vor allem was in einer nächsten Etappe auf Sie zukommt. Mit einem Nebenblick können Sie Ausschau halten, wo andere (z.B. Freunde, Bekannte, aber auch "Erleuchtete" der Esoterikszene, Menschenbildner u.a.) stehen.

Notizen und Perspektiven

Was halten die meisten Menschen von Meditation (Imagination, Kontemplation)?

Notieren Sie die zentralen Schlüsselbegriffe dieses Unterkapitels:

Was ist der (lebenspraktische) Unterschied zwischen "Leben ohne Meditation" und "Leben mit Meditation"?

Richtig meditieren (imaginieren) ist wesentlich, denn:...

Was haben Sie in Elternhaus, Schule und Kirche über die Methoden der Meditation (Imagination und Kontemplation) gelernt?

Welche Bedeutung im Zusammenleben hat das Gespräch über eigene Meditationen?

Was würde geschehen, wenn in Politik und Wirtschaft über das eigene Tun meditiert würde?

Welche Bilder und Hauptsymbole vermittelt die Werbung?

Formulieren Sie eine Ihnen wichtige Frage zur Praxis der Imagination:

4.1.4. Übungen

1. Was bedeuten Ihnen Ihre Träume für Ihr tägliches Leben?

2. Wie gehen Sie mit Ihren Träumen um?

3. Welche Bilder, Symbole, Ereignisse und Handlungen sind in Ihren Träumen aktuell?

4. Welche Erfahrungen haben Sie mit Imagination und Kontemplation?

5. Erleben Sie in Ihnen eine geistige Kraft, die Sie durch das Leben führen will?

6. Wie erleben Sie diese geistige Kraft in Ihrem Alltag?

7. Traumthemen. Beschreiben Sie aus Ihrem Traumtagebuch kurze Traumbilder und Traumszenen die das Folgende ansprechen:

Themenbereiche	Traumbilder
Biographisches:	
Schatten, Persönlichkeitsaspekte:	
Psychische Kräfte:	
Unbewusstes, Komplexe:	
Triebnatur, Sexualität:	
Handlungen:	
Beziehungsaspekte:	
Wandlungsaspekte:	
Selbstverwirklichung:	
Einstellungen:	
Lebensstil, Lebensweise:	
Gesundheit:	
Archetypisches:	
Gefahren:	
Andere Menschen:	
Beruf, Arbeit:	
Kirchlich-Religiöses, Spirituelles:	
Gesellschaftliches:	
Biographisches:	

Amoralisches, Moral:

8. Einfälle. Entnehmen Sie Ihrem Traumtagebuch einige Ihrer Einfälle zu:
8.a) Reale Einfälle (Erinnerungen, Gegebenheiten, ein Bezug etc):

8.b) "Geistige" Einfälle (Folgerungen, Gedanken, Ideen etc):

8.c) "Aha"-Erlebnis und besonderes inneres Erleben durch den Traum:

9. Gestaltungsformen. Geben Sie aus Ihrem Traumtagebuch je ein Kurzbeispiel zu:

Gestaltungsform	Traumbild
Reales Abbild:	
Andeutung:	
Vermischung, Verdichtung:	
Verschiebung, Entstellung:	
Umkehrung ins Gegenteil:	
Kompensation (Ausgleich):	
Vergleich, Kontrast:	
Erlebnis, Stimmung, Energiegeladen:	
Bizarres, Alogisches, Wort- und Zahlenspiele:	
Rückblickende Perspektive:	
Prospektive, vorwärtsgerichtet:	
ASW-Phänomene:	

10. Traum-Ich. Geben Sie kurze Beispiele, wie Sie in diversen Träumen sind:

Standort:
Verfassung, Ausdruckskraft, Stimmung:
Integrationsfähigkeit (aufnehmen, bejahen, zuwenden, anerkennen, erkennen):
Handlungs- und Bewältigungsfähigkeit:
Abwehr, Widerstand, Verweigerung, Flucht, Ablehnung:

11. Bearbeiten Sie einen Traum nach dem folgenden 8-Punkte-Traumprotokoll:

→ Traum:
→ Traumerleben:
→ Schlüsselbilder:
→ Traum-Ich:
→ Einfälle:
→ Betroffenheit, Angesprochensein:
→ Gesamtdeutung:
→ Konsequenzen:

Multiple Choice Test

Wählen Sie die vier richtigen Antworten aus: ☒ a) Fun

10.1. Die Traumwirklichkeit. Zentrale zutreffende Aussagen zum Thema sind:

☐ a) In Träumen können alle psychischen Funktionen widerspiegelt werden.
☐ b) Träume informieren über das gesamte Leben der träumenden Person.
☐ c) Träume sind durchwegs durch verdrängte Sexualität verursacht.
☐ d) Träume sind ein Zufallsprodukt des zentralen Nervensystems.
☐ e) Träume sind das Ergebnis einer intelligenten psychischen Kraft.
☐ f) Träume sind die Quelle aller Wahrheit über das Leben/das Menschsein.

10.2. Die Sprache der Träume. Die Sprache der Träume ist:

☐ a) nicht zukunftsgerichtet
☐ b) immer auf Vergangenheit bezogen
☐ c) oft real
☐ d) vielfach vermischend
☐ e) auch gleichnishaft
☐ f) überwiegend erklärend

10.3. Das innere Bildersehen als bewusstes Träumen. Mit innerem Bildersehen kann man:

☐ a) das Unbewusste bearbeiten
☐ b) sich entspannen
☐ c) Lösungen finden
☐ d) Sportresultate voraussehen
☐ e) innere Werte erkennen
☐ f) reich werden

4.2. Leben mit Traum und Imagination

4.2.1. Das Träumen

Wir alle träumen jede Nacht. Der Schlaf kann in vier bis fünf Phasen aufgeteilt werden, abwechslungsweise in Tiefschlaf und leichten Schlaf. Der Mensch träumt vor allem in der Phase des leichten Schlafes (REM-Phase), wo sich die Augäpfel markant bewegen ("Rapid Eye Movements").

Das hat in zweierlei Hinsicht eine bedeutungsvolle Funktion: Träumen reguliert das innerpsychische Leben mit. Gleichzeitig laufen in der REM-Phase physiologische Prozesse ab, die für den Organismus wichtig sind: rege Hirntätigkeit, aktivierte Atemfrequenz, erhöhte Pulswerte.

Der Traum hat zur Regulierung der Gesundheit und des psychischen Lebens eine wichtige Funktion. Im Schlaf regeneriert sich der Körper.

Der vollständige Rückzug von der äusseren Wirklichkeit in den Schlaf ist lebensnotwendig.

Schlafen und Wachsein sind zwei Pole des Daseins.

Im Wachsein nehmen wir wahr und denken wir; im Schlafen träumen wir.

Das "Im-Schlaf-sein" ist eine eigentliche Daseinsform. Das ist keine Zeitvergeudung; aber da, wo die Träume nicht vom Bewusstsein aufgenommen werden, kann man von einem Erfahrungsverlust sprechen. Viel Träumen ist eine Realität und wer diese zu nutzen weiss, erweitert seine Lebensmöglichkeiten.

Im Träumen laufen psychische Prozesse ab, wie beim Wahrnehmen, Denken, Fühlen. Die Traumdeutung ist der "Königsweg zum Unbewussten", mit der wir tiefen Einblick in die innerpsychischen Prozesse erhalten. Denn Träume enthalten immer Sinn und Bedeutung.

Bekanntlich gibt es viele Theorien zur Traumdeutung. Jede basiert auf einer Theorie über das psychische Leben und die Persönlichkeit.

Da mag einer sagen, die Träume seien "die geheimen Wünsche", ein anderer "die Stimme Gottes bzw. seines Geistes", wieder einer "die Verarbeitung der täglichen Gedanken, Gefühle und Eindrücke" und noch einer "das Gestimmtsein der Person in seiner Existenz".

Allen ist gemeinsam: Mit Träumen ist das psychische Leben differenzierter und vertiefter zu erkennen und zu verstehen. Hiess es früher "Ich denke, also bin ich", so können wir einen Evolutionsschritt weitergehen und sagen: "Ich träume, also bin ich".

Träumen ist eine nicht verzichtbare Daseinsform.

Reflexionen und Diskussion

■ Das Träumen hat wichtige Funktionen:

▪ physiologisch, als Daseinserleben, psychologisch, als erweiterte Selbsterfahrung

■ Im Wachen nehmen wir die Wirklichkeit mit den Sinnen auf, bearbeiten diese mit Denken und reagieren handelnd. Im Träumen geschieht Ähnliches:

▪ Die Wirklichkeit nehmen wir anders wahr.
▪ Die Wirklichkeiten werden irrational (alogisch) präsentiert.
▪ Die Logik der Träume ist anders als die Denkoperationen.
▪ Die Sprache der Träume ist anders als die reale Sprache.
▪ Der Bezug zum Handeln ist anders als das bewusste Handeln.

■ Der Umgang mit den Träumen hängt von verschiedenen Faktoren ab:

▪ Interesse und Wissen über das psychische Leben
▪ Theorien über das psychische Leben bzw. die "Persönlichkeit"
▪ Offenheit für Ausser-Rationales
▪ Bereitschaft, auch die unentwickelten eigenen Aspekte anzuschauen
▪ Interesse, erweiterte Perspektiven des Daseins zu nutzen
▪ Offenheit für andere "Sprachformen" der Botschaft-Vermittlung

■ In der aktuellen Stufe der Evolution hat der Mensch sein Denken entwickelt und technisch nutzbar gemacht, sich von Mythen über die Weltentstehung befreit. In der nächsten Stufe der Evolution kann der Mensch sich von den Mythen der Religionen befreien:

Träume vermitteln alles über das psychische Leben, was der Mensch mit

Denken nicht erschliessen kann.

Träume sind Ausdruck einer "höheren geistigen Intelligenz", die nichts anderes ist als eben dieser "Geist Gottes"; oder m.a.W. der "Geist des Universums".

In Träumen können die Prinzipien des psychischen Funktionierens im ganzheitlichen Wachstum erkannt werden.

Diese geistige Kraft ist auch die Kraft, in der die Liebe und das Gewissen zentriert gebildet werden können.

■ Die Traumdeutung ist die aktive Arbeit des Individuums, die Brücke zur äusseren Realität zu finden und die Erkenntnisse umzusetzen.

Diskutieren Sie mit andern, was sie bis heute über das Träumen gelernt haben, und welche Chancen durch diese geistige Kraft für das Leben gegeben sind.

Diagramm 4.2.1: Das Träumen als Bearbeitungsprozess

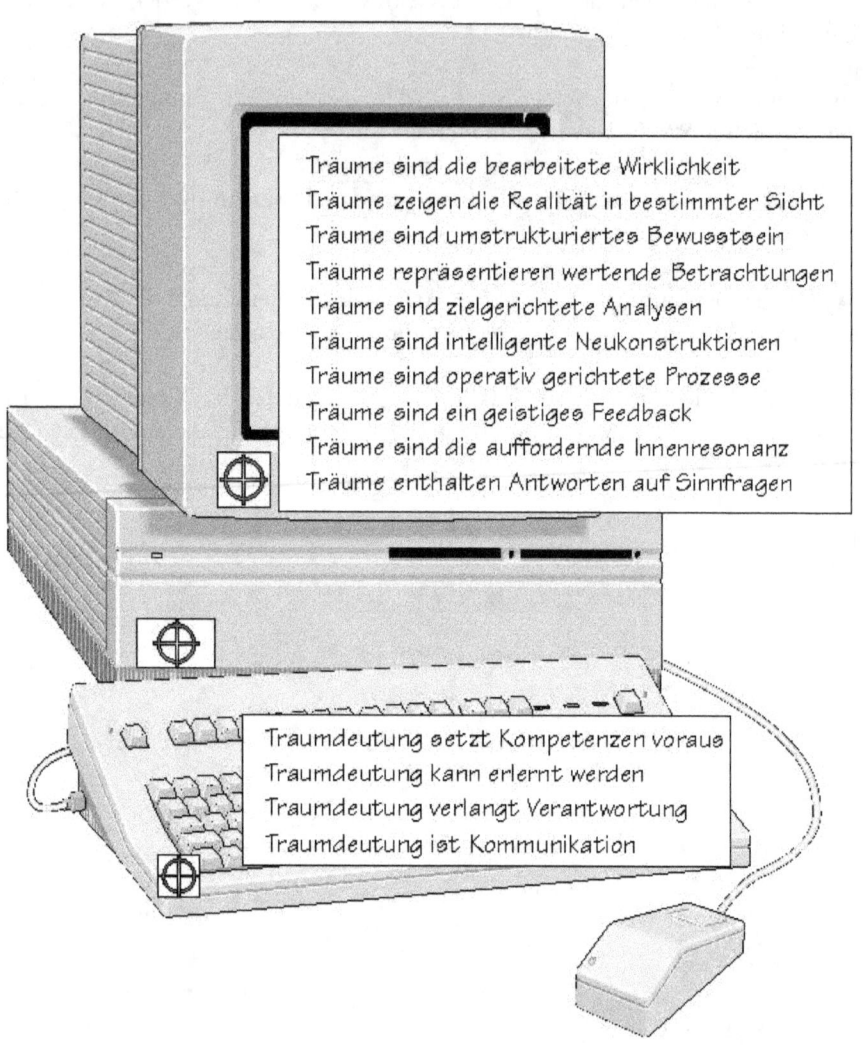

Träume sind die bearbeitete Wirklichkeit
Träume zeigen die Realität in bestimmter Sicht
Träume sind umstrukturiertes Bewusstsein
Träume repräsentieren wertende Betrachtungen
Träume sind zielgerichtete Analysen
Träume sind intelligente Neukonstruktionen
Träume sind operativ gerichtete Prozesse
Träume sind ein geistiges Feedback
Träume sind die auffordernde Innenresonanz
Träume enthalten Antworten auf Sinnfragen

Traumdeutung setzt Kompetenzen voraus
Traumdeutung kann erlernt werden
Traumdeutung verlangt Verantwortung
Traumdeutung ist Kommunikation

4.2.2. Bilder, Symbole, Handlungen

Nehmen wir einige hundert Träume von einer Person, einige tausend von mehreren Personen oder gar fünfzigtausend oder mehr von vielen Menschen, so können wir erkennen: das eigentliche Material besteht aus allen möglichen Lebensthemen, aus allen möglichen Menschen und aus Handlungen, die weit umfassender sind, als die Handlungen einer einzigen Person.

Wir finden in Träumen Elemente aus der frühesten Kindheit einer Person, aus allen Lebensjahren, aus den gerade vergangenen Tagen und aus den Stunden des Wachseins vor dem Träumen.

Da sind Menschen mit Gesichtern und ohne Gesichter, Bekannte und Unbekannte.

In Träumen kommen auch Tiere vor, Haustiere ebenso wie wilde und gefährliche Tiere.

Ein Traumereignis kann an verschiedenen persönlichen und unpersönlichen Orten stattfinden, in bekannten und unbekannten Lebensräumen, in Kirchen und Schlössern oder Militärkasernen u.s.w.

Die Handlungen enthalten die Vielfalt aller Möglichkeiten des menschlichen Tuns im Wachleben. Was gibt es noch in Träumen, was die Menschen nicht schon "ausprobiert" hätten?

Da sind Ereignisse von Freude und Leid, von Tod und Geburt, von allen denkbaren Gegebenheiten während eines Lebensverlaufes.

Katastrophen und vom Träumenden nie erlebtes Grauen kann in Träumen vorkommen.

So ist zu erwarten, dass in Träumen auch alle Gegenstände und Gegebenheiten vorkommen, die es im Leben der Menschen rund um den Erdball gibt: von den eigenen Kleidern bis hin zu Geld, Nahrung, Maschinen, Flugzeuge u.s.w.

Manchmal tauchen auch eigenartige Dinge auf:

Symbole und Handlungen, die weit entfernt vom "normalen" Leben sind, die es eigentlich im realen Leben gar nicht gibt. "Fliegen" mag lustig oder gefährlich sein.

Mysteriös wirken dagegen: ein "weisser Elefant", eine Eule in der Stube, ein sprechendes Tier, eine 'heilige Handlung', eine orakelhafte Gegebenheit.

Kämpfe und 'Mysterien-Handlungen', wie in Heldenepen, können in Träumen vorkommen.

Unumstösslich klar ist die Tatsache:

Solche Bilder, Symbole, reale und symbolische Handlungen, Ereignisse und Gegebenheiten haben einen tieferen Sinn; sie enthalten eine Botschaft an das Ich.

Die Träume sind Sprache und Wirklichkeit zugleich, vermischt und oft verwirrend, unlogisch und als 'dumm' gehalten vom Ich. Sie erschliessen die tiefste Daseinsform des Menschen.

Reflexionen und Diskussion

■ Trauminhalt kann sein:

Tauminhalt	Beispiele
Menschen:	
Tiere:	
Orte:	
Gegenstände:	
Ereignisse:	
Sachthemen:	
Handlungen:	
Gespräche:	

■ Die Elemente eines Traumes können drei Qualitäten enthalten:

Bilder aus dem Leben der Person: das gesamte persönliche Lebensinventar, das für den Träumenden eine subjektive Bedeutung hat.

Symbole: das sind jene Bilder, die zwar auch zum Erfahrungsbereich gehören, die jedoch keine persönliche Bedeutung haben, sondern als Allgemeingut aus dem Inventar der Welt zu sehen sind.

Die Archetypen: das sind Symbole, die über das Allgemeingut hinaus eine transzendentale, d.h. nicht weltliche Bedeutung haben und in der Form auch nicht als gewöhnlicher Kulturgegenstand oder als normale Wirklichkeit erscheinen.

Das sind u.a.: abstrakte Symbole wie Kreis-Kreuz-Mandala, Pyramide, ein geistiges Licht, ein brennendes geistiges Feuer, eine weise Gestalt, ein Tier mit besonderen Eigenschaften, ein Tempel, ein Mandala u.a.m.

■ Träume können sehr unterschiedlich gestaltet sein:

- direkt, ganz real und konkret
- eigenartig entstellt und 'alogisch' wirkend
- Vermischung von Vergangenheit, Gegenwart und Zukunft
- Vermischung von Personen und Orten

Gruppenarbeit: Nehmen Sie einige Ihrer Träume und sortieren Sie alle Elemente daraus nach ihren Arten, zum Beispiel:

a) Menschen:

b) Handlungen:

c) Orte:

d) Sachthemen:

Diagramm 4.2.2: Träume als neu konstruierte Realität

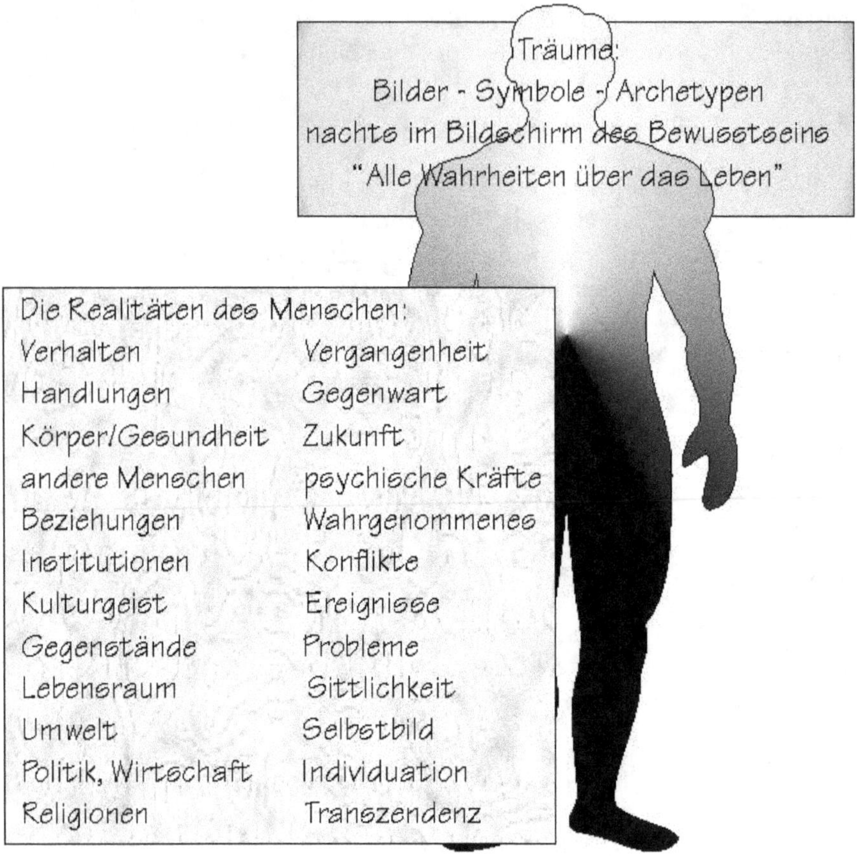

Träume:
Bilder - Symbole - Archetypen
nachts im Bildschirm des Bewusstseins
"Alle Wahrheiten über das Leben"

Die Realitäten des Menschen:	
Verhalten	Vergangenheit
Handlungen	Gegenwart
Körper/Gesundheit	Zukunft
andere Menschen	psychische Kräfte
Beziehungen	Wahrgenommenes
Institutionen	Konflikte
Kulturgeist	Ereignisse
Gegenstände	Probleme
Lebensraum	Sittlichkeit
Umwelt	Selbstbild
Politik, Wirtschaft	Individuation
Religionen	Transzendenz

4.2.3. Die Traum-schaffende Intelligenz

Der Mensch hat eine "zweite intelligente Kraft" - nebst den Intelligenz-funktionen -, die er nutzen kann. Diese funktioniert allerdings etwas anders, ist wie ein "zweites Ich" (genannt auch: das "höhere Selbst") organisiert.

Davon gehen wir aus: Der innere Geist spricht durch Träume und meditative Erfahrungen zum Ich. Dazu nutzt diese Kraft das gesamte mögliche persönliche und allgemeine Bildinventar der träumenden Person.

Der Geist kann diese "Sprachelemente" beliebig erweitern, teils durch Kombinationen (ein sprechendes Tier), teils durch Archetypen, deren Bedeutung mit einem konkreten Bild kaum erfasst wird.

Wie auch immer der Mensch die Träume deutet, er nimmt an, und erlebt das auch, dass die Bildergestaltungen im Traum intelligent sind, m.a.W. nicht zufällig und sinnlos (grundlos) zusammengestellt.

Da mag die Deutungspraxis trieborientiert oder nach Machtbedürfnis ausgerichtet sein, die mit "Intelligenz" zusammengesetzten Teile akzeptieren alle, die Träume deuten.

Oft haben die Träume eine verarbeitende Wirkung. Lebensinventar wird umstrukturiert und erlöst; z.B. stilles Weinen im Traum kann eine nicht ausgeweinte Trauer befreien.

Wohl ist anzunehmen, dass die Wirkung einer Verarbeitung um so grösser ist, je bewusster die Person den Traum integriert. Die Verarbeitung besteht vielfach darin, dass der Traum Zusammenhänge zwischen vergangenen Ereignissen und dem gegenwärtigen Denken oder Fühlen aufzeigt.

Manchmal zeigen Träume ziemlich drastisch, was von einem bestimmten Verhalten oder von einem Komplex zu halten ist.

Was im Traum als kriminell oder "völlig daneben" erscheint, bedeutet manchmal: "So bist Du in Deinem Handeln gestern gewesen".

Manche Träume warnen oder geben einen Rat: "In diese Richtung ist weitere Entwicklung möglich". Solche Träume bereiten die Zukunft vor.

Möglichkeiten werden eröffnet, die das Denken nicht erfassen kann.

Andere Menschen sind oft so dargestellt, wie sie tatsächlich sind, nicht als "eigene Schatten", sondern um über die Beziehung zu ihnen nachzudenken.

Es gibt auch Träume, die nur als Ergebnis einer aussersinnlichen Wahrnehmung erklärt werden können.

Wer systematisch den Prozess der Individuation bearbeitet, erlebt die Träume als eigentliche Führungsinstanz.

Der Geist weiss, wie der "Lebensbaum" wachsen kann und soll. Wer mit Archetypen arbeitet, sei es in der Kontemplation oder mit psycho-energetischen Ritualen, erfährt, dass dieser Geist eine Kraft ist, die auch energetisch intelligent den Ablauf der sich verändernden Energie organisiert.

Reflexionen und Diskussion

■ Der innere Geist hat acht Charakteristiken:

1) Er spricht durch Träume und innere Bilder (Meditation) zum Ich.
2) Die Sprache besteht aus Bildern, Symbolen und Archetypen (Handlungen).
3) Er hat Zugang zu inneren, äusseren, fremden und geistigen Wirklichkeiten.
4) Der Ablauf arbeitet in Zielrichtung Verarbeitung.
5) Die Hauptfunktion ist die Menschenführung (besser: Menschenbildung).
6) Der Geist orientiert sich an einem eigenen Wert- und Normensystem.
7) Die geistige "Intelligenz" zentriert sich zielorientiert am Individuationsprozess.
8) Die geistige "Intelligenz" wirkt auch im Umgang mit der psychischen Energie.

■ Je mehr der Mensch sich seinen Träumen zuwendet, desto mehr kann er diese Kraft als geistige Führungsinstanz erleben und er erfährt:

- Informationen über sein Unbewusstes und alles, was er nicht anschaut.
- Wachstumskräfte, die dem Ich entgehen.
- Werte und Beurteilungen, die überindividuell und überkulturell sind.
- Beurteilungen über Religion und religiöse Praxis.
- Ratschläge in Konflikten, Krisen, Schwierigkeiten, Leidenssituationen.
- Den Blick hinter politische und wirtschaftliche Kulissen.
- Eine kritische Schau zu allen psychisch-geistigen Lehren/Organisationen.
- Korrektur an seinen Werten und Einstellungen.
- Die Bildung von lebensaufbauenden Bildern im Unbewussten.
- Die Wirklichkeiten, die innen und aussen das Leben/das Wachstum

behindern.

- Wege, die nicht dem Zeitgeist entsprechen, aber zum Menschen führen.
- Eine klare Aufforderung, die Kraft der Liebe zu entfalten und zu leben.

■ Wenn es einen "Gott" gibt, was auch immer das sein mag, oder einen "Geist Gottes", wie soll denn dieser zum Menschen sprechen, wenn nicht durch Träume und Meditationen?

Diskutieren Sie in der Gruppe die Möglichkeiten, die in dieser intelligenten geistigen Kraft bestehen, in Bezug auf:

a) Beziehungen:	
b) Lebensverarbeitung:	
c) Lebensraumgestaltung:	
d) Politik:	
e) Interkulturelle Verständigung:	
f) Interreligiöse Verbindung:	

Diagramm 4.2.3: Der innere Geist und seine Funktionen

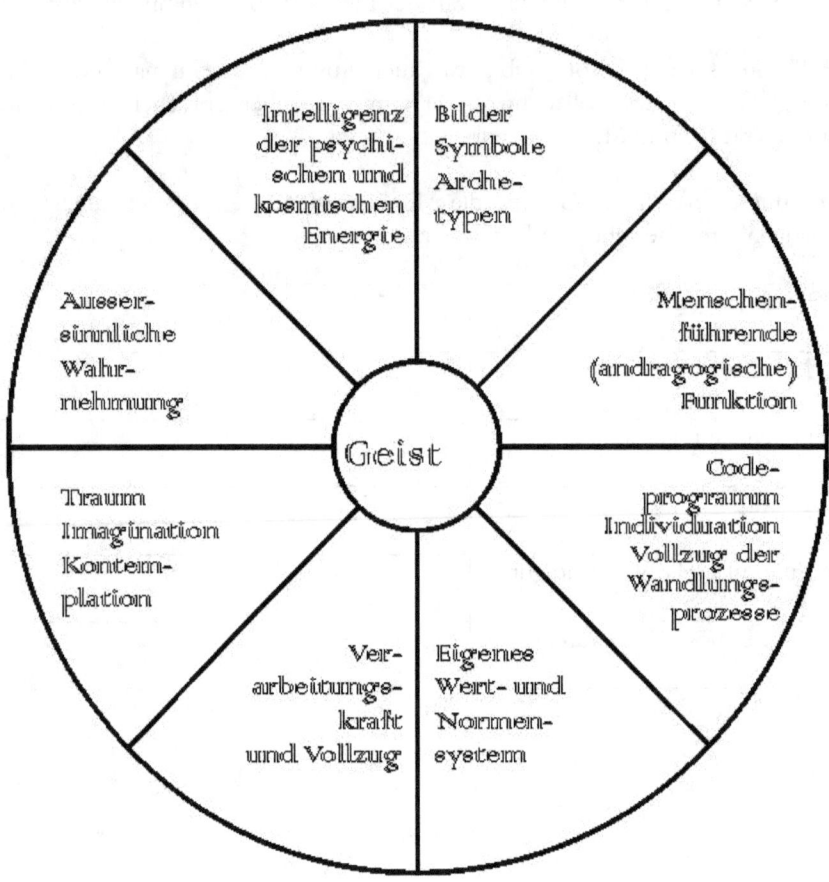

4.2.4. Das Schema der Traumdeutung

Die Traumdeutung muss erlernt werden wie eine fremde Sprache. Der Geist fordert auf: "Willst Du mit mir kommunizieren, dann lerne mich verstehen." Kompetent wird man, indem man sich auf die Träume einlässt und damit auch auf das eigene psychische Leben. Wer sein ganzes psychisches Leben nicht erschliesst und entfaltet, wird nicht kompetent.

Wer das Ich höher stellt als diesen Geist, muss zuerst lernen, wohin das führt. Wer in seiner einseitigen Theorie haften bleibt und den Geist als Gesprächspartner nicht akzeptiert, sieht nie über die selbst gebaute Mauer hinaus.

Gehen wir noch einen Schritt weiter: Wer mit Gott reden will, aber sich nicht um die Selbsterkenntnis und Individuation bemüht, muss mit einem Ersatz leben. Das Verhältnis zwischen Ich und Geist ist eindeutig:

Der Mensch ist frei, zu dem, was er ist und in sich hat, ja zu sagen oder dies zu negieren. So oder so hat das Folgen.

Drei Aspekte sind bei der Traumdeutung immer zu beachten:

Erstens sind die Traumelemente zu zerlegen. Die einzelnen Teile sind in den Erfahrungskontext zu stellen. Dies kann bis in die frühe Kindheit zurückführen. Die Kernfrage bezieht sich auf die subjektive Bedeutung aufgrund eigener Erlebnisse (Assoziationen). Dann sind die allgemeinen Elemente interpretativ zu erspüren.

Zweitens hat jede Sprache vielfältige Ausdrucksformen. Auch im täglichen Leben reden wir in Gleichnissen, machen nur Andeutungen, übertreiben oder untertreiben, verschieben gewisse Elemente um etwas hervorzuheben, reden laut oder besonders leise, machen Witze, ziehen Vergleiche herbei, lassen jemanden etwas spüren um eine Botschaft hautnah erleben zu lassen u.s.w. Jeder Traum ist zu erforschen, welche Art des "Redens" mit Bildern und Handlungen hier aktuell sein könnte,

Drittens sind die verschiedenen Funktionen des Geistes in Erwägung zu ziehen, d.h. es ist zu suchen, in welche Zielrichtung die Führungstendenz drängt:

Will der Traum informieren?

Handelt es sich um eine Erklärung oder um eine Eröffnung eines neuen Themas?

Sollen zukunftsgerichtete Perspektiven reflektiert werden?

Ist eine heikle oder gar gefährliche Sache aktuell?

Reflexionen und Diskussion

■ Für die Traumdeutung ergeben sich vier Hauptregeln:

1. Das Inventar nimmt Bezug auf das gesamte psychische System des Menschen und auf sein Leben, einschliesslich alle Elemente aller Lebenssysteme.

Die Kernfrage lautet: "Welches sind die persönlichen Assoziationen?"

2. Gewisse Elemente nehmen bezug auf allgemeine Bedeutungen, die nicht spezifische eigene Erfahrungen voraussetzen.

Nachdenken ist nötig. Amplifikationen können weiterhelfen.

3. Archetypen und archetypische Handlungen sind transzendentale Erfahrungen.

Sie widerspiegeln die Hauptwandlungen der Individuation. Erfahrungen über die Transzendenz gehen einher mit der Bestimmung durch die Individuation.

4. In einem Traum können alle drei Varianten gleichzeitig vorkommen. Das "geistige Gold" leuchtet auch in Träumen nur sehr zurückhaltend und immer im Kontext mit der innerpsychischen Realität der Person.

■ Zur praktischen Traumdeutung gehören einige elementare Schritte:

1. Schritt: Traum aufschreiben.

2. Schritt: Traum zerlegen in Teile und Sequenzen.

3. Schritt: Hauptelemente separat auflisten.

4. Schritt: Den eigenen Standort im Traum erfassen.

5. Schritt: Assoziationen (Lebenserfahrungen, Verknüpfungen).

6. Schritt: Welche psychischen Kräfte sind angesprochen?

7. Schritt: Welche Lebensthemen sind angesprochen?

8. Schritt: Welche anderen Personen und Gegebenheiten sind angesprochen?

9. Schritt: Sind Archetypen aktuell?

10. Schritt: Bisheriges Arbeitsergebnis zu einem neuen Ganzen verknüpfen.

11. Schritt: Vergleiche mit früheren ähnlichen Träumen bzw. Traumthemen.

12. Schritt: Mit Imagination Traumerfahrung erweitern.

■ Die wertvollste Quelle aller Wahrheiten über den Menschen und das Leben ist der innere Geist.

Kein Weg führt so tief und umfassend zum inneren und äusseren Menschen, wie Träume und Meditationen.

Ein Weg ohne die Träume kann nie zu Gott und zur Transzendenz führen.

Diskutieren Sie in der Gruppe einen Traum nach dem vorgegebenen Schema. Prüfen Sie unterschiedliche Interpretationen auf ihre Ursachen.

Diagramm 4.2.4: Die Etappen der Traumdeutung

1. Etappe	Assoziationen zum Traum (Ganzes, Elemente): Spontane Einfälle, Gedanken, Gefühle Erinnerungen, Erfahrungen Angesprochene psychische Kräfte und Subsysteme Ideen in Verknüpfung mit Assoziationen Ideen in Verknüpfung mit angesprochenen Themen

2. Etappe	Zerlegen des Traumes: Kontraste Komplementäres Gegensätze Polaritäten Prospektiven	Mass Werte/Sinnelemente Ursache-Wirkung Ausgleichelemente RichtigstellungeN

3. Etappe	Neukonstruktionen: Zusammensetzen mit den erarbeiteten Elementen Vom Aufbau des Traumes zur Botschaft Verschiedene Träume (derselben Nacht) verbinden Traumaussage im Ueberblick "Mensch-Umwelt" Vernetzungen mit Psyche und Transzendenz

4. Etappe	Folgerungen für's Leben: Konzequenzen für die Selbstbildung Folgerungen für das tägliche Handeln Evaluation der Selbstbildung und Handlungen

4.2.5. Das aussersinnliche Sehen

Aussersinnliches Sehen ist eigentlich nichts anderes als Imagination über fremde seelische und sachliche Gegebenheiten, zu denen man keinen direkten Erfahrungszugang hat.

Statt mit inneren Bildern zu fragen "Wie bin ich?", kann man auch fragen: "Wie ist Herr X bzw. Frau Y?" Die eigene innere Wahrnehmung ist in der Lage, alle fremden psychisch-geistigen Wirklichkeiten zu erfassen. Man kann zum Beispiel ein Inserat nehmen, wo "bestgehütete Geheimnisse" versprochen werden.

Es genügt, das Inserat in der Hand zu halten und innerlich zu fragen: "Was kann ich da erfahren?"

Oder ein anderes Beispiel: Spricht ein Politiker, kann man beim Zuhören die Augen schliessen und mit inneren Bildern sehen, was er verdeckt und wie er mit seinen Zuhörern umgeht.

In ähnlicher Weise kann man nach innen fragen, was von der Astrologie, von der Geistheilung (wie sie allgemein angeboten wird) und von aller Art esoterischen Lehren und Praktiken zu halten ist.

Der Geist gibt im medialen Sehen eine klare Antwort. Jede beliebige Institution kann mit dem medialen Sehen psychisch-geistig erschlossen werden.

Besonders hilfreich ist das mediale Sehen, wenn man andere Menschen besser verstehen will. So kann man zum Beispiel fragen: Warum ist dieser Mensch krank? Woran leidet dieser Mensch in seiner Seele? Was ist sein tiefster innerer Konflikt? Warum steckt dieser Mensch in einer derart schwierigen Lage? Worin besteht die Lösung? Was verbirgt mir dieser Mensch? Welche (geheimen) Absichten hat dieser Mensch? Wie steht dieser Mensch mir gegenüber? Wohin führt es, wenn ich mich auf eine Beziehung (oder auf ein Geschäft) mit diesem Menschen einlasse? Bin ich bei diesen Menschen wirklich willkommen? Was kann ich für diesen Menschen tun?

Nichts bleibt dem "dritten Auge" verborgen. Distanzen sind unbedeutend.

Manchmal genügt es, den Namen einer Person zu wissen, ein Foto, ein Kleidungsstück oder einen Brief von diesem Menschen in Händen zu halten, und man findet auf ASW-Kanälen den Zugang zur psychisch-geistigen

Wirklichkeit dieses Menschen.

Solche Gegenstände, die den Zugang zu einer fremden Person parapsychisch herstellen, nennt man "Konduktor".

Auch die Zeit ist relativ. Man kann zum Beispiel in die Kindheit einer andern Person mit medialem Sehen Einblick erhalten, oder in einem fremden Haus mit medialem Sehen erkennen, was (wie) in diesen Haus (an diesem Ort) früher gelebt wurde.

Reflexionen und Diskussion

■ Die Hauptschwierigkeit beim medialen Sehen besteht in der Deutung des Bildmaterials. Es ergeben sich hier dieselben Probleme wie bei der Traumdeutung und Imagination. Man sieht mit eigenen Bildern fremde Wirklichkeiten. Da kann man Gefahr laufen, Eigenes mit Fremdem zu verwechseln, etwas zu projizieren, was da nicht ist. Oder man hat schlicht Widerstände zu akzeptieren, dass das, was man sieht wirklich ein symbolischer Ausdruck ist von der angesprochenen Wirklichkeit.

Die Deutung verlangt den Miteinbezug des Bewusstseins über sich selbst und vor allem genaue Kenntnisse über den eigenen psychisch-geistigen Standort. Es gilt die Regel: Je weiter man in der eigenen Individuation fortgeschritten ist, desto klarer sieht man im medialen Sehen und desto präziser ist die Deutung.

■ Hellseher, Astrologen, Wahrsager, Medien, Karten- und Handleser sind alle nichts anderes als bessere oder schlechtere mediale Seher. Ihr "Objektfeld" (Astrologie, Kaffeesatz, Kristallkugeln, Karten etc.) ist ganz einfach ein aktivierter Konduktor.

■ Das mediale Sehen ist noch nicht umfassend erforscht. Je niedriger der psychisch-geistige Stand der meditierenden Person, desto mehr besteht die Gefahr der Fehlinterpretation und "Ansteckung".

Darum: Praktizieren Sie zuerst vielseitig die Imagination!

■ Beurteilen Sie in der folgenden Tabelle Ihre Erfahrungen mit Meditationen generell:

Ich erlebe:	meistens	häufig	selten
keine wahrnehmbaren Bilder			

nur vage Schattenbilder			
verschwommene Bilder			
nur vage Vorstellungen			
klare gesprochene Sätze			
übermässigen Bilderfluss			
nicht haltbaren Bilderfluss			
fliessendes Durcheinander			
reale sehr konkrete Bilder			
fabelhafte, märchenhafte Bilder			
ohne gefühlsmässiges Erleben			
gefühlsmässig sehr intensiv			
sehr fremdartige Bilder			
Bilder ja, aber ohne etwas zu verstehen			
mit klarem Gefühl für die Bedeutung			

Diskutieren Sie mit andern, wie Sie (und die andern) bis heute meditiert haben und welches Abweichungen zum hier dargelegten Vorgehen sind.

**Diagramm 4.2.5: Anwendungsmöglichkeiten
der Imagination**

Checkliste zur Selbstanalyse:

- ☐ Entspannung, Harmonisierung der Energie
- ☐ Selbststärkung, Kräfteerneuerung
- ☐ Veränderung der psychischen Energiesituation
- ☐ Erfassen der Alltagsgestaltung/Lebensweise
- ☐ Verstehen der Beziehungen zu andern
- ☐ Lösungsentwicklung von Herausforderungen
- ☐ Klärung von Schwierigkeiten und Konflikten
- ☐ Verstehen von psycho-somatischen Leiden
- ☐ Befreiung von vergangenen Leiderfahrungen
- ☐ Verstehen von Träumen durch Wiedererleben
- ☐ Kommunikation mit dem inneren Geist
- ☐ Klärung aller inneren Gewissenskräfte
- ☐ Befreiung aller unangenehmen Erfahrungen
- ☐ Erfassen und Handhaben aller Gefühle
- ☐ Umgang mit den eigenen Bedürfnissen
- ☐ Wille und Selbststeuerung bewusst stärken
- ☐ Erkennen von Projektionen und Identifikationen
- ☐ Erleben von Widerständen/Abwehrmechanismen
- ☐ Klärung der Vielfalt des täglichen Handelns
- ☐ Selbststeuerung der Integrationsdynamik
- ☐ Das eigene Schicksal gestalten und managen
- ☐ Alle intelligenten Kräfte bewusst nutzen
- ☐ Erweiterung der Wahrnehmungsfähigkeiten
- ☐ Erkennen von lebendiger Weisheit
- ☐ Erschliessen der Mysterien des Lebens
- ☐ Stand der psychischen Bildung erkennen
- ☐ Geist als Wert und Sinn in sich erleben
- ☐ Wahrnehmung von fremden Menschen und Orten
- ☐ Weltlage in geistiger Sicht erfassen
- ☐ Den Weg der Individuation planen und gehen

4.2.6. Die Kontemplation

Die Kontemplation ist eine spezielle Form der Imagination mit genau definierten Zielen.

Die Kontemplation befasst sich ausschliesslich mit Symbolen und Archetypen, d.h. nicht mit einzelnen eigenen psychischen Kräften, nicht mit dem Leben anderer Menschen und auch nicht mit dem kollektiven Unbewussten.

Symbole erfassen das Allgemeine des menschlichen Daseins, das Allgemeine des Kulturschaffens und das Allgemeine der menschlichen Tätigkeiten.

Archetypen beziehen sich immer auf allgemeintypische Muster von geformten psychischen Kräften, auf die Wandlungsprozesse des psychischen Lebens, auf die Stufen der Individuation, auf die allgemeinen Lebensthemen des Menschen, auf die allgemeinen Charakteristiken von Sinn und Wert sowie auf die transzendentale Wirklichkeit.

Ob das Ziel der Entspannung, beispielsweise mittels dem Bild der Sonne, als Kontemplation oder als Mental-Training bezeichnet werden soll, ist eine Entscheidungsfrage.

Imaginationen mit dem Ziel der Harmonisierung der psychischen Kräfte und dem "Leeren" des Bewusstseins, ist nicht eigentlich Kontemplation.

Wer im Leben nach Sinn und Wert sucht, die psychisch-geistige Evolution verstehen und vollziehen will, wer "hinter" die materielle äussere Welt sehen möchte, und wer die Transzendenz zu erschliessen versucht, benötigt den Weg der Kontemplation.

Auch hier sind genaue Ziele festzulegen: "Was will ich sehen?" und "Wie will ich dies sehen (d.h. mit welchem Symbolmotiv)?".

Bei der Kontemplation ist eine bedeutungsvolle Gegebenheit zu beachten: Auch die Kontemplation geschieht im Kontext des eigenen psychischen und realen Lebens.

Die Bilder zeigen sich meist mit persönlichem Erfahrungsmaterial, mit dem Stand der eigenen Entwicklung.

Die Regel heisst: Je weiter jemand im Individuationsprozess fortgeschritten ist, desto klarer und direkter sieht und erlebt er die transzendentalen Wirklichkeiten und das, was Archetypen abbilden.

Das heisst z.B.: Gott schauen ohne fortgeschrittene Individuation ist nicht möglich bzw. nur in der Perspektive, die der innerpsychische Zustand zulässt.

Jede Erfahrung ist gebunden an die verinnerlichten Bilder über diese Wirklichkeiten: Man sieht, was man darüber gelernt hat, solange die verinnerlichten Bilder nicht bearbeitet sind.

Reflexionen und Diskussion

■ Kontemplation bedeutet das Schauen und Erleben von:

- Wandlungsprozessen der Individuation
- definierten Etappenzielen in der Individuation
- typischen Mustern von geformten psychischen Kräften
- Sinn und Wert von allgemeinen Tätigkeiten
- Sinn und Wert des Daseins, des menschlichen Lebens
- den Wirklichkeiten, die die Archetypen abbilden
- den eigentlichen transzendentalen Realitäten

■ Das Ergebnis und insbesondere das Erleben der Kontemplation steht in Relation zu/zur/zum:

- Zustand der allgemeinen Psychodynamik
- Zustand der Dynamik der Gefühle
- Zustand des unbewussten Inventars
- Aktivitäten und Fähigkeiten der Denkoperationen
- Inneren Freiheit von Dogmen, Idealen, Ideologien
- Drang von unerfüllten Bedürfnissen
- Differenziertheit und Stärke der Kraft der Liebe
- Fähigkeit der Traumdeutung
- Fähigkeit (Sensibilität), Sinne und Werte zu erleben und zu erfassen
- Dynamik der Abwehrmechanismen und Fähigkeit der Integration
- Gesamten dem Bewusstsein zur Verfügung stehenden Inventar
- Stand der eigenen Individuation

■ Das Vorgehen in der Kontemplation:

1. Es gelten dieselben Schritte und Regeln wie bei der Imagination.

2. Die Zielentscheidung ist besonders wichtig, da auch schwierig: Man kann nur Ziele formulieren, die man kennt.

3. Es ist wenig sinnvoll, schon bei ersten "Gehversuchen" hohe "Gipfel erstürmen" zu wollen.

4. Die Leistungsstufen sollen bei lebensnahen Themen beginnen.

5. Es ist nicht möglich und kaum sinnvoll, "Gott" zu suchen (was immer damit gemeint ist), wenn man das eigene psychische Leben nicht umfassend suchen und bearbeiten will bzw. dazu noch kaum Schritte vorwärts geleistet hat.

Formulieren Sie einige Ziele der Kontemplation. Vergleichen Sie mit andern.

Diagramm 4.2.6: Muster einer Kontemplation
(Kreis-Kreuz-Mandala)

KONTEMPLATION LEBENSSYMBOL

Schliessen sie die Augen. Sie entspannen sich jetzt. Ihre Gedanken lösen sich auf. Sie atmen tief und langsam, immer tiefer und ruhiger. Tiefe Ruhe erfasst sie mehr und mehr...

Stellen sie sich vor: Sie schauen in den tiefblauen Sternenhimmel. Von weitem kommt ein kleines Licht immer näher, Ihnen entgegen. Dieses Licht wird immer grösser, sieht aus wie eine kleine Sonne. Sie fühlen langsam zunehmend die Wärme der Lichtsstrahlen, zuerst im Gesicht, dann mehr und mehr im Körper...

Jetzt steht diese Sonne vor Ihnen, sieht aus wie ein Kreis-Kreuz-Mandala und strahlt eine angenehme Wärme aus...

Reden sie mit dieser Lichtquelle: Was bist du? Woher kommst du? Was kann ich mit dir tun? Erleben Sie innerlich die Antworten...

Jetzt kommt dieses Licht näher und näher, bis Sie ganz in dieser Sonne sind. Das Licht durchströmt Ihren ganzen Körper. Sie fühlen sich angenehm wohl und darin geborgen. Das Licht trägt Sie. Das Licht schützt Sie. Das Licht stärkt Ihre gesamte psychische Energie. Das Zentrum dieser Sonne ist mitten in Ihnen. Sie können dieses innere Zentrum spüren. Verweilen Sie einen Moment in diesem Zustand...

Allmählich geht das Bild dieser Sonne weg.

Sie sehen jetzt nichts mehr.
Aber die Energie dieses Mandalas ist in Ihnen.
Spüren Sie jetzt Ihre gestärkte
und zentrierte Energie...

Atmen Sie tief durch.
Dann öffnen Sie Ihre Augen.

4.2.7. Arbeitseinheit

4.2.7. Arbeitseinheit – 1

1. a) Wie erleben Sie Ihr Träumen?

1. b) Was sagen Ihre Bekannten über Träume und Traumdeutung? Und Ihre Folgerung daraus:

2. Beschreiben Sie in 7 Punkten, was Sie bis heute aus Ihren Träumen bzw. aus der Traumdeutung für einen Nutzen gezogen haben:

1)
2)
3)
4)
5)
6)
7)

3. Formulieren Sie ein Bildungsziel für Sie zur Traumdeutung:

4. a) Imaginieren Sie über den "Erfolg" Ihrer Traumarbeit bis heute:

4. b) Ihre Folgerung in einem Satz:

4.2.7. Arbeitseinheit – 2

1. a) Wie erleben Sie die Reichhaltigkeit der Träume?

1. b) Erweitern Sie die Liste der möglichen Trauminhalte aus eigenen Erfahrungen:

2. Beschreiben Sie kurz, was Sie an Trauminhalten bereits erfahren haben:

a) Menschen:	
b) Tiere:	
c) Orte:	
d) Gegenstände:	
e) Ereignisse:	
f) Sachthemen:	
g) Handlungen:	
h) Gespräche:	
i) Geheimnisvolles:	

3. Formulieren Sie ein Bildungsziel über den Umgang mit der Vielfalt der Trauminhalte:

4. a) Imaginieren Sie über Ihre Art, mit den Trauminhalten umzugehen:

4. b) Ihre Folgerung in einem Satz:

4.2.7. Arbeitseinheit – 3

1. a) Woran erkennen Sie eine intelligente Traumstruktur?

1. b) Kommentieren Sie die "menschenführende Funktion" der Träume:

2. Reflektieren Sie mit einem Beispiel die Möglichkeiten, die in dieser intelligenten geistigen Kraft bestehen, in Bezug auf:

a) Beziehungen:	
b) Lebensverarbeitung:	
c) Lebensraumgestaltung:	
d) Politik:	
e) Interkulturelle Verständigung:	
f) Interreligiöse Verbindung:	

3. Formulieren Sie ein Bildungsziel für die Nutzung der Kraft des inneren Geistes:

4. a) Imaginieren Sie über den "Nutzen" der Kraft des Geistes:

4. b) Ihre Folgerung in einem Satz:

1. a) Wie erleben Sie den 'Geist' als Gesprächspartner und Führungsinstanz?

1. b) Wie steht es mit der Freiheit des Ich's gegenüber diesem 'Geist'?

2. Welche Probleme/Schwierigkeiten erleben Sie zur praktischen Traumdeutung?

1. Schritt: Traum aufschreiben

2. Schritt: Traum zerlegen in Teile und Sequenzen

3. Schritt: Hauptelemente separat auflisten

4. Schritt: Den eigenen Standort im Traum erfassen

5. Schritt: Assoziationen (Lebenserfahrungen, Verknüpfungen)

6. Schritt: Welche psychischen Kräfte sind angesprochen?

7. Schritt: Welche Lebensthemen sind angesprochen?

8. Schritt: Welche anderen Personen und Gegebenheiten sind angesprochen?

9. Schritt: Sind Archetypen aktuell?

10. Schritt: Bisheriges Arbeitsergebnis zu einem neuen Ganzen verknüpfen

11. Schritt: Vergleiche mit früheren ähnlichen Träumen bzw. Traumthemen

12. Schritt: Mit Imagination Traumerfahrung erweitern

3. Formulieren Sie ein Bildungsziel über das Verhältnis "Ich und Geist":

4. a) Imaginieren Sie über Ihre Freiheit gegenüber Ihrem inneren Geist:

4. b) Ihre Folgerung in einem Satz:

4.2.7. Arbeitseinheit – 5

a) Wie erleben Sie das "Spiel" der Bilder, wenn Sie imaginieren?

1. b) Formulieren Sie 3 Fragen, die je als Einstieg in eine Imagination zur allgemeinen Selbsterkenntnis gelten können:

Wie oft haben Sie bereits über die nachfolgenden Themen meditiert (imaginiert)?
5 = sehr häufig; 4 = häufig; 3 = manchmal; 2 = eher wenig; 1 = selten; 0 = nie

Thema	Häufigkeit	Kommentar Erklärung
Selbsterkenntnis allgemein		
Lebensweise, Lebensstil		
Handlungen aller Art		
Konflikte, Schwierigkeiten		
Gesundheit, Krankheit, Leiden		
Beziehungen, Menschen		
Biographie, Unbewusstes		
Sexualität, Lust		
Einstellungen, Überzeugungen		
Lebenssinn, Daseinsfragen		
Liebe, Liebe zum Leben		
Gefühle, Stimmungen		
Institutionen aller Art		
Politik, Umwelt, Weltlage, etc.		
Religion, Gott, Kirche, etc.		

3. Formulieren Sie ein Bildungsziel zur Selbsterkenntnis mit Imagination:

4. a) Imaginieren Sie über Ihre Verantwortung Ihrer eigenen Imaginationspraxis gegenüber:

4. b) Ihre Folgerung in einem Satz:

4.2.7. Arbeitseinheit – 6

1.a) Was genau ist 'subjektiv' im Erleben einer Kontemplation?

1. b) Welche Kontemplation (Symbole, Archetypen) erleben Sie als schwierig? Inwiefern?

2. Erklären Sie mit einem Beispiel. Das Ergebnis und insbesondere das Erleben der Kontemplation steht in Relation zu/zur/zum:

a) Zustand der allgemeinen Psychodynamik
b) Zustand der Dynamik der Gefühle
c) Zustand des unbewussten Inventars
d) Aktivitäten und Fähigkeiten der Denkoperationen
e) Inneren Freiheit von Dogmen, Idealen, Ideologien
f) Drang von unerfüllten Bedürfnissen
g) Differenziertheit und Stärke der Kraft der Liebe
h) Fähigkeit der Traumdeutung
i) Fähigkeit (Sensibilität), Sinne und Werte zu erleben und zu erfassen
k) Dynamik der Abwehrmechanismen und Fähigkeit der Integration
l) Gesamten dem Bewusstsein zur Verfügung stehenden Inventar
m) Stand der eigenen Individuation

3. Formulieren Sie ein Bildungsziel zur Praxis der Kontemplation:

4. a) Imaginieren Sie über den Sinn und Wert Ihres Kontemplierens:

4. b) Ihre Folgerung in einem Satz:

4.2.7. Arbeitseinheit – 7

Schreiben Sie einen offenen Brief an die Politiker, dass sie ihre Träume in ihre politische Arbeit integrieren sollten. Und begründen Sie:

Multiple Choice Test

Wählen Sie die vier richtigen Antworten aus: ☒ a) Fun

10.1. Die Träume sind:
☐ a) eine geistig bearbeitete Realität   ☐ b) Ausdruck einer inneren Sicht
☐ c) zielgerichtete geistige Analysen   ☐ d) frei von Werturteilen
☐ e) unstrukturierte Bewusstseinsinhalte ☐ f) operative gerichtete Prozesse

10.2. Elemente in der Traumwirklichkeit sind:
☐ a) immer objektiv real   ☐ b) Fragmente vom Alltag
☐ c) alltägliche Symbole   ☐ d) Handlungen
☐ e) Lebensthemen aller Art   ☐ f) Antriebskräfte

10.3. Charakteristisch für den inneren Geist ist:
☐ a) Kommunikation zum Ich durch Träume
☐ b) andragogischer Zweck
☐ c) Bezweckt die Auflösung des Ichs
☐ d) organisiert Individuation
☐ e) Zugang zu allen Wirklichkeiten
☐ f) unverbindliche Strukturdynamik

10.4. Folgende Aussagen sind richtig:
☐ a) Traumdeutung basiert auf reiner Kunst und Intuition.
☐ b) Traumdeutung bleibt immer subjektiv und willkürlich.
☐ c) Traumdeutung kann erlernt werden wie eine fremde Sprache.
☐ d) Die Traumelemente sind immer bzw. meist zu zerlegen.
☐ e) Die Traumsprache hat vielfältige Ausdrucksformen.
☐ f) Die traumschaffende Kraft hat unterschiedliche Funktionen.

10.5. Risiken in der praktischen Imagination sind v.a. im Bereich:
☐ a) oberflächliche Betrachtung
☐ b) die eigenen Projektionen
☐ c) fremdsuggestive Manipulation
☐ d) Deutung der Symbole und Bilder
☐ e) Überschätzung einer Übung
☐ f) Opfer einer Indoktrination werden

10.6. Kontemplationen ermöglichen:
☐ a) Wandlungsprozesse   ☐ b) Sinnerfahrungen
☐ c) Werterleben   ☐ d) Archetypenerfahrung
☐ e) Glaubensverstärkung   ☐ f) Selbstauflösung

5. Konzept Individuation

Essentielle Thesen

❏ Der Mensch als psychisch-geistiges Wesen ist bildungsbedürftig und bildungsfähig. Diese innere Bildung ist die humane Evolution.

❏ Die Basis dieser Bildung ist die Bejahung des Innenlebens, die Zuwendung und die Bewusstwerdung zu allen formbaren und nutzbaren psychischen Kräften.

❏ Die Bildung und progressive Entfaltung aller Kräfte in Zielrichtung einer allseitig ausgewogen, verflochten funktionierenden Ganzheit heisst "Individuation".

❏ Der Bildungsprozess hat drei Stufen (Phasen):

● 1. Stufe: Erkennen und verstehen der psychischen Systeme und Kräfte
● 2. Stufe: Verändern, stärken, entfalten, neuwerden aller psychischen Kräfte
● 3. Stufe: Herstellen einer neuen Ganzheit und diese leben

❏ Durch die Bildung in diesem Prozess findet der Mensch alle Antworten über den Menschen und sein Dasein in der Erfahrung des Geistes und der Wandlungsprozesse.

5.1. Individuation als Wachstumsprozess

5.1.1. Die psychisch-geistige Evolution

Die wissenschaftlichen und technischen Fortschritte der Industrienationen sind beeindruckend. Die vielfältigen Güter, die Überbauungen, die Systeme der Kommunikation und vieles mehr zeigen uns: der Mensch hat ein gewaltiges kreatives intellektuelles Potential.

Die Lebensbedingungen in industrialisierten Ländern haben sich seit etwa 1970 quantitativ und qualitativ drastisch geändert. Die medizinische Betreuung schafft Leistungen, die früher kaum denkbar waren. Die Wohnqualität hat sich bei Millionen verbessert. Hundert technische Apparate für den täglichen Gebrauch machen das Leben leichter.

Viele Menschen haben nie geahnte Möglichkeiten, einen originalen Ausdruck zu leben, mit Kleidung, Auto, Wohnkultur. Wie nie zuvor ist der Mensch heute über die Ereignisse in der Welt informiert.

Frauen können heute ihr eigenes Leben gestalten, in Beruf und Beziehung. Das "Mutter sein" gilt nicht mehr als Bedingung zur vollwertig akzeptierten Frau in der Gesellschaft.

Immer mehr werden Menschen auch frei von ideologischen und dogmatischen Beherrschungen. Sie lassen sich nicht mehr von totalitären und archaisch-mythischen Menschenbildern verführen.

Da ist allerdings eine Gegenwirklichkeit: Im psychischen Leben haben die Menschen keine Qualität gebildet. Noch immer lehnen die meisten das psychische Innenleben ab.

Die meisten haben keine Vorstellung über das Unbewusste und den inneren Geist. Ihre einzelnen psychischen Subsysteme und Kräfte wirken unerkannt chaotisch. Die Liebe ist, gemessen an der Individuation, wenig gebildet.

Es dominiert die quantitative Expansion: immer mehr Erleben bei gleichzeitigem zunehmendem Entfernen von der inneren Realität. Dies schafft neue illusionäre, religiöse, esoterische und politische Ideen.

Zunehmend binden sich die Menschen lustbetont an Objekte und Schein, statt an echtem Leben. Es hat seit 2000 Jahren keine umfassende psychisch-geistige Evolution stattgefunden.

Deshalb gibt es auch die Kehrseite des technischen Fortschrittes: Atombomben, gewaltige Waffenarsenale, Umweltzerstörung, Kriminalität, Armut u.s.w.

Immer hat es einzelne Individuen und Menschengruppen gegeben, die die innere Wirklichkeit gefunden und gelebt haben. Sie haben sich ihrem umfassenden psychischen Leben zugewandt. Sie haben die Liebe und den Geist gesucht und damit gelebt. Sie haben das Bewusstsein über sich und über das Dasein erforscht.

Das ist psychisch-geistige Evolution: Die umfassende Selbstliebe bilden und daraus die Liebe leben. Das menschliche Leben mit dem psychischen Organismus ist in dieser progressiven Entfaltung das höchste Gut und der höchste Wert. Das bewirkt Expansion in der inneren Qualität. Der technische Fortschritt kann darauf aufgebaut werden.

Reflexionen und Diskussion

■ Die Geschichte zeigt uns die Möglichkeiten und Realitäten des Menschen:

- Der Mensch kann die innere psychische Wirklichkeit ablehnen.
- Der Mensch kann die Kraft der Liebe negieren oder nur nach aussen richten.
- Der Mensch kann ohne Kommunikation mit dem inneren Geist leben.
- Der Mensch kann die innere Entfaltung unterdrücken.
- Der Mensch kann zerstören und hassen, was der Mensch und das Leben sind.
- Der Mensch kann jeden innen aufgebauten Lebensausdruck verweigern.
- Der Mensch kann sich als Ersatz an äusseren Gegebenheiten binden; zum Beispiel: Güter, Macht, Ideologie, Dogmen, Gesetze.

■ In den menschlichen Belangen zeigt sich der "Fortschritt", nicht in Technik und industriellen Organisationen.

Alles, was die Wissenschaft, die Forschung, die Politik, die Industrie u.s.w.

geschaffen haben, ist von Menschen und für Menschen. Kultur und Zivilisation sind Erzeugnisse von Menschen. Nichts von all dem hat einen Wert ohne den Menschen.

Vieles davon ist geschaffen:

- ohne Liebe
- ohne Geist
- ohne die psychische Innenwelt

■ Die Menschen haben auch die andere Möglichkeit, die wir als die psychisch-geistige Evolution bezeichnen:

- Integration des psychischen Lebens
- Bewusstsein über das Innenleben, insbesondere über das Unbewusste
- Ordnung und Struktur im psychischen System (zwischen allen Teilen)
- Geist als übergeordnetes "Regierungsprinzip": innen wie aussen
- Entfaltung und Wachstum aller lebensoffenen inneren Möglichkeiten
- Zuwendung zum Leben aus der Selbstliebe
- Nutzung aller Möglichkeiten, um dem Leben in Rückbindung an alle psychischen Kräfte einen gleich geordneten Ausdruck zu geben

■ Die Menschheit steht noch am Anfang dieses Evolutionsprozesses.

Die meisten Menschen wissen kaum, was an psychischen Wirklichkeiten in ihnen lebendig und formbar ist.

Wo soll der Mensch Antworten auf die Grundfragen des Daseins finden, wenn nicht in seinem psychischen Organismus und in der Erfahrung der psychischgeistigen Evolution?

➔ Woher kommt der Mensch?
➔ Wohin geht der Mensch nach seinem Tod?
➔ Wozu dient das Leben?
➔ Was ist "Gott"?

Diagramm 5.1.1: Evolution des Menschseins

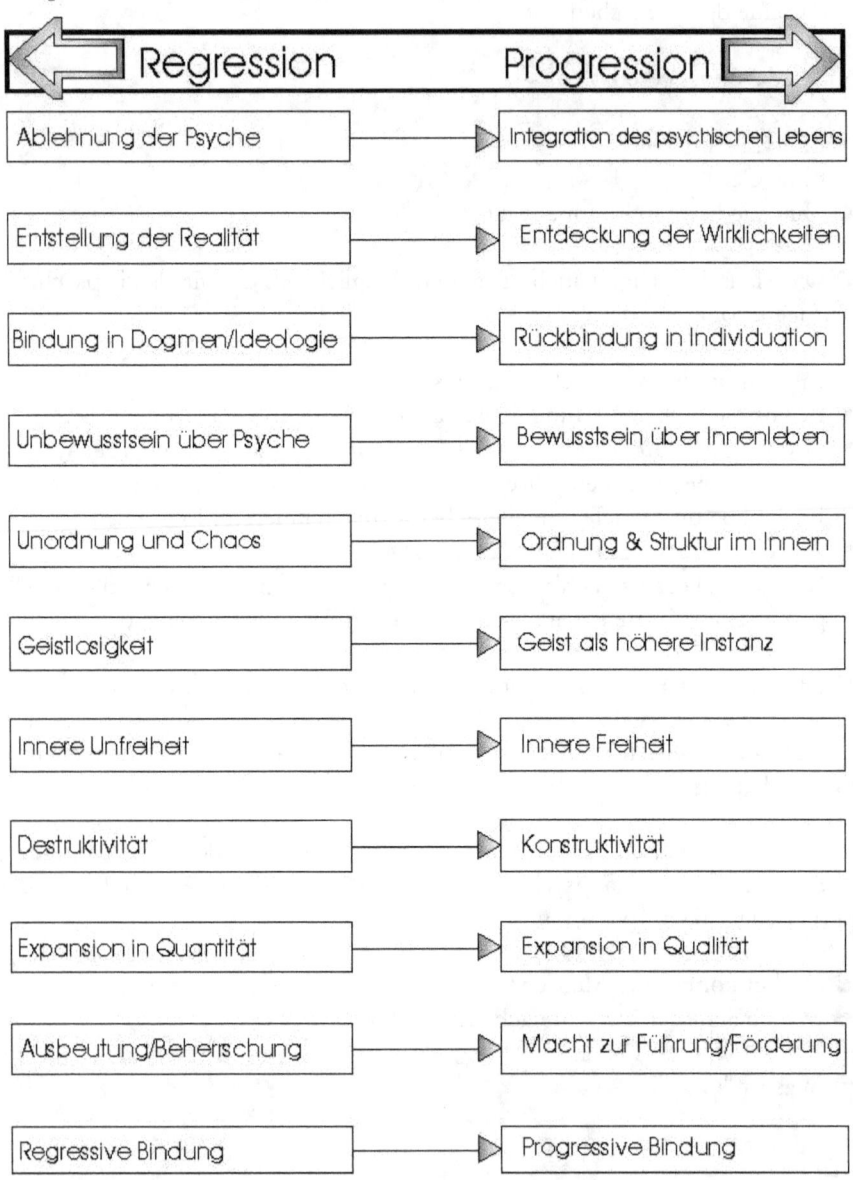

Regression	Progression
Ablehnung der Psyche	Integration des psychischen Lebens
Entstellung der Realität	Entdeckung der Wirklichkeiten
Bindung in Dogmen/Ideologie	Rückbindung in Individuation
Unbewusstsein über Psyche	Bewusstsein über Innenleben
Unordnung und Chaos	Ordnung & Struktur im Innern
Geistlosigkeit	Geist als höhere Instanz
Innere Unfreiheit	Innere Freiheit
Destruktivität	Konstruktivität
Expansion in Quantität	Expansion in Qualität
Ausbeutung/Beherrschung	Macht zur Führung/Förderung
Regressive Bindung	Progressive Bindung

Erste Aufgaben der Individuation

Die Standardbegriffe der Menschenbildung sind nun bekannt: Entwicklung, Entfaltung, Wachstum, Reifung, Prozesssein, Selbstwerdung, Bewusstseinserweiterung, Selbstfindung, Selbstsein, Selbstverwirklichung, spirituelle Entwicklung, Personagenese, Erwachsenwerden u.ä.m. Diese Begriffe sprechen alle in irgendeiner Weise, wohl immer mit bestimmten Theorien über die Persönlichkeit und mit je eigenen Philosophien (über den Menschen und das Leben) die Individuation an. Der Studierende wird inzwischen festgestellt haben: Wir haben sehr viele Bausteine aus einem sehr breiten Spektrum an Wissen über den Menschen konstruiert. Unsere Methodenvielfalt dazu ist gewiss transparent geworden. Mit klaren Begriffen und konkreten Schritten können wir damit den Prozess der Entfaltung und des Wachstums erfassen; dazu eine Übersicht. Die konkreten Arbeiten in der 1.Stufe der Individuation sind:

☐ Übersicht gewinnen über die verschiedenen psychischen Kräftesysteme

☐ Die zentralen psychischen Kräfte kennenlernen und an sich selbst entdecken

☐ Die Bedeutung der eigenen Biographie verstehen und den Zugang dazu finden

☐ Die Komplexität und Vernetzungen des eigenen Handelns erkennen

☐ Mit der eigenen psychischen Energie (Lebensenergie) konstruktiv umgehen können

☐ Klarheit finden über "Bewusstsein", so dass diese Wirklichkeit handhabbar wird

☐ Konkrete Vorstellungen aufbauen über das Ich und seine Steuerungsmechanismen

☐ Sachwissen über die intelligenten Funktionen an sich selbst entdecken

☐ Die Welt der Gefühle als handhabbar erkennen und den Zugang dazu finden

☐ Präzise Kenntnisse über die Vielfalt der Bedürfnisse durch Selbstreflexion aneignen

☐ Das Unbewusste als Realität begreifen, die systematisch umgestaltet werden kann

☐ Die Bedeutung (Funktionsweise) der Träume erfassen und dazu einen Einstieg finden

☐ Die Liebe als die entscheidende Lebenskraft verstehen; mit Blick ins Gegenteil

☐ Die Bedeutung des psychischen Lebens für das Mensch-sein konkret erfassen

☐ Den Zusammenhang zwischen Lebensthemen und psychischer Innenwelt erkennen

☐ Die Grundwerte des Mensch-seins aus der Sicht des psychischen Lebens entdecken

☐ Den Unterschied erkennen zwischen bewusster und unbewusster Lebensführung

☐ Das Beziehungsleben aus der Sicht der psychischen Wechselwirkungen anschauen

☐ Die Wichtigkeit der Sinne und des Körpers im Kontext des Psychischen einschätzen

☐ Die Bedeutung der Sexualität und ihre aufbauenden Gestaltungsmöglichkeiten sehen

☐ Die private Lebensführung aus praktischer Sicht des Selbst-Managemens beurteilen

☐ Das Lernen, vor allem in der Selbstbildung, 'intelligent' und interessant gestalten

☐ Für sich selbst die grösseren und kleinen Ziele der Selbstbildung formulieren können

☐ Verstehen, wie Menschenbilder zustandekommen, wie sie beurteilt werden können

☐ Die Gesundheit aus einer ganzheitlichen Sicht des Lebens interpretieren und pflegen

☐ Partnerschaftliche Beziehung aus dem psychischen Leben begreifen

☐ Männlichkeit und Weiblichkeit, als Rollen und als Seinserleben, neu entdecken

☐ Die Methoden der Selbsterkenntnis verstehen und anwenden können

☐ Klare Vorstellungen über Intuition, Introspektion, Imagination, Kontemplation finden

☐ Die ersten Schritte der Traumdeutung verstehen und praktizieren können

☐ Techniken der Entspannung in den Grundstufen sinnvoll anwenden können

☐ Für sich selbst positive Lebenswerte formulieren und realisieren können

☐ Die Wirkungsweise dessen, was wir "Geist" nennen, entdecken und ernst nehmen

☐ Verantwortung für das eigene Handeln, das Leben, die Lebenszeit übernehmen

☐ Das eigene Mensch-sein in der realen und transzendentalen Vernetzung erleben

☐ Meditativer und denkerischer Umgang mit Lebensfragen kompetent handhaben

☐ Lebenslust, Liebe zum Leben, Hoffnung und Vertrauen ins Leben aufbauen können

☐ Reflektieren, fragen, diskutieren, argumentieren können über das psychische Leben

☐ Die philosophischen und religiösen Dimensionen in der inneren Wirklichkeit orten

☐ Eine klare kritische Schau über die heutigen psycho-spirituellen Angebote haben

☐ Differenziert und mit sachlicher Distanz die heutigen Lebensformen verstehen

☐ Das innere Erleben von Wachstum, Entfaltung, Bewusstseinserweiterung erkennen

Entfaltung und Wachstum

Zu Entfaltung und Wachstum der Persönlichkeit gibt es viele Umschreibungen und Betrachtungsaspekte. Die folgenden Beispiele geben Anregungen zur Reflexion.

- Entfaltung bewirkt: Falsche Fassaden und Masken fallen lassen; Grundlegenderes hinter den Masken erkennen
- Entscheidung, sich selbst zu sein; die eigenen Einstellungen voll erfahren; Abhängigkeiten erkennen; sich zuwenden: Schmerz, Ärger, Begehren, Trauer, Stolz etc.
- den inneren Reichtum erkennen; das innere Muster finden; offen sein für lebendige Erfahrung
- Abwehrhaltung und Rigidität abbauen; Ungewissheiten ertragen
- den ganzen eigenen Organismus erfahren und Vertrauen finden darin; die eigene Quelle der Entschlüsse und Werturteile erkennen
- sich selbst als einzigartiges Wesen annehmen, Entwicklung erleben und die Verantwortung zum Wachstum übernehmen

Prozessphasen der Persönlichkeitsveränderung sind:

Phase: Selbsterfahrung der Abneigung, sich mitzuteilen, der Sperren gegen innere Kommunikation, der Schwarz-Weiss-Kategorien.

Phase: Erste geringfügige Auflockerungen; noch starke Distanzierung zu den eigenen Gefühlen und Erfahrungen; Differenzierungen noch sehr begrenzt und pauschal.

Phase: Relativ distanzierte, aber flüssigere Kommunikation über Gefühle, die Selbst-Erfahrungen; noch stark negative Beurteilung der Gefühle; allmählich differenzierter.

Phase: Zunehmende Öffnung und Differenzierung der Gefühlswelt, doch noch wenig Akzeptieren; Erfahrungen werden aufgelockerter; Besorgnis über

Widersprüche.

Phase: Gefühle 'sprudeln hervor', kommen zum Ausdruck; der persönliche Bezug zu den Gefühlen wird erkannt; Genauigkeit und Differenzierung wird gesucht; offener gegenüber Widersprüchen/Ungereimtheiten; Übernahme der Eigenverantwortung.

Phase: Gefühle werden nicht mehr bekämpft und geleugnet; volle Akzeptanz; die Erfahrung des Gefühls wird zum Teil des Selbst; physische Auflockerung; freie und unblockierte Kommunikation; Inkongruenz zwischen Erfahrung und Bewusstsein wird erlebt und abgebaut; Selbsterleben als 'Subjekt' der Erfahrungen (der Probleme).

Phase: Gefühlserfahrung wird zur Bezugsinstanz, d.h. klarer erleben/wissen wollen, wer man ist, was man will, die eigenen Haltungen und Einstellungen etc.; wachsendes grundsätzliches Vertrauen in den eigenen Prozess; Situationen werden in der Neuheit erfahren und gedeutet; Zuversicht im Prozess sein; eindeutige innere Kommunikation; Erfahrung, dass man die Wahl hat, auf neue Weisen zu leben.

Unsere These: In allen Themen- bzw. Arbeitsbereichen der 1.Phase der Individuation laufen diese Prozesse im Grundsätzlichen ab.

Doch Individuaton ist entscheidend 'mehr': Individuation ist Selbstwerdung, das heisst:

Das Selbst aus den falschen Hüllen der Person (Masken, Schatten) befreien.
Auflösung der Gegensätze zwischen Unbewusstem und Bewusstsein.
Beziehung finden zum eigenen Unbewussten (auch Anima/Animus)
Einheit schaffen und innen zentrieren (Mittelpunkt innen).

Das Selbst finden - Eine These: Psychologisch bedeutet das Selbst: die psychische Ganzheit des Menschen. Da der Mensch sich nur als ein Ich kennt, und das Selbst als Totalität unbeschreibbar und ununterscheidbar von einem Gottesbild ist, so bedeutet die Selbstverwirklichung in religös-metaphysischer Sprache die Inkarnation Gottes.

Notizen und Perspektiven

Was denken die meisten Menschen über die psychisch-geistige Evolution?

Notieren Sie die zentralen Schlüsselbegriffe dieses Unterkapitels:

Was bewirkt das Überwiegen der Regression langfristig im Kollektiv?

Entfaltung und Wachstum ist wesentlich, denn:...

Was haben Sie in Elternhaus, Schule und Kirche über die Individuation gelernt?

Welche Bedeutung im Zusammenleben hat das Gespräch über die einzelnen Schritte der Individuation (je Stufe bzw. Phase)?

Was würde es bewirken, wenn die Akteure in Politik und Wirtschaft den Prozess der Individuation leben würden?

Was vermittelt die Werbung über Progression in der psychisch-geistigen Evolution?

Formulieren Sie eine Ihnen wichtige Frage zu Entfaltung und Wachstum:

5.1.2. Der Prozess der Individuation

Der Prozess der psychisch-geistigen Evolution heisst "Individuation". Dieser Prozess kann in klare Phasen und einzelne Stufen eingeteilt werden. Jeder Schritt ist wissenschaftlich vorbereitet. Alle Erfahrungen sind überprüfbar. Die Elemente und ihre Bedeutung sind diskutierbar. Hier wird weder spekuliert, noch ist Glauben nötig.

Individuation geschieht nicht ausserhalb des täglichen Lebens und basiert nicht auf Beherrschung. Weder "Gehirnwäsche" noch Indoktrinationen sind ihre Methoden. Alle Schritte dieser Evolution basieren auf dem psychischen Organismus, eingebettet in den Lebensraum. Selbsterkenntnis ist der Anfang. Dies führt zu einem komplexen Wachstumsprozess in allen psychischen Subsystemen. Insofern ist Individuation der ganzheitliche Bildungsprozess. Es gibt in diesem Prozess keine "Abkürzungen" und keine Illusionen.

Die innere Bildung des ganzen Menschen bedeutet Arbeit und Erfahrung: Mit der Bejahung des psychischen Lebens beginnt die Entdeckungsreise. Alle inneren Räume samt ihren "Möblierungen" sind zu entdecken, zu analysieren und zu verstehen.

Was man kennt, kann man auch bilden, d.h. verändern, differenzieren und wachsen lassen. Daraus entsteht eine Art "innere Wiedergeburt". Das gesamte gelebte Leben wird Schritt für Schritt bereinigt.

Alle ungeeigneten Bilder im Unbewussten sind korrigierbar. Der Mensch kann seine echten Bedürfnisse finden und angemessen befriedigen. Die Gefühle können verstanden und ausgewogen ins Alltagsleben integriert werden. Wahrnehmung und Denken gewinnen an Qualität. Statt Abwehr findet der Mensch eine kreative Dynamik der Integration des gesamten inneren und äussseren Lebens.

So wird allmählich auch das Bewusstsein über sich, über andere, über die Welt und die Transzendenz sachlich und wahrhaftig erweitert. Die Träume bzw. der innere Geist führen denjenigen auf diesem Weg, der dieses "Regierungsprinzip" akzeptiert.

Durch diese Beschäftigungen wandeln sich die inneren Kräfte und finden zu einer harmonischen neuen Einheit. Nichts ist durch Unterdrückung abgespalten. Das Leben erhält aussen eine deutliche Prägung von diesen Bildungen. Was innen gelebt und im Persönlichen gepflegt wird, erhält auch in der Menschengemeinschaft eine Bedeutung: Die Liebe und der Geist werden zu leitenden Kräften in der Weltgestaltung.

Der Prozess dauert, bis der Mensch seine neue Ganzheit gefunden hat. Daraus lebt er dann für sich und für die andern. Das Kreis-Kreuz-Mandala ist ein Archetypus dieses Ziels. Der Mensch ist am Ziel der Individuation ein lebendiges Abbild dieses Mandalas.

Sehr viele Menschen können diesen inneren Prozess durchlaufen und das Ziel erreichen. Individuation ist die Lebensforderung aus der Liebe und dem Geist.

Reflexionen und Diskussion

■ Wie vollzieht sich diese psychisch-geistige Evolution? Wir kennen den psychischen Organismus und seine Verflechtungen mit dem Lebensraum.

Wir wissen vieles über die Funktionsweise der einzelnen psychischen Kräfte.

Wer einen Plan hat, kann sich einen Prozessverlauf organisieren.

Wer die Kommunikation mit dem inneren Geist pflegt, hat das "Regierungs- und Führungsprinzip" für die Evolution.

Den praktischen Prozess bezeichnen wir mit "INDIVIDUATION".

■ Wir unterteilen diesen Prozess in drei Stufen (Phasen):

1. Stufe:

Bejahen der psychischen Wirklichkeit
Entdecken, zerlegen, verstehen dieser psychischen Wirklichkeit
Verstehen der Funktionsweise der einzelnen Kräfte
Erlernen der Methoden zum Verstehen und Bilden der Kräfte
Erarbeitung dieser Schritte bis zur "Geburt des neuen Menschen"

2. Stufe:

Anerkennung des Geistes als Ordnungs- und Führungsprinzip
Umwandlung der einzelnen Kräfte ("stirb und werde")
Stärkung und Entfaltung aller psychischen Subsysteme
Auflösung der inneren Gegensätze
Erarbeitung einer inneren Einheit mit den Subsystemen

3. Stufe:

Auflösung der alten Regierungsprinzipien zugunsten des Geistes
Einklang schaffen zwischen Innen und Aussen
Verwurzelung der Lebensweise in der Liebe und im Geist
Die innere Ganzheit aussen leben (einen Ausdruck geben)
Vollzug der Ganzheit (als innerer Prozess)

■ Es gibt keine "Ganzheit" ohne den umfassenden psychischen Organismus und ohne diesen psychisch-geistigen Prozess.

Wer ganzheitliche Bildungsziele erreichen will, lebt im Prozess der Individuation.

Ohne Integration aller psychischen Kräfte, insbesondere des Geistes, ist das Ziel nicht erreichbar.

■ Wer diesen Prozess durchläuft, formt nicht nur "psychische Kräfte", sondern seine gesamte psycho-energetische Struktur. Erfahrung und Bildung werden zu einem energetischen Sein.

Der Mensch wird durch diesen Prozess immer mehr, was er innen ist: das ist viel mehr als für die meisten Menschen vorstellbar ist.

Der Mensch hat seine Möglichkeiten noch nicht entdeckt (von Ausnahmen abgesehen). Individuation ist Verwirklichung des Menschseins.

➔ Individuation ist für alle Menschen heute der "Evolutionssprung".

Diagramm 5.1.2: Der Individuationsprozess - Hauptwandlungen

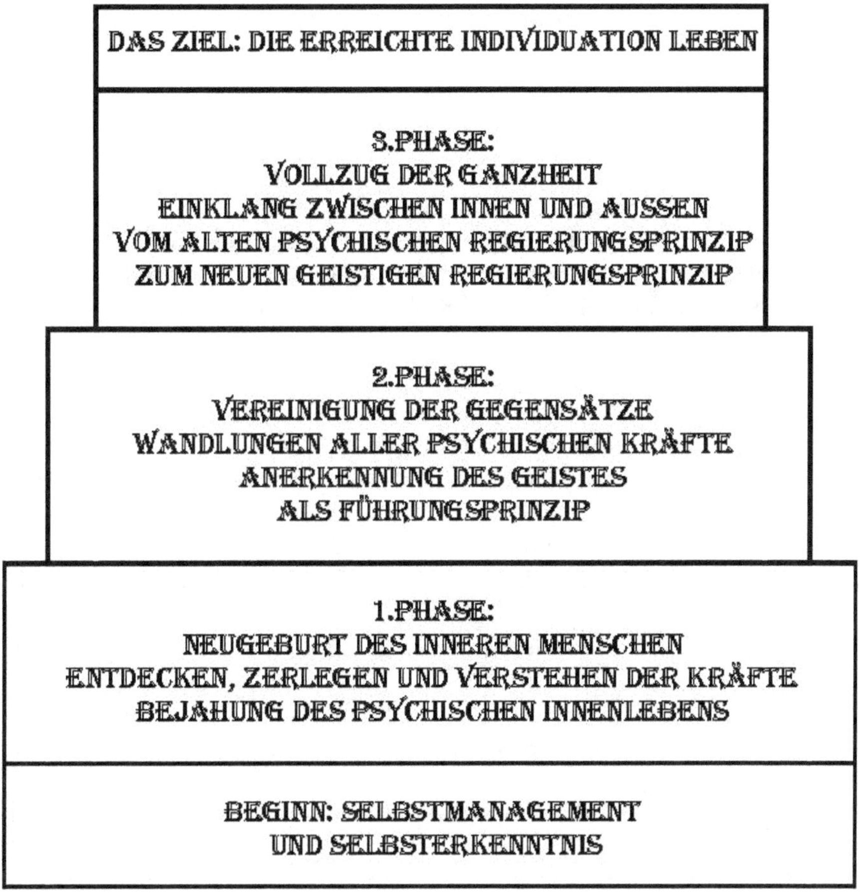

DAS ZIEL: DIE ERREICHTE INDIVIDUATION LEBEN

3.PHASE:
VOLLZUG DER GANZHEIT
EINKLANG ZWISCHEN INNEN UND AUSSEN
VOM ALTEN PSYCHISCHEN REGIERUNGSPRINZIP
ZUM NEUEN GEISTIGEN REGIERUNGSPRINZIP

2.PHASE:
VEREINIGUNG DER GEGENSÄTZE
WANDLUNGEN ALLER PSYCHISCHEN KRÄFTE
ANERKENNUNG DES GEISTES
ALS FÜHRUNGSPRINZIP

1.PHASE:
NEUGEBURT DES INNEREN MENSCHEN
ENTDECKEN, ZERLEGEN UND VERSTEHEN DER KRÄFTE
BEJAHUNG DES PSYCHISCHEN INNENLEBENS

BEGINN: SELBSTMANAGEMENT
UND SELBSTERKENNTNIS

Kräfte gegen die Individuation

Kreuzen Sie an:

☺ = davon bin ich relativ frei
☻ = gilt mässig für mich
☹ = trifft für mich zu

☺☻☹ Angst vor den eigenen Gefühlen.

☺☻☹ Ich will schon, aber im Moment habe ich noch anderes zu erledigen.

☺☻☹ Ich will, aber da ist noch ein anderer Wille, der ist noch stärker.

☺☻☹ überzeugt bin ich von der Sache schon, aber...ist das wirklich für mich?

☺☻☹ entschlossen bin ich wohl, doch...Zweifel...Fragen...ich warte noch ab.

☺☻☹ Ich kenne mich jetzt gut genug; das reicht für mein Leben.

☺☻☹ Also religiös will ich dann schon nicht werden!

☺☻☹ Es gibt keine feste Erkenntnis. Wie soll denn die Individuation 'wahr' sein?

☺☻☹ Die Wahrheit steht in der Bibel; alles andere führt weg von Gott.

☺☻☹ Ich habe Familie, Beruf, Karriere...da habe ich keine Zeit für soviel Arbeit!

☺☻☹ Ich habe keine Probleme, meine Konflikte löse ich effizient. Wozu also?

☺☻☹ Ich lese prinzipiell nur sehr wenige Bücher.

☺☻☹ Ich habe Gott gefunden, habe Frieden in mir; er wird mich schon erlösen.

☺☻☹ Wir haben in unserer Ehe keine Schwierigkeiten; und Sex geniesse ich immer.

☺☻☹ Ich weiss gewiss, wie ich denke und sehe ziemlich durch in allem in der Welt

☺☻☹ An meinen Einstellungen und Überzeugungen gibts nichts zu rütteln.

☺☻☹ Mir fehlt die Kraft, mich täglich für Selbstbildung aufzuraffen.

☺☻☹ Jetzt habe ich einen neuen Freund und der will sowas nicht. Vielleicht später!

☺☻☹ Das brauche ich alles nicht; ich bin erwachsen und weiss, wie ich lebe.

☺☻☹ Wissenschaftlich sind weder das Unbewusste noch die Archetypen bewiesen.

☺☻☹ Mein Mann ist strikte gegen sowas. Also, ich will keinen Ehekrach deswegen.

☺☻☹ Jeden Monat zwei/drei Bücher kaufen, das ist mir viel zu teuer.

☺☻☹ Lesen ist so anstrengend; ich kann sowieso damit wenig anfangen.

☺☻☹ Es gibt viele Wege, die zur Selbstverwirklichung führen...

☺☺☹ Mit Selbstbildung einen Umweltbeitrag leisten? Das hilft doch nichts!

☺☺☹ Ich bin ein einfacher Mensch; was soll ich da über psychisches Leben studieren?

☺☺☹ Weisheit ist was für stille Menschen; ich lebe gerne und denke kritisch-rational.

☺☺☹ Es hätte gerade noch gefehlt, wenn ich im Leben auf etwas verzichten müsste!

☺☺☹ Man kann heute niemandem und nichts mehr trauen - alles Lug und Trug!

☺☺☹ Nur die Kirche führt zur 'Wahrheit'; sicher nicht die Individuation.

☺☺☹ Ich kann die Individuation am Arbeitsplatz sicher nicht gebrauchen.

☺☺☹ Was Wahres ist schon dran, aber das ist fast überall so.

☺☺☹ Ich bin glücklich; mir fehlt nichts. Wozu soll ich noch Selbsterkenntnis betreiben?

☺☺☹ Psychologie ist für schwierige Menschen und macht das Leben nur komplizierter.

☺☺☹ Warum gerade ich? Das sollen doch andere tun, die das besser können!

☺☺☹ Gewiss, jetzt habe ich viel gelernt. Doch jetzt will ich leben. Später wieder.

☺☺☹ Wissenschaftlich gesehen ist die Traumdeutung keine sichere Methode.

☺☺☹ Ich kann mit Symbolen nichts anfangen. Ich bin ein realistischer Mensch.

☺☺☹ Ich glaube nicht, dass Lebenszuwendung und Lebenslust so wichtig sind.

☺☺☹ Ich bin frei, kann tun, was ich will; meinetwegen Individuation, oder auch nicht.

☺☺☹ Also, Astrologie hat mir viel geholfen - ich weiss nicht, was mir da noch fehlt.

☺☺☹ Liebe ist schon wichtig, nur privat; und ich brauche eigentlich keine Liebe.

☺☺☹ Das geht niemanden was an, ob ich neurotisch bin oder nicht - Frechheit!

☺☺☹ Ich habe Hervorragendes geleistet - wozu noch Individuation?

☺☺☹ Ich habe weder Trauer, noch Sorgen, noch Verzweiflung, noch Unsicherheit.

☺☺☹ Geld bestimmt die Zukunft und das Glück der Menschen, nicht Individuation.

☺☺☹ Gesellschaftliche Probleme gehen mich überhaupt nichts an.

☺☺☹ Ich habe keine Probleme mit meinem Unbewussten...Wo ist das überhaupt?

☺☺☹ Es gibt keine objektive Wahrheit. Es gibt nur Nützlichkeit.

☺☺☹ "Psychotrip für mich?" Das ist nur für Schwärmer und Gestörte.

☺☺☹ Ich bin jetzt älter geworden; weiss, wie das Leben so läuft. Ich mag nicht mehr.

☺☺☹ Die grossen "Erleuchteten" und Propheten haben alle nur Probleme gehabt.

Die innere Erfahrung von Archetypen

Generell nimmt diese besondere Art Symbole in der Literatur zur Individuation einen viel zu breiten Raum ein. Im allgemeinen dürften höchstens ein Promille aller Träume eines Menschen, der systematisch an der Individuation arbeitet, ein archetypisches Symbol oder eine archetypische Handlung enthalten.

Entscheidende Wendepunkte der wesentlichen inneren Prozeduren werden archetypisch dargestellt, nicht jede einzelne Erkenntnis, Einsicht und Neuformung! Nimmt man einige Symbollexika und sucht sich eine Orientierung, so ist in den meisten Fällen eher Verwirrung die Folge.

Es scheint so, als ob das Wissen um den wahren Gehalt von Archetypen durch Kommerzialisierung verloren gegangen ist. Zuviel ist Spekulation, Bedeutung aufgrund historisch-kultureller Gepflogenheiten oder schlicht 'schönes Gedicht'. Vielleicht ist es gar so, dass die wahren Bedeutungen erst wieder durch Individuation vieler Menschen erarbeitet werden müssen.

Die Kontemplation bietet Wege zur Klärung, eine Hilfe für Orientierung darüber, was Archetypen darstellen. Trifft es zu, dass die wichtigsten Prozesse in der Individuation nur durch Archetypen, Urbilder aus dem kollektiven Unbewussten, dargestellt und vollzogen werden können, dann müssen diese wohl erst wieder neu erarbeitet werden. Denn Alchemie und Mythologie sind auch historische Phänomene mit speziellen Zeit- und Wirklichkeitserfahrungen.

Wie lassen sich die neun zentralsten Prozesse der Individuation in Träumen darstellen, in Bildern und symbolischen Handlungen erfahren? Das ist die Kernfrage zu den Archetypen, denn diese sollen eben gerade solche Prozesse erfahrbar machen, als informatives Feedback an das Ich ("so ist das"), als Katalysator zur Einleitung einer solchen Prozedur, oder als Bestätigung des inneren Vollzugs.

Wir geben einige Beispiele, ergänzen archetypische Bilder mit allgemeinen Symbolerfahrungen, die Aspekte dazu hervorheben:

1. Bejahung der psychischen Innenwelt: Auf die Reise (Wanderschaft) gehen, in die Schule gehen

2. Entdecken der psychischen Kräfte: Schatzsuche, Hausbesichtigung, Höhlenforschung, schattenhafte Figuren, Ausfallen von Zähnen, in dunkle Tiefen gehen

3. Neugeburt: Geburt eines Kindes, ein Baby neu da, Weihnachten, Eröffnung einer neuen 'Sache'

4. Anerkennung des Geistes: Initiation, Einweihung, Überreichung von Insignien, ein neues Kleid erhalten

5. Wandlungen: Sterbe-/Operationsprozeduren, Beerdigung, Bad, Waschritual, Abschied, Brückenabbruch, in ein neues Land kommen, neue Zähne

6. Vereinigung: Hochzeit, Umarmung mit einer Feegestalt, Eingehen in die Sonne, Lichterfahrung

7. Neues Regierungsprinzip: Königsinsignien, neuer 'Chef', neues Land, neue Gesetze, neue Aufgaben

8. Einklang Innen-Aussen: Harmonie, Transparenz, Musik, Kleider passen oder Fahrzeug 'stimmt',

9. Ganzheit: Kreis, Mandala, Sonne, ewiges Feuer als Urquelle allen Lebens.

Unsere Thesen zu Archetypen:

- Archetypen sind Orientierungshilfen in der Individuation.
- Archetypen beleben Kräfte, die Wachstum und Entfaltung fördern.
- Archetypen ordnen psychologische Kräfte in neuen Strukturen/Vernetzungen.
- Archetypen eröffnen/erhellen neue innere Wirklichkeiten.
- Archetypen stellen 'ewig' gültige psychische Prozesse und Wirklichkeiten dar.
- Archetypen ermöglichen interkulturelle Kommunikation über innere Wirklichkeiten.
- Archetypen führen zur Gotteserfahrung.
- Archetypen sind Urbilder einer transzendentalen Wirklichkeit.

Notizen und Perspektiven

Welches sind in der Gesellschaft (bei den Menschen) die wesentlichen Kräfte gegen die Individuation?

Notieren Sie die zentralen Schlüsselbegriffe dieses Unterkapitels:

Was ist ein "Leben ohne die Hauptwandungen" der Individuation und ein "Leben nach den Hauptwandlungen"?

Die Hauptwandlungen der Individuation sind für das Menschsein wesentlich, denn:...

Was haben Sie in Elternhaus, Schule und Kirche über die Hauptwandlungen der Individuation gelernt?

Welche Bedeutung im Zusammenleben hat das Gespräch über Archetypen?

Was würde das Ernstnehmen der Archetypen der Seele in Politik und Wirtschaft bewirken?

Inwiefern fördert die Werbung das Ignorieren und die Ablehnung der Individuation?

Formulieren Sie eine Ihnen wichtige Frage zu den archetypischen Prozessen:

5.1.3. Der Mensch in geistiger Verankerung

Die Bildung aller psychischen Kräfte, eingeschlossen die "Reinigung" des Unbewussten ("Katharsis"), verändert den psycho-energetischen Körper und seine Ausstrahlung. Die "Wellenlängen" werden auf jeden "Kanal" ausgerichtet.

Wir können auch sagen: alle Instrumente werden gestimmt, auf die andern abgestimmt und koordiniert genutzt. Dies führt zu einer Ausgewogenheit aller Kräfte mit Liebe und Geist. Das ist etwas ganz anderes, als man allgemein als Ganzheit lehrt.

Die "Brillen" der Wahrnehmung werden klar. Die gedankliche Verarbeitung wird optimal.

Durch die Individuation sieht der Mensch immer klarer die umfassende psychische Wirklichkeit der Menschen. Gleichzeitig erhält er in Träumen täglich "Feedback" von seiner geistigen Kraft. Durch solche Veränderungen formt sich der Mensch innerlich. Er lernt dabei immer mehr auch diesen inneren Geist kennen.

Der Einstieg in diesen Bildungsprozess ist die Bedingung, damit das Wertvolle und Geheimnisvolle des Menschen erfahren werden kann. Je mehr der Mensch in sich die Wandlungen vollzieht, desto mehr verändert er seinen psychischen Organismus und desto näher kommt er der transzendentalen Realität.

Ist dieser Geist ein Aspekt dessen, was mit "Gott" gemeint ist, dann bedeutet der Prozess der Individuation "Gotteserfahrung".

Das Kreis-Kreuz-Mandala ist ein Abbild des Menschen, der das Ziel dieses Prozesses erreicht hat. Anderseits ist dieser Archetypus auch ein Abbild dessen, was "Gott" ist.

Das bedeutet: Je mehr der Mensch dem Ziel entgegengeht, desto näher kommt er durch seine inneren Wandlungen der Wirklichkeit von Gott. Wir können Gott nicht annähernd in Worten und Bildern ausdrücken - und wollen es auch nicht versuchen.

Die Erfahrung dieses Mandalas und der Wandlungsprozesse der Individuation führen uns an diese Wirklichkeit heran.

Dies kann dann jeder in seiner Kultur und seiner Sprache auf seine Weise bildhaft und sprachlich mitteilen. Geht einer auf diese Entdeckungsreise und findet dieses neue Land, dann wollen die Menschen diese Entdeckung nicht für möglich halten.

Gehen Millionen dieses Land entdecken, dann kann die Erde in den "Köpfen" das Bild werden, das sie wirklich ist. So ist das mit der Individuation: Wer den Weg nicht geht, kann das Ziel nie erfahren.

Stellen wir uns vor: Viele Menschen gehen diesen Bildungsweg. Bei all diesen Menschen wird die Lebens- und Weltgestaltung immer mehr ein Ausdruck dessen, was sie durch diesen Prozess werden.

Immer mehr ist der Mensch in seiner transzendentalen Ursprünglichkeit und Herkunft verwurzelt. Das Leben wird so ein Ausdruck dieser Verwurzelung.

Die Chancen, dies zu leben, sind gegeben.

Reflexionen und Diskussion

■ Ein Symbol ist ein Zeichen (ein Bild), das für etwas anderes steht, oder zumindest durch den bildhaften Ausdruck einen Sinn vermittelt. Viele Symbole können mit der inneren Erfahrung begriffen werden.

Ene spezifische Art von Symbolen bezieht sich auf das psychische Leben, auf die Wandlungsprozesse in der Individuation und auf die verschiedenen Zustandsformen des psychischen Organismus, vom Anfang des Prozesses bis hin zum Ziel.

■ Der Archetypus "Kreis-Kreuz-Mandala" ist ein Abbild der psychisch-geistigen Ganzheit. Diese Ganzheit ist u.a. charakterisiert durch:

- Einheit der Elemente
- Offenheit gegen aussen
- Zentriertheit
- Innere Unterteilung

■ Wir können, wie bei allen Bildern und Symbolen, mit innerem Bildersehen uns mehr annähern an das, was dieser Archetypus abbildet. Verschiedene Haupterfahrungen sind kennzeichnend:

- Starke harmonisierende und zentrierende psycho-energetische Kraft
- Eine Realität, der Sonne gleich, im Universum

- Eine im Menschen verborgene Realität, die Wirklichkeit werden will
- Eine innewohnende intelligente Kraft, die mit dem Ich kommuniziert
- Der Mensch kann ein lebendiges Abbild dieses Archetypus werden

■ Durch innere Erfahrung eröffnet sich mit diesem Mandala eine neue Wirklichkeit:

Je mehr der Mensch in der Individuation wächst, umso mehr wird er zu einem lebendigen Abbild dieses Mandalas, umso näher kommt er durch sein inneres Werden und Sein dem, was das Mandala aus dem Universum abbildet.

■ Leben die Menschen immer mehr in Richtung dieses Prozesses, so gestalten sie die Lebenswirklichkeit und ihre Beziehungen immer mehr aus dieser inneren Ordnung.

Damit wird das Leben der Menschen im Lebensraum zu einem Ausdruck dessen, was das Mandala über die Wirklichkeit im Universum abbildet.

■ Was dieser "Hauptarchetypus" aus dem Universum abbildet - wohl "Gott" - kann nicht hinreichend beschrieben werden.

Die Menschen aus allen Kulturen mögen mit vielen Worten und Bildern ihre Erfahrungen über dieses Mandala beschreiben.

Die Wirklichkeit selbst, im Menschen und im Universum, bleibt dieselbe.

Diagramm 5.1.3: Der Mensch in kosmischer Verankerung

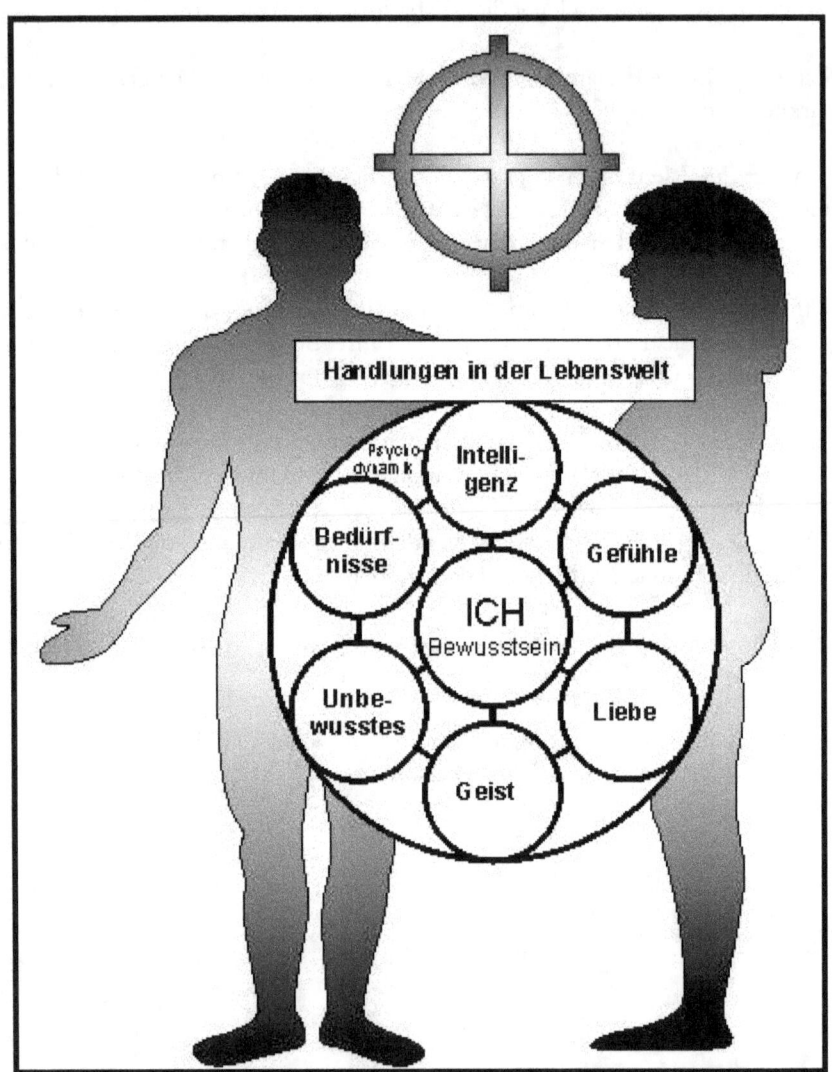

Kontemplationen - 12 Musterbeispiele

Kontemplationen ermöglichen die innere Erfahrung von zentralen Wandlungsprozessen in der Individuation, von bedeutungsvollen Veränderungen in Erkenntnis und Kräfteformung sowie von Sinn- und Wertelementen aus dem Leben und der Individuation.

Das Vorgehen ist wie bei der allgemeinen Imagination. Empfehlung: schrittweise üben! Wir geben einige praktische Beispiele zur 1.Stufe der Individuation:

1. Kontemplation: Stellen Sie sich vor, Sie wollen auf eine Weltreise gehen, das Leben der Menschen entdecken, die 'Geheimnisse' des Lebens suchen. Ein Schiff steht bereit. Sie packen Ihre Sachen. Die Fahrt geht los.

2. Kontemplation: Sie kommen in ein Land, das Sie bis heute nicht kennen. Verlangen Sie an der Grenze Eintritt. Reden Sie mit dem Zollbeamten. Sagen Sie ihm, sie wollen dieses "Seelenland" entdecken. Danach nehmen Sie den Weg unter die Füsse.

3. Kontemplation: Stellen Sie sich eine Burg oder ein Schloss vor. Sie haben gehört, dass darin alle Geheimnisse über das Mensch-sein und über Gott aufbewahrt werden. Verlangen Sie Zutritt, fragen Sie nach dem 'Preis'.

4. Kontemplation: Stellen Sie sich eine weise Gestalt (Mann, Frau) vor. Sagen Sie dieser Gestalt, Sie wollen jetzt das Seelenleben kennenlernen. Fragen Sie, was Sie dazu tun müssen.

5. Kontemplation: Stellen Sie sich ein einfaches Mandala vor (Quadrat mit Kreis, vielleicht mit Kreuz und Rosetten. Sie wissen: Das stellt die 'Ganzheit' dar. Sagen Sie zu diesem Bild, es solle sich so verwandeln, dass es Ihren jetzigen psychisch-geistigen Stand widerspiegelt.

6. Kontemplation: Sie sitzen in einem grossen pyramidenähnlichen Raum, ganz allein in vollständiger Ruhe und sanftem Licht. Lassen Sie diese Ruhe auf sich einwirken, etwa 10-15 Minuten. "Ich will jetzt mein inneres Sein immer näher erfühlen ..."

7. Kontemplation: Sie erhalten ein eben erst geborenes Kind (oder ein kleines 1-2jähriges Kind). Das ist Ihr neues Leben, der Neuanfang Ihres Seins und Lebens. Erleben Sie dieses Kind. Versuchen Sie zu erspüren, was es will und benötigt; dass es in Ihnen, ein Teil von Ihnen ist.

8. Kontemplation: Sie sind in einem Gefängnis zusammen mit anderen. Diese stellen Kräfte von Ihnen, Aspekte Ihres Charakters dar. Fragen Sie diese, was sie von Ihnen erwarten. Suchen Sie nach dem Weg zur Befreiung.

9. Kontemplation: Eine Eule erscheint. Sie repräsentiert den Geist und die Quelle der Weisheit. Lassen Sie sich von dieser Gestalt führen.

10. Kontemplation: Sie erhalten eine leuchtende Kugel, wie eine kleine Sonne, so gross wie ein Tennisball. Das ist Ihre 'Lebensquelle'. Was tun Sie damit?

11. Kontemplation: Stellen Sie sich vor, Sie müssen jetzt Abschied nehmen, Sie gehen in einen Prozess der 'Metamorphose' (Verwandlung, Reinigung, Neuwerdung). Erzählen Sie das all Ihren Bekannten und Freunden. Sie dürfen nur das Allerwichtigste mitnehmen.

12. Kontemplation: Sagen Sie meditierend "Ich will mein Ich, mein Wollen und mein Tun einfügen in die kosmische Ordnung, in die Urquelle meines Lebens ..."

Ególius Standpunkt

Ególius sieht die Sache mit dem Leben und dem Menschsein etwas anders: "Ich weiss, was gut ist für die Menschen. Schliesslich bin ich lebenserfahren. Ich habe alles im Griff. Ich bin sachlich, nicht wie jene, die immer im Gefühlsbad schwimmen. Ich kontrolliere mich. Nichts entgeht mir. Ich finde, es ist dummes Zeug, wer da in der Vergangenheit wühlt. Das bringt doch nichts. Vorbei ist vorbei!

Da gibt es Leute, die zaubern sich ihren Gott mit Meditation aus dem dunklen Nichts. Nichts ist da innen! Auf jeden Fall habe ich nichts gefunden. Man lese nur die Bibel! Da steht die Wahrheit! Ich glaube daran. Natürlich denke ich. Ich analysiere die Lage immer genau. Letzthin habe ich doch einem Fremden eine Bretterbude verkauft. Ich bin gut! Die nächsten hundert Jahre kriegt er nicht, was er bezahlt hat.

Dafür kann ich jetzt meinem Sohn kaufen, was er will. Ich bin ein guter Vater. Und für meine Mutter sorge ich auch. Erst letzthin habe ich ihr neues Geschirr gekauft, vom Feinsten, versteht sich. Ich liebe meine Mutter. Sie macht den Haushalt viel besser als meine Frau. Überhaupt sind da ganz lächerliche Töne von den Emanzipierten: abwaschen soll ich auch noch zuhause? Das hätte noch gefehlt. Schliesslich arbeite ich den ganzen Tag.

Ich kaufe schliesslich den ganzen Keller voll Vorräte ein. Und ein tolles Auto habe ich auch. Jeden Sonntag fahre ich meine Familie aus, immerhin jedesmal rund 500 km. Und da habe ich meinen Spass! So mit 170 km/h fühle ich mich richtig frei. Manchmal hat's Idioten auf der Autobahn, die behindern das flüssige Fahren. Ja, stark bin ich wohl. Schwächen haben nur unreife Männer und natürlich Frauen. Die können zum Therapeuten gehen.

Wer spricht denn da von "Selbsterkenntnis"? 'Geschwafel' für Träumer ist das. Ich beherrsche mich gut. Natürlich habe ich Freude am Leben: essen tue ich gerne ... ah und viel! Das tut gut! Ich bin ein Lebenskünstler, bin mein eigener König. Schuld habe ich keine. Ich erfülle die Gesetze, gehe auch manchmal in die Kirche und vertraue auf Gott, dass er mich dann nach dem Tode empfangen wird. Er verzeiht mir sicher alle meine kleinen Menschlichkeiten. Die hat doch jeder. Mit der Liebe ist das so eine Sache.

Man muss das Leben nehmen wie es ist. Ich kann mit der Liebe keine Geschäfte machen, muss doch meine Familie ernähren, die Schule der Kinder bezahlen ... Ich liebe aber mich! Denn ich kaufe immer das Allerbeste, bin schliesslich qualitätsbewusst. Meine Frau liebe ich auch. Manchmal ist aber das Fleisch stärker als der Wille. Es geht halt nicht ganz ohne; und meine Frau mag da nicht mitmachen. Na ja, dann bezahle ich halt mal einen Hunderter und ich habe dann wieder Ruhe für ein paar Wochen. Probleme habe ich keine. Schlafen tue ich wie ein "Bär", tief und fest. Nichts kann mich wecken.

Meine Frau ist da etwas lädiert; komische Frauen! Sie hat enorme Mühe einzuschlafen. Der Arzt gab ihr letzthin Schlafmittel. Jetzt ist alles bestens. Es mag ja schon was dran haben mit der Psyche und so.

Doch ich bin Geschäftsmann. Nur mit schärfstem Verstand und mit Schlauheit schafft man's heute noch, zügig Kapital zu produzieren. Ohne Geld läuft nichts. Man muss sanft reden mit den Kunden, Bedürfnisse stimulieren. Ich kann das gut. Ich bin auch ein glücklicher Mensch. Das spüren die Leute. Was soll ich also noch meditieren?

Ich trinke am Mittag zwei Glas Wein, am Abend eine Flasche Wein, meine zwei Cognac zum Einschlafen. Ich weiss, wie man gut lebt! Also, man höre auf mit dem Geschwätz über Selbstreflexion. Die belügen sich nur.

Die sollen zuerst einmal lernen, hart zu arbeiten; und Zucht üben, statt alles an der Politik und Gesellschaft zu kritisieren. Die tun ja nichts! Sie haben nichts. Sie sind nichts. Sie übertreiben, nur um sich wichtig zu machen.

Ich habe da einen klaren Standpunkt über 'Künstler', Taugenichtse und

Parasiten. Schliesslich arbeite ich an die 14 Stunden pro Tag. Ich setze mich ein. Ich schaue zum Rechten, wo ich kann.

Das Kreuz gehört in die Schulstube, so war es immer schon! Diese Atheisten! Sie untergraben die Kultur und den Geist. Das Leben wird sie lehren, was sich gehört und was zu Erfolg führt! Den meisten sieht man es an, dass sie es zu nichts bringen werden. Viele sind ohnehin krank und schwach, überdecken das nur.

Technik und Wirtschaft ist die Zukunft, nicht diese stumpfsinnigen Schwarzmalereien. Das sind Demagogen. Man muss da aufpassen, denn überall lauert das Böse.

Das rate ich - Ególius - Dir auf Deinem Weg: Pass auf; überall lügen sie, verdrehen alles, blasen ihre Phantasie zur Wahrheit auf, agieren, intrigieren, heucheln, und überschätzen gewaltig ihr Ich."

Notizen und Perspektiven

Wie steht es um die psychisch-geistige Evolution der Menschen?

Notieren Sie die zentralen Schlüsselbegriffe dieses Unterkapitels:

Was bewirkt Gleichgültigkeit gegenüber der kosmischen Verankerung?

Kontemplation ist wesentlich, denn:...

Was haben Sie in Elternhaus, Schule und Kirche über die kosmische Verankerung gelernt?

Welche Bedeutung im Zusammenleben hat das Gespräch über kontemplative Erfahrungen?

Was würde das Ernstnehmen der Kontemplation in Politik und Wirtschaft bewirken?

Wie antwortet die Werbung auf Ególius Standpunkt?

Formulieren Sie eine Ihnen wichtige Frage zur Kontemplation:

5.1.4. Übungen

1. Was wissen Sie im Überblick über Ihre innerpsychische Wirklichkeit?

2. Wie praktizieren Sie das Erkennen und Verstehen Ihrer psychischen Kräfte?

3. Welche psychischen Kräfte erkennen Sie wenig und/oder verstehen Sie wenig?

4. Wie erleben Sie Ihr psychisch-geistiges Wachstum?

5. Was möchten Sie verändern, stärken, entfalten und neu werden lassen?

6. Was hat es in Ihrem Leben für Auswirkungen, wenn Sie Individuation leben?

Nehmen Sie die Liste "1.Phase der Individuation ganz konkret".

7.1. Welche konkreten Arbeiten haben Sie weitgehend geleistet?

7.2. Welche konkreten Arbeiten fallen Ihnen besonders schwer?

7.3. Zu welchen konkreten Arbeiten haben Sie methodisch Unklarheiten? Beschreiben Sie die Unklarheiten.

8. Welche inneren Wandlungen (Veränderungen) haben Sie bereits erfahren? Beschreiben Sie im Vergleich "früher-heute":

9. Welche äusseren Wandlungen (Veränderungen) haben Sie bereits erfahren? Beschreiben Sie im Vergleich "früher-heute":

Früher war:	Heute ist:

10. Archetypische Prozesse der Individuation. (Konkrete Beispiele sammeln!)

10.1. Bejahung des psychischen Lebens
- Zuwendung
- Interesse
- Pflege
- Bildung

10.2. Entdecken, verstehen und zerlegen
- Neugier
- Suchen
- Informieren
- Interpretieren

10.3. Neugeburt des inneren Menschen
- Schützen
- Formen
- Neues Leben suchen
- Wachsen lassen

10.4. Anerkennung des Geistes als Führungsprinzip
- Einordnung in die Führungs- und Ordnungskraft
- Sich allseitig vernetzt erleben
- Bejahung des Geistes
- Hinwendung mit Vertrauen

10.5. Wandlungen aller psychischen Kräfte
- Formen, Bilden
- Neu-werden lassen
- Loslösung von Altem, nicht Bewährtem
- Erweiterung

10.6. Vereinigung der Gegensätze
- Männlichkeit-Weiblichkeit
- Chaos-Ordnung
- Unbewusstsein-Bewusstsein
- Realität-Wunsch/Ideal

10.7. Vom alten zum neuen Regierungsprinzip
- Ausgewogene Einheit leben
- Einklang Sachwissen und Weisheit
- Geist steht über Rationalität
- Wachstum im Geist statt "Überstülpung" von Ideen

10.8. Einklang zwischen Innen und Aussen
- Das äussere Leben für das psychische Leben
- Innerer Selbstausdruck statt Nachahmungen
- Körperliche Hingabe mit dem Seelenleben
- Rückgebunden an Innenerfahrungen leben

10.9. Vollzug der Ganzheit
- Individuation als Lebensausdruck
- Lebensgestaltung als Verwirklichung der Individuation
- Individuation als Gottesverwirklichung
- Psychisch-geistige Evolution fördern

Multiple Choice Test

Wählen Sie die vier richtigen Antworten aus: ☒ a) Fun

1.1. Die psychisch-geistige Evolution. Charakteristische Aspekte der Evolution des Menschen sind:

☐ a) Regressive-progressive Bindung
☐ b) Genuss - Askese
☐ c) Unbewusstsein - Bewusstsein
☐ d) geistlos - mit Geist leben
☐ e) Ablehnung - Integration des Innenlebens
☐ f) Rationalität - Emotionalität

1.2. Der Prozess der Individuation. Wandlungen in der Individuation sind:

☐ a) Bejahung des psychischen Lebens
☐ b) Verstehen der psychischen Welt
☐ c) Ekstatische Erlebnisse
☐ d) Anerkennung des Geistes
☐ e) Befreiung von Bedürfnissen
☐ f) Einklang zwischen Innen und Aussen

1.3. Der Mensch in transzendentaler Verankerung. Folgende Aussagen sind Kernsätze zur Individuation:

☐ a) Archetypen sind "Wegweiser" im Prozess der Individuation.
☐ b) Ohne Individuation gibt es keine psychisch-geistige Evolution.
☐ c) Individuation bedeutet Ablösung von allem Weltlichen.
☐ d) Den "innere Weg" kann man ohne Bereinigung des gelebten Lebens gehen.
☐ e) Ohne die Traumführung ist die Individuation nicht zu schaffen.
☐ f) Die Individuation ist die Daseinsherausforderung des Menschen.

5.2. Konzept der Individuation

5.2.1. Individuation als psychisch-geistige Entwicklung

Skizzieren wir ein Bild vom Menschen ohne Individuation und markieren wir dazu die Kernelemente:

Dieser Mensch verneint das psychische Innenleben, erlebt dieses undifferenziert im Bereich von Bedürfnissen, Wünschen und Gewohnheiten.

Die Bedürfnisse kreisen um Hunger und Durst, um Sexualität und um das Haben von Gütern im Sinne des Wohlstandes.

Zu vielen Situationen und Zeiten erlebt der Mensch bestimmte Wünsche materieller oder sozialer Art.

Zum Unbewussten hat der Mensch kaum Zugang, erlebt hin und wieder Erinnerungen, findet aber nicht, dass da die Vergangenheit in der gesamten Reichhaltigkeit wie ein Codeprogramm wirkt.

Die Folge ist eine stetige zunehmende Belastung von immer mehr chaotischem Inventar.

Die Entspannung sucht der Mensch äusserlich durch Unterhaltung, vielleicht durch Spaziergänge oder Sonnenbaden. Was von innen drängt, wehrt er ab und was von aussen unangenehm erlebt wird, hält er fern, egal wie bedeutungsvoll dies sein mag.

Die Liebe ist für diesen Menschen überwiegend ein Gefühl, eine soziale Aktion oder ein Verzicht. Zu den Träumen hat er keinen Zugang und weiss auch nicht, was richtig meditieren bedeutet. Dieser Mensch lebt weitgehend "unbewusst", was das gesamte psychische Leben betrifft.

Ein gezieltes bewusstes Bilden des psychischen Organismus ist ihm unbekannt. Alle Grenzprobleme und Sinnfragen löst dieser Mensch im Bereich von Ideologien, Dogmen, Materialismus und Macht. Dies ist der "archaische Mensch".

Aus diesem Bild folgern wir den "evolutionären Menschen": Dieser Mensch lebt immer mehr bewusst mit dem gesamten psychischen Organismus.

Er praktiziert dazu verschiedene Methoden, reflektiert seine Innenwelt und integriert auch Unangenehmes.

Er schafft Ordnung im Unbewussten, deutet seine Träume, meditiert regelmässig und pflegt die Psychodynamik mit Entspannungstechniken und Mental-Training.

Der evolutionäre Mensch lebt in ständigem Wachstum und Entfaltung. Er bildet die Kraft der Liebe und setzt diese im täglichen Leben um.

Sein Handeln wird in allen Bereichen des psychischen und psycho-sozialen Lebens kompetent.

Er ist in seinen Entscheidungen immer auf den inneren Geist ausgerichtet. Individuation ist für ihn eine Lebensweise.

Von der ersten systematischen Selbsterkenntnis wächst er, bis er ein lebendiges Abbild des Archetypus "Kreis-Kreuz-Mandala" ist.

Danach lebt er seine Bestimmung.

Reflexionen und Diskussion

Die Hauptcharakteristiken des archaischen Menschen sind:

- Verneinung des psychischen Lebens als das eigentliche Leben
- Ablehnung des inneren Geistes
- bedrängt von inneren Belastungen, die verdrängt sind
- ohne Innenerfahrung durch Träume und Introspektion
- kein ganzheitliches Wachstum
- nur partiell bewusste Bildung der psychischen Kräfte
- Abwehr und Verdrängung von allem Unangenehmen, soweit wie möglich
- weitgehend "unbewusst" Leben, d.h. ohne Bewusstsein über das Innenleben
- Tendenz zu starken Projektionen
- Verankerung des Lebens in Ideologien und Dogmen
- umfassendes Fixiertsein an materielle Güter
- undifferenziertes einseitiges Erleben der Liebe

- höchsten Wert haben äussere Leistungen

Der evolutionäre Mensch ist charakterisiert durch:

- Bejahung des gesamten psychischen Lebens
- immer mehr frei von inneren Belastungen des gelebten Lebens
- Bilder im Unbewussten, die das Leben konstruktiv-progressiv fördern
- in allen Belangen immer in Kommunikation mit dem Geist durch Träume
- Regelmässige Innenorientierung durch Imagination und Kontemplation
- bewusste Bildung aller psychischen Kräfte
- Integration des Unangenehmen trotz begründeter Abwehr von Gegebenheiten
- immer mehr frei von Projektionen
- Verankerung des Lebens in der Innenerfahrung, insbesondere im Geist
- Gestaltung der Beziehungen, der Politik, Wirtschaft aus der Individuation
- Umgang mit der Natur- und Tierwelt, der Lebensumwelt mit Geist und Liebe
- differenzierte Entwicklung und Nutzung der Kraft der Liebe
- hohe Flexibilität und innere Freiheit gegenüber materiellen Gütern
- höchsten Wert haben psychisch-geistige Leistungen, geprägt von der Liebe

Diskutieren Sie in kleinem Kreis den "evolutionären Menschen" und zeichnen Sie ein Bild des evolutionären gesellschaftlichen Lebens:

Diagramm 5.2.1: Individuation als Evolution des Menschseins

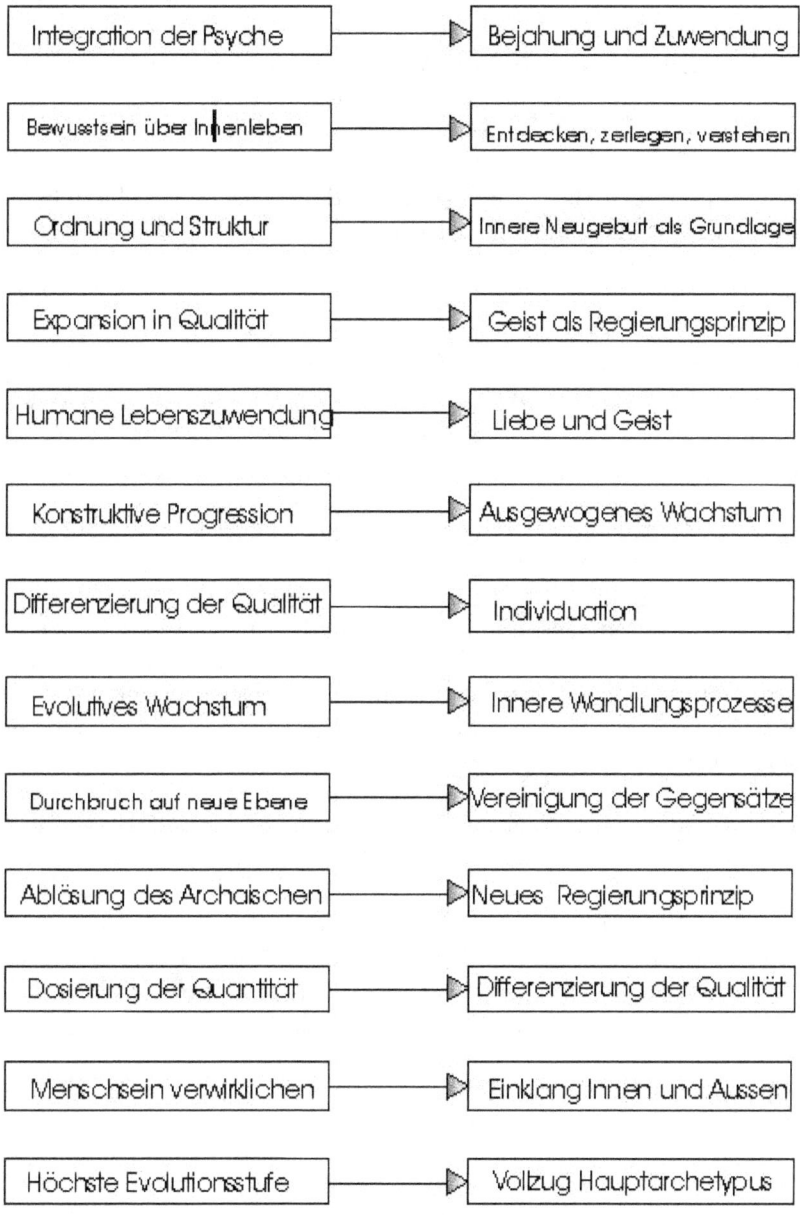

Integration der Psyche	Bejahung und Zuwendung
Bewusstsein über Innenleben	Entdecken, zerlegen, verstehen
Ordnung und Struktur	Innere Neugeburt als Grundlage
Expansion in Qualität	Geist als Regierungsprinzip
Humane Lebenszuwendung	Liebe und Geist
Konstruktive Progression	Ausgewogenes Wachstum
Differenzierung der Qualität	Individuation
Evolutives Wachstum	Innere Wandlungsprozesse
Durchbruch auf neue Ebene	Vereinigung der Gegensätze
Ablösung des Archaischen	Neues Regierungsprinzip
Dosierung der Quantität	Differenzierung der Qualität
Menschsein verwirklichen	Einklang Innen und Aussen
Höchste Evolutionsstufe	Vollzug Hauptarchetypus

5.2.2. Die erste Phase der Individuation

Die erste Phase beginnt mit der schrittweisen Annäherung an das eigene psychische Leben. Das sind zuerst Wissenselemente aus der Psychologie, die zur Selbsterkenntnis und Menschenkenntnis genutzt werden. Verschiedene Praktiken zur Psychohygiene sind zu erlernen.

Die Reflexion über das eigene Handeln und die eigenen Gefühle führen zur Annäherung an die Innenwelt. Immer mehr wird das psychische Leben als Realität akzeptiert.

Auf viele Weise lassen sich dann die psychischen Kräfte reflektieren. Der Mensch erlebt nachdenkend: die Gedanken, die Gefühle, die Wünsche und Pläne, das Gewissen, den Willen, die Verantwortung und manche Tugenden bzw. Untugenden. Systematisch können alle Kräfte entdeckt und zerlegt werden.

Das Ziel ist ein vertieftes Verstehen: "Das bin ich und durch diesen Lebensweg bin ich geworden."

Die Frage "Wer bin ich?" führt in die eigene Lebensgeschichte bis zurück in die früheste Kindheit. Systematisch ist jeder Lebensabschnitt aufzuarbeiten. Unversöhnte Ereignisse, peinliche Momente, tragische Ereignisse und auch schöne Stunden, die man innerlich nicht loslassen will, sind zu klären und zu verabschieden.

Dabei ist auch Menschenkenntnis nötig: "... darum hat der andere so gehandelt ...".

Die Träume bringen regelmässig Material, das die Brücke von gegenwärtigen Ereignissen zur Vergangenheit herstellt. Viele Träume sagen: "Das bist Du" und fragen weiter: "Willst Du so bleiben?". Das fordert das Ich heraus: "Was will ich werden? In welche Richtung will ich mich ändern?"

Nicht immer ist der Schritt in die Vergangenheit an erster Stelle. Oft genügt es, einen "Film" über den vergangenen Tag anzuschauen.

Das kann "unter die Haut gehen" und den Wunsch wachsen lassen: "Ich will immer mehr so leben, dass ich das danach anschauen kann, ohne mich zu schämen; so, dass der Geist das auch geistvoll findet."

Verantwortung wächst dadurch, aber nicht durch ein "höheres Gewissen", das ohnehin nur das aufgenommene Inventar im Unbewussten ist, sondern durch die Erfahrung der Transzendenz des Geistes. Allmählich entfaltet sich im Innern ein neuer Mensch.

Das mag ein gutes Jahr oder mehr dauern, bis diese ersten systematischen Bemühungen neues Leben im Innern geformt haben.

Dieses besteht v.a. aus: echten Grundbedürfnissen, echten Gefühlen, bewusstem Denken, Ernstnehmen der Träume und Wertschätzen der Liebe.

Ist dieses erste neue Leben etwas gestärkt, dann geht die erste Phase dem Abschluss entgegen.

Reflexionen und Diskussion

■ Die erste Phase der Individuation kann in drei Stufen eingeteilt werden, die jede als "Wandlungsprozess" bezeichnet werden kann:

1. Stufe: Interesse, Zuwendung und Bejahung des psychischen Lebens

2. Stufe: Systematisches entdecken, zerlegen und verstehen

3. Stufe: Neugeburt des inneren Menschen, d.h. des neuen psychischen Lebens

■ In der Realität ist es so, dass jeder Mensch zu diesem Einstieg unterschiedliche Teilschritte bereits geleistet hat:

- Teil-Wissen über Psychologie und Menschenkenntnis
- Meditationen und Traumdeutung
- Praktiken im Umgang mit Menschen, z.B. am Arbeitsplatz
- Erfahrungen an Bildungskursen und in Selbsterfahrungsgruppen
- Psychoanalyse, Psychotherapie bzw. psychologische Beratung
- Selbsthilfegruppen aller Art
- Aktionsgruppen zu Eltern-Erziehung, Medien-Bildung, Umweltschutz

■ Die Lebensgeschichte eines jeden Menschen ist einmalig; bei vielen schwer beladen und gar tragisch, bei manchen schadlos und mit viel Liebe.

Das bedeutet, dass die erste Phase zeitlich nicht genau festgelegt werden kann. Als Richtwert gelten:

a) etwa 1 Jahr für jene, die bereits markante Schritte geleistet haben

b) etwa 2 Jahre, wenn eher wenig Wissen und Erfahrung vorhanden sind

c) etwa 3 Jahre, wenn die Kindheit oder die spätere Zeit stark belastet ist

■ Die Optimierung der Dauer der ersten Phase bedingt:

- systematisches Arbeiten, jeden Tag mit "Psycho-Arbeitsheft"
- ein Teil der Wochenende und Ferienzeit ist für diese Bildung vorzusehen
- Aneignung von umfassendem Grundlagenwissen
- gegebenenfalls phasenweise beratende Unterstützung
- wöchentlich mindestens zwei Stunden Gruppentraining (oder monats-/quartalsweise), d.h. systematisches Training von Entspannung, Psychohygiene, Reflexion, Traumdeutung, Imagination und Kontemplation

Erstellen Sie in der Gruppe einen Plan, aus dem ersichtlich wird, welche Schritte und Ziele in solchen Zeitphasen erarbeitet werden können.

a) Wochenplan:

b) Monatsplan:

c) Jahresplan:

Diagramm 5.2.2: Charakteristische Beschäftigungen in der 1. Phase

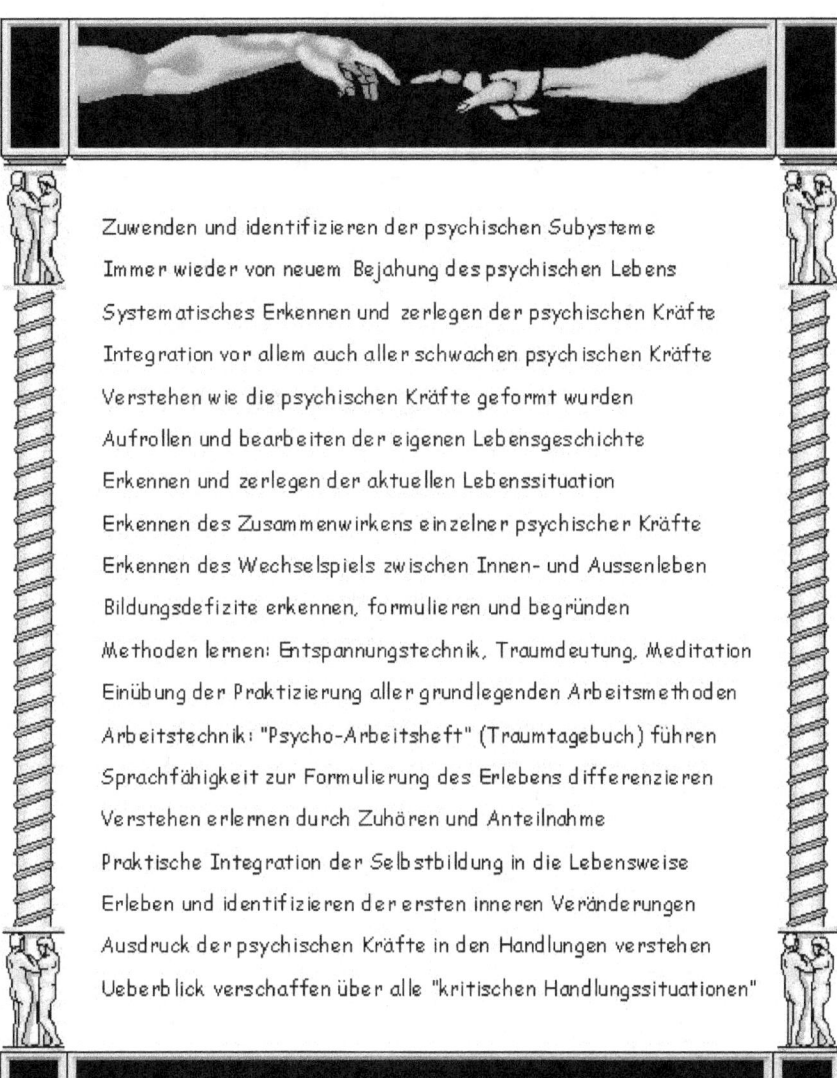

Zuwenden und identifizieren der psychischen Subsysteme

Immer wieder von neuem Bejahung des psychischen Lebens

Systematisches Erkennen und zerlegen der psychischen Kräfte

Integration vor allem auch aller schwachen psychischen Kräfte

Verstehen wie die psychischen Kräfte geformt wurden

Aufrollen und bearbeiten der eigenen Lebensgeschichte

Erkennen und zerlegen der aktuellen Lebenssituation

Erkennen des Zusammenwirkens einzelner psychischer Kräfte

Erkennen des Wechselspiels zwischen Innen- und Aussenleben

Bildungsdefizite erkennen, formulieren und begründen

Methoden lernen: Entspannungstechnik, Traumdeutung, Meditation

Einübung der Praktizierung aller grundlegenden Arbeitsmethoden

Arbeitstechnik: "Psycho-Arbeitsheft" (Traumtagebuch) führen

Sprachfähigkeit zur Formulierung des Erlebens differenzieren

Verstehen erlernen durch Zuhören und Anteilnahme

Praktische Integration der Selbstbildung in die Lebensweise

Erleben und identifizieren der ersten inneren Veränderungen

Ausdruck der psychischen Kräfte in den Handlungen verstehen

Ueberblick verschaffen über alle "kritischen Handlungssituationen"

5.2.3. Die zweite Phase der Individuation

Je mehr der Mensch in der ersten Phase mit Träumen arbeitet und durch Meditationen die intelligente Kraft des Geistes erfährt, desto mehr drängt sich dem Ich das Problem auf, wie seine Freiheit in Bezug auf diese innere Führungsinstanz ist.

Die zweite Phase kann erst beginnen, wenn der Mensch diesen inneren Geist als das geistige Prinzip anerkennt (dazu gibt es manche Begriffe: der "Geist Gottes", das "höhere Lebensprinzip", der "kosmische Geist" u.a.m.).

Eine stabile, wachstumsorientierte und ganzheitliche Fortsetzung ist ohne diesen Schritt nicht möglich. Partiell lassen sich einzelne psychische Subsysteme bearbeiten, z.B. Komplexe klären, Denken reflektieren, Gefühle bearbeiten, aber ein integrierender fundamentierter Prozess kann so noch nicht statt-finden.

Die Anerkennung des geistigen Führungsprinzips enthält verschiedene Aspekte. Das Ich kommuniziert mit dieser intelligenten Kraft, um sich selbst zu wandeln, zu finden, das Leben zu planen und die "Geheimnisse des Lebens" zu entdecken.

Ohne die Akzeptierung dieses Geistes ist eine Überwindung von verinnerlichten Bildern über mythologische Religion, über Gott, "Himmel und Hölle" kaum zu schaffen.

Nach diesem Wandlungsschritt folgen diverse Wandlungsprozesse, die überwiegend das unbewusste Inventar betreffen, immer auch die andern psychischen Kräfte und das tägliche Handeln.

Alle vier Bereiche des Unbewussten sind systematisch durchzuarbeiten. Vieles ist darin zu wandeln. Denn diese Bilder wirken als "Regierungsprinzip" aus dem unbewussten Hinterhalt.

So wie diese Bilderwelt als lebendige innere Realität gewandelt wird, so verändern sich die Bedürfnisse und die Gefühle.

Die Erfahrungen drängen oft nach Veränderung des Handelns. Dies ist Schritt für Schritt neu zu lernen und einzuüben. Gleichzeitig formen sich neue lebensoffene und progressive Bilder im Unbwussten.

Sind die neuen Bilder stärker als die alten, dann erst kann der innere Geist als neues "Regierungsprinzip" den Wachstumsprozess und das systematische integrierende Entfalten des Lebens übernehmen. Allmählich lösen sich die inneren Gegensätze auf. Sie verschwinden aus dem Unbewussten, und auch aus dem bewussten Denken und Handeln.

Dies gilt auch für das Gefühlsleben, die Bedürfnisse sowie für das Verhältnis zwischen der "Logik" des Denkens mit den "Prinzipien" des Geistes.

Sind alle Gegensätze aufgelöst, formt sich eine neue Einheit: der psychische Organismus als eine allseitig ausgewogene Einheit.

Reflexionen und Diskussion

■ Die zweite Phase der Individuation kann in drei Stufen eingeteilt werden, die jede als "Wandlungsprozess" bezeichnet werden kann:

4. Stufe: Anerkennung des Geistes als Führungsprinzip

5. Stufe: Wandlungen aller psychischen Subsysteme und Einzelkräfte

6. Stufe: Auflösung der Gegensätze zu einer neuen umfassenden Einheit

■ Der praktische Ablauf enthält viele Elemente und variablen Fortgang, denn:

- Die Reihenfolge der zu bearbeitenden Themen variiert zwischen den Menschen und kann beim einen zuerst zum Unbewussten, bei andern zum täglichen Handeln führen.
- Manchmal sind besonders schwache Kräfte zu stärken, bis andere bearbeitet werden können.
- Lebensereignisse können den Verlauf verändern und neue Prioritäten setzen, z.B. eine beabsichtigte Heirat oder Scheidung, ein Berufswechsel oder ein Todesfall, ein Unfall oder eine Krankheit, ein "kritisches Ereignis".
- Eine belastende Kindheit und Jugendzeit kann mit ergänzenden Beratungen bearbeitet werden, was manchmal als Stütze förderlich ist.

■ Die Dauer dieser Phase hängt von verschiedenen Faktoren ab, wie etwa Lebensgeschichte, "kritische Ereignisse", Lerneinsatz und Umfeld der Person:

a) etwa zwei bis drei Jahre als Minimum, auch bei Personen mit Vorerfahrungen

b) drei bis vier Jahre bei angemessen zügigem Fortgang und intensivem Einsatz

c) vier bis fünf Jahre, wenn besondere Faktoren erheblich bremsen, besondere Anstrengungen verlangen oder der Einsatz zeitweise stark limitiert ist

■ Es ist zu beachten, dass mit 30, 40 oder 50 Lebensjahren unterschiedliche Themen und Mengen/Arten an Lebenserfahrungen zu bearbeiten sind.

■ Das Ziel dieser zweiten Stufe der Individuation ist ein erheblicher Wert, der bisher selten erreicht wurde und von der Wissenschaft noch nicht bearbeitet ist.

→ Wer dieses Ziel erreicht hat, will nie mehr zurück.
→ Nichts im Leben kann den Wert dieses Zieles ersetzen.
→ Menschen, die dieses Ziel erreichen, haben "höchsten Wert" für die Gemeinschaft.

Diskutieren Sie in der Gruppe die Beschreibung dieser Phase:

a) Was weckt weshalb Interesse?

b) Was verstärkt warum Abwehr?

c) Was kann Sie weshalb motivieren, einen solchen Weg zu leben?

Diagramm 5.2.3: Charakteristische Beschäftigungen in der 2. Phase

Konzentierte Ausrichtung auf das Führungsprinzip des Geistes
Lebensweise, die einer Vertiefung der Selbstbildung Raum gibt
Zunehmend Halt aufbauen durch innenorientierte Erfahrungen
Resonanz der Träume auf die Lebensgestaltung beachten
Den inneren Geist als kooperatives Führungsprinzip bejahen
Erfassen der Menschen in der psychisch-geistigen Ganzheit
Dem Aufbau der Kraft der Liebe Aufmerksamkeit schenken
Konzentrierte Aufmerksamkeit auf die tägliche Wahrnehmung
Das gesamte Inventar des Unbewussten schrittweise bearbeiten
Das Denken, das wertende Urteilen und Reden reflektieren
Den Willen stärken durch Ziele und Entscheidung
Die Wirkungsweise der Abwehr erkennen und korrigieren
Die Projektionen erkennen und ihre Inhalte zurücknehmen
Immer differenzierteres und realistischeres Selbstbild aufbauen
Klare Identifizierung des Bewusstseins über die Menschen
Bewusstsein über den Lebensraum in Raum-Zeit-erweitern
Unterscheiden können zwischen Masken, Fassaden und Wirklichkeit
Die Kräfte, Neigungen und Begabungen formen und verwirklichen
Immer mehr die inneren Gegensätze versöhnen, umformen, auflösen
Die Grundbedürfnisse klar identifizieren und verwirklichen
Positive Gefühle aufbauen und generell Gefühle integrativ managen
Werte gemäss den inneren Erfahrungen leben und vertreten
Zyklisch alle Kräfte bis zur vorgeburtlichen Zeit klären
Das Leben zunehmend aus dem neuen inneren Sein gestalten
Fähigkeit zur Orientierung an den Archetypen entwickeln

5.2.4. Die dritte Phase der Individuation

Wer die zweite Phase abgeschlossen hat, kennt das psychische Leben umfassend, kennt die Wandlungsprozesse als die "Lebensgeheimnisse" und seine Kräfte "laufen rund". d.h. allseitig ausgewogen zusammen.

Jetzt erst kann der innere Geist, als das Prinzip des psychisch-geistigen Lebens vollumfassend gelebt werden. Das muss eingeübt werden.

Denn dieser innere Geist erfasst die Wirklichkeit anders als das Denken, anders als die "Vernunft". Der Geist erlebt die Zeit und den Raum in grösserem Zusammenhang.

Was für den Menschen wichtig ist, hat für diese Kraft vielleicht kaum Gewicht. Besonders wichtig ist das Zusammenspiel von Liebe und Geist. Denn Liebe ohne Geist kann nicht evolutionär wirken.

Mit der neu gefundenen Einheit formt sich auch die Lebensbestimmung. Jeder Mensch findet entsprechend seiner Fähigkeiten und Begabungen seine Lebensaufgabe. Diese formt sich im Kontext der privaten Situation und der beruflichen Tätigkeiten.

Alle Handlungen, die das übliche tägliche Leben übersteigen, sind mehr und mehr denkerisch in das Prinzip des Geistes einzubauen. Diese neue Art zu leben benötigt viel Training. Oftmals "fällt man auf die Nase".

Überall sind Menschen, die die Vollendung dieses "grossen Werkes" zerstören wollen.

Das gesamte kollektive Unbewusste wirkt gegen die letzte Phase der Individuation.

Auch die Politik, die Wirtschaft, die Kultur und die Religion wirken ausserhalb dieser Zielphase. Ist das innere Werk mit der gefundenen Einheit im Wesentlichen vollzogen, so gilt es jetzt das neue innere Sein zu praktizieren und durchzusetzen.

Da muss man um vieles einen "grossen Bogen" machen, vielleicht tief hinuntersteigen bzw. sich weit entfernen vom hektischen Getriebe des gesellschaftlichen Lebens.

Der äussere Aufbau wächst sehr langsam, still und sorgfältig. "Kämpfen" kann der Mensch nicht, der in dieser Phase lebt.

Mag in Jahrzehnten die Welt anders aussehen, vielleicht mit vielen hunderttausend Menschen, die diese Stufe erreicht haben, vielleicht gar mit einem Schulwesen, das die Individuation lehrt und einer Kultur, die die Individuation pflegt.

Heute ist diese Wirklichkeit noch ein "Geheimnis", das weder die Psychoanalyse noch die Psychologie umfassend erhellt hat.

Wer dann, nach viel Lebenserfahrung, die vollständige Ganzheit, innen wie aussen geschaffen hat, weiss:

Es ist unfassbar, wie viele Illusionen darüber gelehrt werden.

Der Mensch am Ziel ist näher bei Gott als alle "höchsten Würdenträger". Er ist ein lebendiges Abbild des "Kreis-Kreuz-Archetypus".

Reflexionen und Diskussion

■ Die dritte Phase der Individuation kann in drei Wandlungsstufen eingeteilt werden:

7. Stufe: Vollständige Hinwendung zum geistigen Führungsprinzip

8. Stufe: Einklang zwischen innen und aussen finden

9. Stufe: Vollzug der Ganzheit

■ Der praktische Ablauf ist im Wesentlichen wieder regelmässiger, hängt gewiss immer auch von der Lebenssituation der Person ab. Die Stufen sind thematisch homogen, wenn auch im Leben vielseitig:

- Das Beziehungsleben erhält eine besondere Prägung und Dynamik: aussen soll werden, was innen erarbeitet ist.
- Das Berufsleben zentriert sich ebenfalls mehr und mehr um das Thema der Individuation für die Menschen allgemein.
- Die Konfrontation mit der äusseren Wirklichkeit kann zu erheblichen Spannungen und Schwierigkeiten führen. Eine autonome Lebensweise erleichtert den Prozess.
- Das tägliche Meditieren und die Beschäftigung mit den Träumen ist unerlässlich, denn alle Kräfte werden auf's Äusserste erprobt.
- Die Herausforderungen verlangen, dass sich der Mensch vollständig auf

diesen Geist verlässt, und dass das psychisch-geistige Leben Halt gibt, nie die äussere Wirklichkeit.

- Der Verfasser will dazu persönlich Stellung nehmen:

- Nur sehr wenig Menschen haben in der Menschheitsgeschichte dieses Ziel erreicht
- Die kollektive psychisch-geistige Evolution ist nicht machbar, wenn nicht viele Menschen dieses Ziel anstreben und erreichen
- Geht die Menschheit nicht in Zielrichtung dieses Prozesses, wird sie sich selbst zerstören; d.h. der Vollzug der Individuation hat auch einen gegenläufigen Prozess, der automatisch mehr und mehr verwirklicht wird, wenn Individuation nicht kollektiv gefördert und gelebt wird.
- Die Erreichung dieses Zieles ist ein kosmischer Prozess und hat besondere Bedeutung für die Geschichte der Menschheit.
- Wer das Ziel erreicht hat, kann nicht anders als zurück zu den Menschen. Was die Menschen damit tun, das ist allerdings nicht seine Verantwortung.

Formulieren Sie sich dazu im Gespräch mit andern Ihre eigenen Fragen:

Diagramm 5.2.4: Charakteristische Beschäftigungen in der 3. Phase

Lebensorientierung aus der Kommunikation mit dem Geist
Vielseitiges Wissen über alle Belange des täglichen Lebens
Training der neuen psychischen Kräfte durch aktives Handeln
Zentrierung aller wichtigen Entscheidungen in Geist und Liebe
Erleben eines stabilen Getragenseins in den inneren Bildern
Vollständiges Freisein von inneren Fesseln (bzw. Konflikten)
Detaillierte Bildung, da wo es noch nicht "rund läuft"
Erkennen und aufbauen der eigenen Lebensbestimmung
Verstehen des Kollektivs der Menschen aus innerer Sicht
Vernetzte Erfahrungen der archetypischen Prozesse
In allen Lebensbereichen das neue Leben aussen verwirklichen
Flexibles Umgehen mit den Masken und Fassaden der Menschen
Stabilität und Verlass entwickeln im inneren Geist
Fähigkeiten, die transzendierende Kraft der Liebe einzusetzen
Erleben des Abbildseins des Kreis-Kreuz-Mandalas
Alles äussere Leben baut sich systematisch aus dem Innern auf
Archetypische Prozeduren in Träumen zur Zielerreichung
Das Erreichen des Zieles vielseitig erkennen und festigen
Das Ziel als Anfang für das "neue Leben" umsetzen
Verstehen der Funktionsweise der psychischen Energie
Sich umfassend einfügen in einen eigenen "Schicksalsplan"
Jeder Halt basiert zunehmend auf der erreichten Individuation
Auch in sehr schwierigen Situationen innenorientiert leben

5.2.5. Archetypen zur Orientierung

Stellen wir uns vor: Es sitzen zusammen ein Psychoanalytiker, ein Verhaltenstherapeut, ein humanistischer Psychologe, ein Pädagoge, ein Sozialpädagoge, ein Lehrer, ein Erwachsenenbildner, ein Philosoph, ein Priester und einige mehr, die alle behaupten:

"Ich kenne den Weg und das Ziel." Bekanntlich werden viele Wege angepriesen. Wie kann jemand erkennen, welcher Weg zum Ziel führt?

Ein Kriterium ist das Modell des psychischen Organismus: Wenn auch nur ein Subsystem fehlt, dann kann "das Rad nie rund laufen". Insbesondere ist ohne die umfassende Bearbeitung des Unbewussten und ohne Traumdeutung das Ziel nicht erreichbar.

"Erleuchtung" ohne umfassende Individuation ist Illusion.

Ein weiteres Kriterium sind die Archetypen. Archetypen sind überindividuelle Symbole, bildhafte Darstellungen von Grundprägungen der psychischen Kräfte bzw. Subsysteme.

Verschiedene Archetypen repräsentieren die Wandlungsprozesse und die Etappen vom Beginn bis zum Ziel.

Die abstraktesten Archetypen sind das Kreis-Kreuz-Mandala, das Hexagramm, das Anch-Symbol, die Pyramide und das Pentagramm. Symbole aktivieren und formen psychische Energie.

Mittels Kontemplation kann jeder die energetische Wirkung und vor allem den Sinn erfahren, d.h. das, was dieser Archetypus abbildet. In diesem Sinne sind die Archetypen Wegweiser im Prozess der Individuation.

Ein Konzept ohne Archetypen kann nicht zum Ziel führen.

Die Archetypen sind auch so etwas wie "Werkzeuge", die in Meditationen genutzt werden können. Sie bewirken Entspannung, Zentrierung der psychischen Energie, Katharsis der Energie und vor allem lassen sie sich einsetzen zur Umgestaltung des unbewussten Inventars.

In der aktiven Imagination lassen sich die Bilder damit beleben, kontrastieren und transformieren.

Die Gralsgeschichte und viele Heldenepen stellen den psychisch-geistigen Prozess dar.

Immer geht es um die Suche nach dem "Schatz", dem "Geheimnis" und um den Kampf zwischen dem "Guten" und dem "Bösen", d.h. den lebensabgewandten und den lebenszugewandten Kräften.

Immer sind Liebe und Geist die Herausforderungen des "Helden".

Stets gehören dazu die inneren Kräfte und die äusseren Kräfte im Leben.

Lernprozesse sind zu durchlaufen und "Prüfungen" zu bestehen, bis der "Held" die Transzendenz und seine neue Ganzheit gefunden hat.

Heute können wir mit den Erkenntnissen der Pädagogik, der Andragogik, der Philosophie und der Psychologie diesen Bildungsprozess wissenschaftlich bearbeiten und beschreiben.

Reflexionen und Diskussion

■ Folgende Kriterien ermöglichen eine Orientierung zur Beurteilung, welche Wege zum Ziel der psychisch-geistigen Evolution führen:

- Ganzheit des psychischen Organismus (zumindest im Wesentlichen)
- die Methoden der Traumdeutung, Imagination, Kontemplation, Reflexion
- der Umgang mit der psychischen Energie
- der Prozess als ein vielseitig abgestufter und begründeter Wandlungsprozess
- die Archetypen
- archetypische Geschichten als ein Abbild des Prozesses

■ Archetypen sind Symbole über:

- die Subsysteme des psychischen Organismus
- einzelne Kräfte, wie sie charakteristisch geformt werden können
- die Ganzheit des psychischen Organismus vor der Individuation
- die Ganzheit des psychischen Organismus am Ziel der Individuation
- der Prozess als Lernprozess mit "Prüfungen"
- das Verhältnis von psychischer Innenwelt und der realen Aussenwelt
- die Wandlungsprozesse als Katharsis und Aufbau (Bildung)
- die Kräfte, die den Prozess fördern können

- Archetypen sind:

* Kreis-Kreuz-Mandala (ist der höchste Archetypus)
* Anchsymbol
* Hexagramm
* Pentagramm
* Pyramide
* Kelch (Gefäss)
* Gral (Stein der Weisen)
* König/Königin
* der Gute/der Böse
* und viele Bilder, die Grundmuster des Menschen darstellen

- Archetypen können in der praktischen Arbeit genutzt werden:

* zur Kontemplation
* zur aktiven Imagination
* für psycho-energetische Rituale (sog. Symbolhandlungen)

Erstellen Sie in der Gruppe eine Liste der "Wege", von denen Sie Kenntnis haben und diskutieren Sie diese mit der angeführten Kriterienliste.

Diagramm 5.2.5: Archetypen der Individuation (Auswahl)

Ganzsein des Menschseins Gleichzeitig Abbild von Gott Quelle des Lebens Zentriertung der Energie Ziel der Individuation	Lebensreise Weg der Individuation Innere Entdeckungsreise Auf der Suche nach dem Gral Neues Leben entdecken	Innere Lebensführung Innere Bildung eines Volkes Hinführung zur Befreiung Messianische Bestimmung Kollektive Neuorientierung
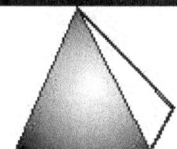		
Geheimnis des Lebens Gefestigte Energiestruktur Stufenweg zu Gott Offenheit in den Kosmos Kraftquelle im Universum	Vereinigung Erde-Universum Durchdringung beider Welten Vereinigung der Gegensätze Integration des Unsichtbaren Verbindung Psyche/Geistiges	Weisheit & Lebenswissen Geist als führende Kraft Geistige Erkenntnis Klarsicht in der Dunkelheit Erkenntnis des Lichts

Dynamik der Grundprinzipien Vereinigung Männl-weiblich Wechselseitigkeit von Polen Abhängigkeit der Gegensätze Das Aktive und das Passive	Geburt des neuen Menschen Innere psychische Erneuerung Anfang inneres Wachstum Das innere, zu bildende Baby Hoffnung durch Wandlungen	Ewigkeit des Lichts Geistige Energie Inspiration Geistige Schau Liebe als Lebensspender

Masken des Menschen Das Theater des Lebens Die verdeckten Schatten Das rufende Unbewusste Die vielen Gesichter	Selbstbildung Wissen und Erkenntnis Lebensprüfungen Lebenskompetenzen Geistiges Gut der Kultur	Das seelische Königsein Geistige Regierungsprinzipien Stellvertretung Gottes Ziel der Individuation Gralskönigsein

5.2.6. Dynamik des psychischen Organismus

Die Analyse der Subsysteme des psychischen Organismus hat offengelegt, dass jedes einzelne Subsystem nach Entfaltung und Äussserung in den Lebenswelten drängt.

Das Leben formt diese einzelnen Subsysteme und das Geformte hat die psychodynamische Tendenz, sich selbst zu reproduzieren.

Das Ich erlebt seine eigene Formung, als eine wenig oder kaum veränderbare Realität. Das Verinnerlichte ist die Realität, für die meisten Menschen die einzig richtige und wahre Realität.

Was der Mensch sich nicht angeeignet hat und was bei ihm keine Formung hergestellt hat, existiert für ihn als etwas Fremdes, das er primär von sich fernhält. Das gilt für den menschlichen Ausdruck ebenso wie für die Überzeugungen.

Die einzelnen Subsysteme wirken immer in der Vernetzung mit andern Subsystemen. Exemplarisch formuliert:

Wer die Kraft der Liebe lebt, ohne dabei die intelligenten Funktionen zu nutzen, kann nur wenig gute Wirkung erschaffen.

Wer meint, er sei in seinem Denken frei, unterschätzt den unterschwelligen Einfluss des Unbewussten.

Wer keinen bewussten Zugang zum Inventar seines Unbewussten hat und dieses nicht aufarbeitet, kann nicht erkennen, dass er (und wie er) umfassend von diesem unbewussten Inhalt abhängig ist.

Wer seine Träume nicht deuten und auch nicht richtig meditieren kann, hat keinen Zugang zum Geist.

Wer seine Intelligenz – seinen Verstand – als oberstes Prinzip hinstellt, unterbewertet sein Unbewusstes, seine Gefühle und den Geist.

Die Individuation als psychisch-geistiger Entfaltungsprozess ist bei einem derart geformten Menschen ausserhalb jeder Vorstellung.

Seine anerlernte Religion ist für diesen Menschen Wahrheit und Lebensanker; seine Kommunikation mit Gott und Geist eine Projektion.

Seine Libido fixiert sich im Glauben statt im psychisch-geistigen Wachsen. Er kann sein So-Sein nicht als archaisches Menschsein erkennen.

Wenn die Menschen nicht lernen, ihr psychisch-geistiges Sein mit der Kraft des Geistes zu bilden, dann werden sie die Erde und die Humanität zerstören.

Denn der Mensch ist die Ursache für die globale Zerstörung der Natur- und Tierwelt.

Denn im Menschen wächst der Zerstörungstrieb in dem Masse, wie er seine Lebenstriebe unterdrückt und diese nicht für ein allseitig ausgewogenes Menschsein aufbauend bildet.

Reflexionen und Diskussion

■ Die Interdependenzen der psychischen Subsysteme erkennen wir z.B. damit:

- Wer seine intelligenten Funktionen im Leben nicht mit der Kraft der Liebe nutzt, missachtet und zerstört letztlich das Menschsein.
- Wer seine psychischen Grundbedürfnisse nicht wahrnimmt und verwirklicht, lebt sein Menschsein nicht authentisch.
- Wer keinen Zugang zu seinem Unbewussten hat, seine Inhalte verdrängt und in der Wirkungsweise nicht wahrhaben will, ist daran gekettet und lebt ein Leben in dauernder Reproduktion dieser Inhalte.
- Wer seine Gefühle geringschätzt oder überschätzt, kann sein Menschsein niemals ausgewogen und an die Realitäten angepasst verwirklichen.
- Ohne Dialog mit den Träumen ist der Zugang zum inneren Menschsein nur beschränkt möglich. Die Individuation kann so – das heisst: mangels Dialog mit dem Geist – niemals vollzogen werden.
- Die Meditation eröffnet die Tore zu den inneren Wirklichkeiten. Wer nicht (oder nicht richtig) meditiert, lebt immer in einem "Gespaltensein", getrennt von seinem inneren Menschen.
- Wer die Inhalte seines Bewusstseins nicht kritisch reflektieren und nicht als Produkte des Umfeldes erkennen kann, wird diese tendenziell verabsolutieren.

■ Dazu einige Fragen, die die Perspektiven erweitern:

- Wenn immer weniger Menschen die Kraft der Liebe bilden und leben, wo wird das dann im Kollektiv hinführen?
- Wenn immer weniger Menschen aus der Kraft des Geistes leben, wohin wird das dann kollektiv führen?
- Wenn die Menschen die Individuation als Ausdruck und Seinsthema ignorieren, was für ein Menschsein wird sich dann in der Zukunft weltweit durchsetzen?
- Wenn die Wirklichkeit des psychischen Organismus und die Notwendigkeit der ausgewogenen Bildung aller Subsysteme weltweit bei fast allen Menschen negiert wird, was bleibt dann für ein Menschenbild übrig?
- Was ist das für eine Religion (und: Politik), die die Wirklichkeit des psychischen Organismus mit allen Subsystemen – und damit die Individuation – missachtet?
- Wie will der Mensch "Erleuchtung", "Erlösung" und Gott finden, wenn er die Individuation als Wachstumsprozess hin zu diesem Sein negiert?

Diskutieren Sie in der Gruppe die möglichen Lösungswege:

Diagramm 5.2.6: Die Interaktion im psychischen Organismus

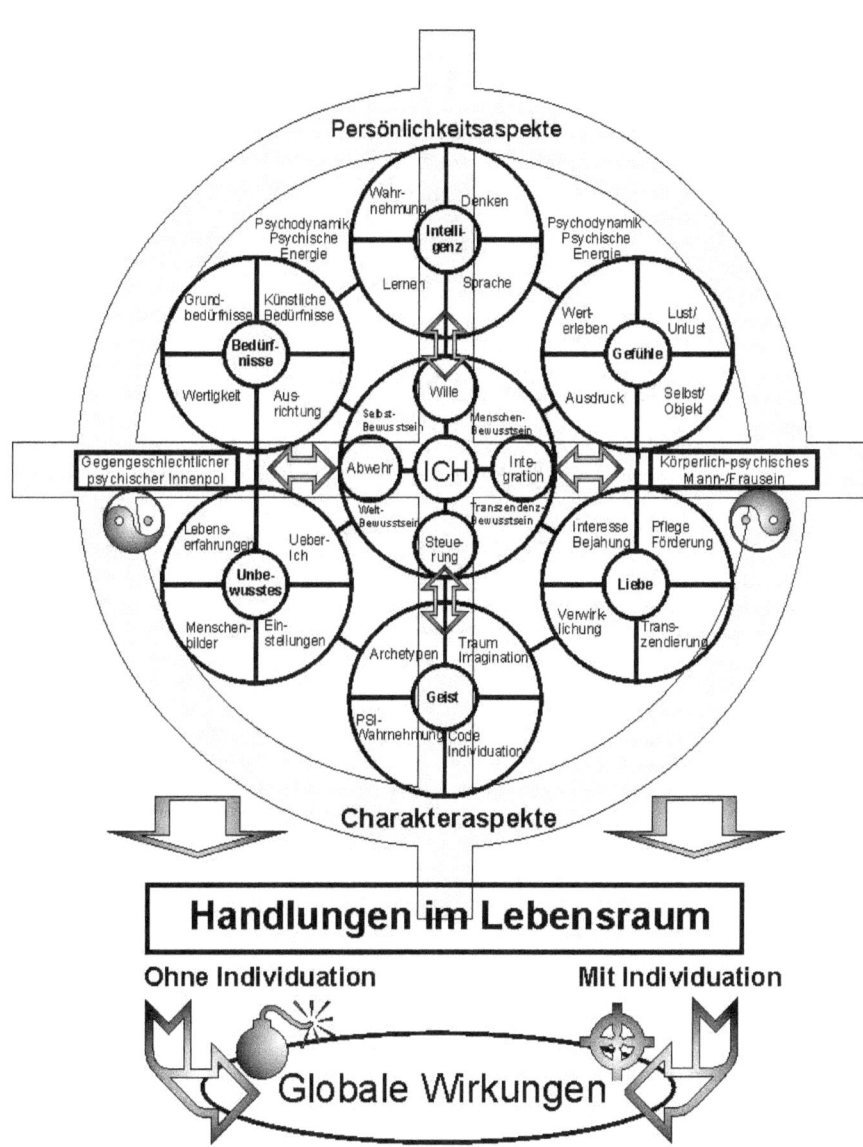

5.2.7. Arbeitseinheit

5.2.7. Arbeitseinheit – 1

1. a) Wie beurteilen Sie den Unterschied zwischen dem 'evolutionären Menschen' und dem 'archaischen Menschen'?
1. b) Geben Sie drei konkrete Aspekte, die zum 'evolutionären Menschen' passen:

2. Geben Sie 7 kurze Beispiele, was in der Gesellschaft 'evolutionär' bedeuten könnte:

1)
2)
3)
4)
5)
6)
7)

3. Formulieren Sie ein Bildungsziel zur Förderung des evolutionären Menschseins:

4. a) Imaginieren Sie über Ihren evolutionären psychisch-geistigen Stand:

b) Ihre Folgerung in einem Satz:

5.2.7. Arbeitseinheit – 2

1. a) Welche Leistungen der ersten Phase der Individuation haben Sie noch nicht ausgeführt?

1. b) Worin erleben Sie sich besonders stark heute (nach Abschluss der ersten Phase)?

2. Nehmen Sie das Diagramm OS1-5 (1.Stufe). Wählen Sie da 3 charakteristische Beschäftigungen aus, an denen Sie als Repetition jetzt nochmals einige Stunden gründlich arbeiten wollen.

Beschreiben Sie, wie Sie das zu tun gedenken:

1. Beschäftigung:	
2. Beschäftigung:	
3. Beschäftigung:	

3. Formulieren Sie ein Bildungsziel für Sie zum Abschluss der 1. Phase:

4. a) Imaginieren Sie über Ihre noch etwas unstabilen Fundamente:

4. b) Ihre Folgerung in einem Satz:

<u>5.2.7. Arbeitseinheit – 3</u>

1. a) Welche hervorstechenden Erfahrungen haben Sie aus der zweiten Phase?

1. b) Erweitern Sie einen Wandlungsschritt mit einigen Wissenselementen (soweit vorhanden):

2. Kommentieren und reflektieren Sie, wie Sie die Beschreibung dieser 2. Phase erleben:

a) Was weckt weshalb Interesse?	
b) Was verstärkt warum Abwehr?	
c) Was kann Sie weshalb motivieren, einen solchen Weg zu leben?	

3. Formulieren Sie ein Bildungsziel, das die 2. Phase zum Abschluss führt:

4. a) Imaginieren Sie über die inneren Kräfte, die noch zu wenig bearbeitet sind:

4. b) Ihre Folgerung in einem Satz:

5.2.7. Arbeitseinheit – 4

1. a) Wie erleben Sie die Beschreibung der dritten Phase der Individuation?

1. b) Erweitern Sie den Zielbereich mit eigenen konkreten Erwartungen:

2. Nehmen Sie das Diagramm OS1-7 (3.Stufe). Wählen Sie da 3 charakteristische Beschäftigungen aus, die Sie ganz sicher schaffen wollen.

Beschreiben Sie den "Ziel-Wert" für Sie:

1. Beschäftigung:	
2. Beschäftigung:	
3. Beschäftigung:	

3. Formulieren Sie ein Bildungsziel, das die 3. Phase Ihrer Individuation markiert:

4. a) Imaginieren Sie über die Arbeiten zur 3. Phase, die Sie noch zu leisten haben:

4. b) Ihre Folgerung in einem Satz:

5.2.7. Arbeitseinheit – 5

1. a) Welche Erfahrungen haben Sie über archetypische Symbole?

1. b) Welches ist für Sie "das grosse Problem" zur Frage nach dem "richtigen Weg und Ziel"?

2. Geben Sie 10 Kriterien an, wann "ganzheitliche Bildung" in einem Bildungsprogramm erfüllt ist:

1.	
2.	
3.	
4.	
5.	
6.	
7.	
8.	
9.	
10.	

3. Formulieren Sie ein Bildungsziel , das verhilft den "richtigen" Weg zu erkennen:

4. a) Imaginieren Sie über die Funktion der Archetypen in der Menschenbildung:

b) Ihre Folgerung in einem Satz:

5.2.7. Arbeitseinheit – 6

1. a) Wie erleben Sie die Interdependenzen der psychischen Subsysteme?

1. b) Was geschieht, wenn Sie die Interdependenzen nicht beachten? Ein Beispiel:

2. Beantworten Sie so konkret wie möglich:
a) Was hat die Liebe mit der Intelligenz zu tun?

b) Woran erkennt man, ob jemand "Geist" in sein Leben integriert?

c) Woran sieht man den Ausdruck der Individuation im Alltag?

d) Was geschieht, wenn die Ganzheit des psychischen Organismus ignoriert wird?

e) Was hat die transzendentale Wirklichkeit mit dem Menschen zu tun?

f) Was heisst "Orientierung in der Individuation" finden?

g) Wie können die Bildungsleistungen in der Individuation gefördert werden?

h) Was ist "Erleuchtung"?

3. Formulieren Sie ein Bildungsziel, das die Interaktion Psyche-Welt beinhaltet:

4. a) Imaginieren Sie über die Folgen in der Gesellschaft, die Individuation fördert:

4. b) Ihre Folgerung in einem Satz:

5.2.7. Arbeitseinheit – 7

Es hätte schon einen Sinn, wenn alle Priester (Pfarrer) sog. "Individuierte" wären. Auch von Bildungsexperten und Lehrern (Pädagogen, Andragogen, Bildungsforschern) könnte (müsste) man das erwarten. Begründen Sie kurz mit 5 Punkten:

Multiple Choice Test

Wählen Sie die vier richtigen Antworten aus: ☒ a) Fun

1.1. Die Individuation als psychisch-geistige Entwicklung verlangt:
☐ a) die vollständige Bejahung des umfassenden psychischen Lebens
☐ b) die Bearbeitung (Bildung) des gesamten eigenen psychischen Organismus
☐ c) die regelmässige Innenorientierung (Traumarbeit/Imagination)
☐ d) die umfassende Bildung der Kraft der Liebe
☐ e) die Abgrenzung gegenüber numinosen Innenkräften
☐ f) die Verankerung des Lebens in klaren Glaubenssätzen

1.2. Die erste Phase der Individuation:
☐ a) Zuwenden, wahrnehmen und identifizieren der psychischen Kräfte
☐ b) Erkennen des Zusammenwirkens von psychischen Kräften und Leben
☐ c) Klare Reduktion von Lust und Lebensfreude
☐ d) Verzicht auf Güter und Sachwerte aller Art
☐ e) Arbeitstechniken erlernen (Entspannung, Traumdeutung, Meditation u.s.w.)
☐ f) Aufrollen und bearbeiten der eigenen Lebensgeschichte

1.3. Die zweite Phase der Individuation:
☐a) ist nur für besonders "Auserwählte" und "geistig Orientierte"
☐b) führt zu geheimnisvollen geistigen Erlebnissen
☐c) verlangt tägliche Übung der Traumdeutung, Imagination, Reflexion
☐d) führt durch die zentralen inneren Wandlungsprozesse
☐e) bildet den Menschen zu einem sehr differenzierten Bewusstsein
☐f) verlangt die gründliche Bearbeitung aller psychischen Subsysteme

1.4. Die dritte Phase der Individuation:
☐ a) Diese Phase ist in der heutigen Zeit nicht für alle Menschen
☐ b) Hier formt sich das lebendige Abbild-sein des Haupt-Archetypus
☐ c) Das Leben wird umfassend im Einklang mit dem Geistprinzip gelebt
☐ d) Die eigene Lebensbestimmung erhält zunehmend Gestalt
☐ e) Der innere Halt basiert auf dem materiellen Lebenserfolg durch Individuation
☐ f) Das Ziel der Individuation führt zu "Wunderfähigkeiten"

1.5. Archetypen sind Symbole über:

☐ a) Ganzheit des psychischen Organismus

☐ b) Wandlungsprozesse

☐ c) Schlüsselthemen des Daseins

☐ d) Prozessuale Kräfte

☐ e) Geister und Götter im Jenseits

☐ f) alles, was es im Leben gibt

1.6. Die Dynamik des psychischen Organismus. Die Selbstzerstörung der Menschheit und die Zerstörung der Erde ist vermeidbar, vorausgesetzt:

☐ a) Sehr viele Menschen vollziehen die Wandlungsprozesse der Individuation.

☐ b) Die Erfahrung der Archetypen der Seele wird zur geistigen Orientierung.

☐ c) Die Menschen wenden sich wieder ihrem christlichen Glauben zu.

☐ d) Die Politik begrenzt den individuellen Spielraum mit militärischer Macht.

☐ e) Auch die Politik findet ihre Orientierung in den Werten der Individuation.

☐ f) Weltweit wollen die Menschen die Liebe, die Wahrhaftigkeit und den Geist leben.